法天使
fatianshi.cn

中国合同库

企业债券

优质文本 · 条文批注 · 风险提示

李建立 编著

电子版合同入口
随书赠送88元充值卡

法律出版社
LAW PRESS · CHINA

中国合同库

丛书策划　朱海波　蒋　橙

特约策划　何　力　常金光　施志广　潘　捷

编辑支持　陈　遥　樊　荣　李金凤　苗亚杰　张婷婷

李建立

资深公司法、证券法实务专家，中国社会科学院研究生院法律硕士，中国国民党革命委员会党员，中华全国律师协会经济专业委员会委员，曾获司法部、中国证监会联合授予的律师从事证券法律业务资格。1994 年律师执业，历任河南世纪通律师事务所执业律师、合伙人、副主任。深圳证券交易所上市公司——中原大地传媒股份有限公司 (SZ.000719) 第三、四、七届董事会独立董事。2006 年起从事证券金融行业，现就职于华英证券有限责任公司。个人著作有《完美的章程——公司章程的快速起草与完美设计》。

总序一

法治社会离不开合同。

英国历史学家梅因的《古代法》中有一句法律人耳熟能详的名言：我们可以说，所有进步社会的运动，到此处为止，是一个“从身份到契约”的运动。确实，在现代社会中，方方面面都离不开契约与契约精神。除市场交易外，大到国家治理、国际条约，小到婚姻家庭、交通出行各个领域，无所不在契约或契约精神的笼罩之下。可以说，一个现代人，无时无刻能与合同脱离干系。

在具体生活层面，我们也不难发现合同与社会经济之间的密切关系。从普通人很少见到正式合同，到越来越多的签订书面合同，到合同越来越厚、条款越来越多，与之相应地，是经济交易越来越活跃、交易金额越来越大，经济越来越发达。如果作这么一个判断：“合同的质量与数量，与一个社会的经济水平成正比”，这应该是基本成立的。

希望中国合同库成为标准。

合同需要标准。国际贸易术语（Trade Terms of International trade），就可以理解为是一套合同条款的标准术语。有了这套术语，交易各方在谈判以及拟定条款时，就可以大大节省时间，减少争议。

经济生活中的大量交易，完全可以使用比较标准的、完备的合同范本。这些合同范本符合一般交易惯例，条款相对完善、规范，能减少不必要的合同纠纷。

当然，交易往往都有自己的特殊性。即使如此，以标准合同为基础，合同各方在彼此关心的重点条款上谈判、修订，而对一般性问题采纳标准合同的条款，这也能大大节省合同各方的精力。

在运输领域，集装箱标准的推出，大大提升了运输效率、降低了物流成本，整个社会都为之受益。而如果在社会各行各业的交易、合作中，都能大力推行标准合同，无疑也将大大降低交易成本，促进交易的进行，减少争议。这其中的社会意义是巨大的。这也是工商等政府部门不断推出政府示范文本的目的。而现在，“中国合同库”这一项目，更是利用互联网技术，将合同示范文本这一工作往前推进了一大步。

标准之所以能成为标准，既需要社会各界的推动与接受，也需要标准本身能不断完善、符合需求。我在此希望中国合同库的主办方能持之以恒的推动合同库的建设、完善与推广，使之成为名副其实的“中国合同库”。

此为序。

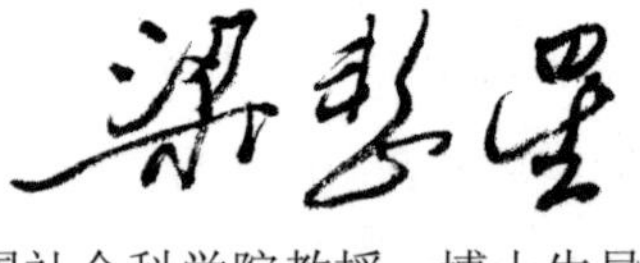

中国社会科学院教授，博士生导师

总序二

在在互联网、大数据时代，应思考法律服务如何与技术结合，推动法律智慧的融合与共享。在倡导律师专业化建设、倡导律师“工匠精神”的同时，应注重用技术手段，帮助律师提升法律服务的效率。

《中国合同库》系列图书，可以看作这方面的有益尝试。不同于一般的合同范本书，它充分利用了互联网开放、迭代、互动的特色：每个合同范本，对应一个二维码，读者扫描识别二维码，就可以获得合同范本的电子版；而合同范本的作者，可以实时更新电子版，以确保内容的与时俱进。如此一来，这套书不再是一般意义的纸质读物，而是与电子数据协同互动的新型出版形态。

一直以来，高品质的合同范本和法律文书，是一种有价值但流通不畅的资源。律师与律师之间，团队与团队之间，律所与律所之间，缺乏知识资源的互通和共享。另外，高质量的文件模板几乎可以说是律师的核心竞争力之一，甚至是行业壁垒之一，每一份好的文件模板都倾注了律师的智慧和心血。《中国合同库》聚合各领域专业法律人，把这些优质的模板进行逐字逐句地修改、整合，进而分享，真正体现了互联网时代的共享精神。

不久前，中华全国律师协会刚刚与法律出版社签署战略合作协议，现在欣喜地看到法律出版社偕同法天使推出这项具有创新精神的出版计划，在此表示由衷祝贺！

是为序。

中华全国律师协会会长

金杜律师事务所管委会主席

前言

一、企业债发行过程中的法律依据

债券是证券的一种，是一种金融契约，是政府、金融机构、工商企业等直接向社会借债筹措资金时，向投资者发行，同时承诺按一定利率支付利息并按约定条件偿还本金的债权债务凭证。债券购买者或投资者与发行者之间是一种债权债务关系，债券发行人即债务人，投资者（债券购买者）即债权人。债券的特征是“还本付息”。

实业企业，也就是非金融企业，从法律分类来说，包括全民所有制企业（如中国铁路总公司、国家电网公司等）、集体所有制企业、公司法中的公司（指有限责任公司及股份有限公司）等。它们发行的债券都可以叫作“企业债券”，其中公司法中的公司（指有限责任公司及股份有限公司）发行的债券叫作“公司债券”。

在我国上述债券的发行，又分为依据国务院1993年8月颁布实施的《企业债券管理条例》之规定发行的债券①，也就是本书所说的“企业债”；以及依据中国证券监督管理委员会（以下简称中国证监会）2007年8月14日发布实施《公司债券发行

①《国家发展改革委关于进一步改进和加强企业债券管理工作的通知》（发改财金〔2004〕1134号）：企业债券是资本市场重要的融资手段，发行企业债券是企业有效利用社会资金、开展直接融资的重要渠道。企业在境内发行债券，应当按照《中华人民共和国公司法》《中华人民共和国证券法》《企业债券管理条例》等法律法规和国务院有关文件规定的条件和程序，报经国家发展和改革委员会（以下简称国家发展改革委）批准。

在中华人民共和国境内注册登记的具有法人资格的企业均可申请发行企业债券。适用《中华人民共和国公司法》关于发行公司债券有关规定的企业，按照《中华人民共和国公司法》的要求申请发行公司债券。

试点办法》之规定发行的债券[①]，通常我们称为“公司债”。其中，全民所有制企业（如中国铁路总公司、国家电网公司等）、集体所有制企业只能申报发行“企业债”。公司法中的公司（指有限责任公司及股份有限公司）既可以依据《企业债券管理条例》发行“企业债”，也可以依据《公司债券发行试点办法》发行“公司债”，但只要是公司法中的公司（指有限责任公司及股份有限公司）发行的债券，都称为“公司债券”。

企业债的主管部门是国家发改委，根据国务院《企业债券管理条例》、国家发改委“发改财经〔2004〕1134 号文”和国家发改委“发改财经〔2008〕7 号文”的规定，企业债发行人必须满足如下条件：

1. 筹集资金用途符合国家产业政策和行业发展方向，所需相关手续齐全，包括主管机关批文、土地、环评等；

2. 企业存续时间超过三年，近三年没有重大违法违规行为；

3. 已经发行的企业债券或者其他债务未处于违约或者延迟支付本息的状态；

4. 企业累计发行债券余额不得超过其净资产（不含少数股东权益）的 40%；

5. 近三年连续盈利，且近三年平均净利润足以支付债券一年的利息，现实审批时国家发改委一般要求近三年平均净利润能够覆盖债券一年利息的 1.5 倍；

6. 用于固定资产投资项目的，应符合固定资产投资项目资本金制度的要求，原则上累计发行额不得超过该项目总投资的 60%。用于收购产权（股权）的，比照该比例执行。用于补充营运资金的，不超过发债总额的 20%。

本书适用于符合上述条件、计划依据《企业债券管理条例》发行“企业债”的全民所有制企业（如中国铁路总公司、

①《公司债券发行试点办法》第一条　为规范公司债券的发行行为，保护投资者的合法权益和社会公共利益，根据《中华人民共和国证券法》《中华人民共和国公司法》，制定本办法。

第二条　在中华人民共和国境内发行公司债券，适用本办法。

本办法所称公司债券，是指公司依照法定程序发行、约定在一年以上期限内还本付息的有价证券。

第三条　申请发行公司债券，应当符合《中华人民共和国证券法》《中华人民共和国公司法》和本办法规定的条件，经中国证券监督管理委员会核准。

国家电网公司等）、集体所有制企业、公司法中的公司（指有限责任公司及股份有限公司）。文中以假设的“__________有限责任公司”名义起草设定格式，所谓文中的债券称谓是“_____年__________有限责任公司公司债券”。有关格式同样适用于其他全民所有制企业、有限责任公司及股份有限公司等。而集体所有制企业发行企业债，目前还没有先例，本书不做讨论。

二、企业债发行过程中的法律依据

1.《中华人民共和国公司法》；

2.《中华人民共和国证券法》；

3.《企业债券管理条例》（国务院〔1993〕121 号）；

4.《国家发展改革委关于进一步改进和加强企业债券管理工作的通知》（发改财金〔2004〕1134 号）；

5.《国家发展改革委关于下达 2007 年第一批企业债券发行规模及发行核准有关问题的通知》（发改财金〔2007〕602 号）；

6.《国家发展改革委关于推进企业债券市场发展、简化发行核准程序有关事项的通知》（发改财金〔2008〕7 号）；

7.《国家发展改革委办公厅关于进一步加强企业债券本息兑付工作的通知》（发改办财金〔2009〕2737 号）；

8.《国家发展改革委办公厅关于进一步规范地方政府投融资平台公司发行债券行为有关问题的通知》（发改办财金〔2010〕2881 号）；

9.《国家发展改革委办公厅关于利用债券融资支持保障性住房建设有关问题的通知》（发改办财金〔2011〕1388 号）；

10.《国家发展改革委办公厅关于进一步加强企业债券存续期监管工作有关问题的通知》（发改办财金〔2011〕1765 号）；

11.《国家发展改革委办公厅关于加强企业发债过程中信用建设的通知》（发改办财金〔2012〕2804号）；

12.《国家发展改革委办公厅关于进一步强化企业债券风险防范管理有关问题的通知》（发改财金办〔2012〕3451号）；

13.《国家发展改革委办公厅关于进一步改进企业债券发行审核工作的通知》（发改办财金〔2013〕957号）；

14.《国家发展改革委办公厅关于对企业债券发行申请部分企业进行专项核查工作的通知》（发改办财金〔2013〕1177号）；

15.《国家发展改革委办公厅关于进一步改进企业债券发行工作的通知》（发改办财金〔2013〕1890号）；

16.《国家发展改革委办公厅关于企业债券融资支持棚户区改造有关问题的通知》（发改办财金〔2013〕2050号）；

17.《国家发展改革委办公厅关于创新企业债券融资方式扎实推进棚户区改造建设有关问题的通知》（发改办财金〔2014〕1047号）；

18.《国家发展改革委办公厅关于〈印发城市地下综合管廊建设专项债券发行指引〉的通知》（发改办财金〔2015〕755号）；

19.《国家发展改革委办公厅关于印发〈战略性新兴产业专项债券发行指引〉的通知》（发改办财金〔2015〕756号）；

20.《国家发展改革委办公厅关于印发〈养老产业专项债券发行指引〉的通知》（发改办财金〔2015〕817号）；

21.《国家发展改革委办公厅关于印发〈城市停车场建设专项债券发行指引〉的通知》（发改办财金〔2015〕818号）；

22.《国家发展改革委办公厅关于充分发挥企业债券融资功能支持重点项目建设促进经济平稳较快发展的通知》（发改办财金〔2015〕1327号）；

23.《国家发展改革委办公厅关于印发〈项目收益债券管理

暂行办法〉的通知》（发改办财金〔2015〕2010号）；

24.《国家发展改革委办公厅关于印发〈双创孵化专项债券发行指引〉的通知》（发改办财金〔2015〕2894号）；

25.《国家发展改革委办公厅关于印发〈配电网建设改造专项债券发行指引〉的通知》（发改办财金〔2015〕2909号）；

26.《国家发展改革委办公厅关于简化企业债券申报程序加强风险防范和改革监管方式的意见》（发改办财金〔2015〕3127号）；

27.《国家发展改革委办公厅关于印发〈绿色债券发行指引〉的通知》（发改办财金〔2015〕3504号）；

28.《国家发展改革委办公厅关于建立部分地区企业申请企业债券“直通车”机制的通知》（发改办财金〔2016〕628号）；

29. 其他国家发展改革委员会、中国人民银行总行、中国证监会每年有关企业债券工作的通知；

30. 地方发改委、中国人民银行地区分行等每年有关企业债券工作的通知。

三、企业债券的申报发行程序

对于发行企业债，在企业确定发行意向之后建议首先确定主承销商，由主承销商配合企业以及相关地方政府部门完成以下工作。

1. 确定发行主体；

2. 确定担保人或担保方式，担保通常有第三方担保、土地抵押担保、设立偿债基金等方式；

3. 确定筹集资金的使用项目；

4. 确定其他中介机构；

5. 确定发行方案；

6. 制作申请材料（审计报告、评级报告、法律意见书、募集说明书等）；

7. 主承销商协助向地方发改委提出发行企业债券的申请：

8. 由地方发改委转报国家发改委；

9. 国家发改委下达正式发行批文；

10. 发行和承销准备工作；

11. 发行事宜（销售、划款、承销工作汇报、验资等）；

12. 其他工作（信息披露、募集资金监管、偿债资金监管等）。

四、企业债与公司债的区别与联系

1. 发行的法律依据不同

两个债都适用《中华人民共和国公司法》《中华人民共和国证券法》。区别是企业债的发行依据是《企业债务管理条例》，公司债的发行依据是《公司债券发行试点办法》。

2. 发行主体不同

企业债的发债主体是指在中华人民共和国境内具有法人资格的企业，包括全民所有制企业、股份有限公司和有限责任公司等，公司债的发债主体是指中华人民共和国境内注册的股份有限公司和有限责任公司。

3. 审批程序和主管机构不同

公司债的发行实行核准制及备案制，公开发行的公司债由中国证监会核准，非公开发行的公司债由交易所（指上海证券交易所和深圳证券交易所）备案。企业债的发行则是审批制，由企业向相应的县、市、省、国家发改委申报、逐级转报后，由国家发改委审批。

目　录

CONTENTS

第一部分　公开发行企业债债券聘请中介机构合同

1.企业债券承销协议

使用场景：

申报发行企业债需要聘请主承销商、会计师事务所、律师事务所、评级机构等。其中需要聘请具有企业债主承销资格的证券公司担任主承销商。这里的具有企业债主承销资格是指《国家发展改革委关于下达2007年第一批企业债券发行规模及发行核准有关问题的通知》第4条规定的，2000年以前已经担任过企业债主承销商的证券公司或者担任过三次企业债副主承销商，担任副主承销商的资格是担任过三次分销商，业内通常称为“三分三副”。也就是说，担任三次分销商，可以担任副主承销商；担任三次副主承销商，可以担任主承销商。

法律要点：

1.《企业债券管理条例》

第二十一条　企业发行企业债券，应当由证券经营机构承销。证券经营机构承销企业债券，应当对发行债券的企业的发行章程和其他有关文件的真实性、准确性、完整性进行核查。

2.《国家发展改革委关于进一步改进和加强企业债券管理工作的通知》2004年6月21日（发改财金〔2004〕1134号）

七、……（四）发行企业债券应当由具有承销资格的证券经营机构承销，企业不得自行销售企业债券。主承销商由企业自主选择。需要组织承销团的，由主承销商组织承销团。承销商承销企业债券，可以采取代销、余额包销或全额包销方式，承销方式由发行人和主承销商协商确定。

D10912

（1）企业债券承销团的主承销商和副主承销商除具有规定的资格外，还应符合以下条件：

①已经承担过2000年以后下达规模的企业债券发行主承销商或累计承担过3次以上副主承销商的金融机构方可担任主承销商；

②已经承担过2000年以后下达规模的企业债券发行副主承销商或累计承担过3次以上分销商的金融机构方可担任副主承销商。

③企业集团财务公司可以承销本集团发行的企业债券，但不宜作为主承销商。

（2）承销商应当承担以下职责和义务：

①承销企业债券；

②代理发行人兑付企业债券本息；

③代理或者协助企业债券持有人进行企业债券交易；

④主承销商对发行人申请材料的真实性、准确性、完整性进行核查，督促企业及时履行信息披露义务；

⑤企业或者其担保人不履行债务时，主承销商应代理企业债券持有人进行追偿。

（3）企业债券发行采用包销方式的，各承销商包销的企业债券金额原则上不得超过其上年末净资产的1/3。

（4）承销商的承销佣金以发行企业债券总面额为基数，严格按超额累退费率计收，不得擅自调高或降低收费标准。

（5）为防止企业债券发行过程中不利于市场健康发展的现象发生，企业债券发行应按照公正、公平、公开的原则进行，改革和完善发行方式，提高工作透明度。严禁名义承销、虚假销售行为。

3.《国家发展改革委关于下达2007年第一批企业债券发行规模及发行核准有关问题的通知》2007年3月19日发改财金〔2007〕602号

本次企业债券的发行应组织承销团。各发债主体要按照公平竞争的原则，自主选择企业债券发行的承销商和其他中介机构。承销商和其他中介机构不得以不正当竞争手段招揽业务，扰乱市场秩序。在本次企业债券的承销团组建过程中，应遵照以下规定：

（一）每个承销商担任主承销商（包括联合主承销商）的次数不得超过本次企业债券总家数的1/4。

（二）以余额包销方式承销的，各承销商承销的企业债券金额原则上不得超过其上年末净资产的1/3。

（三）企业债券发行规模在15亿元（不含15亿元）以下的，主承销商不得超过1家；15亿元至50亿元（不含50亿元）的，主承销商不得超过2家；50亿元以上的，主承销商不得超过3家。

（四）自2000年以来，已经担任过企业债券发行主承销商或累计担任过3次以上副主承销商的金融机构方可担任主承销商，已经担任过副主承销商或累计担任过3次以上分销商的金融机构方可担任副主承销商。

企业集团财务公司可以承销本集团发行的企业债券，并可直接担任副主承销商，不受3次分销商累计资格的限制，但不得担任主承销商。

（五）企业债券发行规模在5亿元（含5亿元）以下的，承销团成员家数不超过5家；5亿~15亿元（含15亿元）的，每增加1亿元可增加1家；15亿~30亿元（含30亿元）的，不超过20家；30亿元以上的，不超过25家。

D10912

承销团构成应保持合理结构，主承销商与副主承销商家数之和不得大于分销商家数。

（六）承销企业债券的佣金按超额累退费率计收。

4.《国家发展改革委办公厅关于公布2015年度企业债券主承销商信用评价结果的通知》（2016年12月29日发改办财金〔2016〕2834号）

各省、自治区、直辖市及计划单列市、新疆生产建设兵团发展改革委、各市场机构：

为规范企业债券主承销商业务行为，提高承销服务质量，加强企业债券市场信用体系建设和事中事后监管，推进企业债券市场健康、可持续发展，近日，我委组织并委托中央国债登记结算有限责任公司组织开展了2015年度企业债券主承销商信用评价工作。现将有关情况和评价结果公布如下：

一、信用评价工作开展情况

本次信用评价的对象为2015年度作为主承销商，参与过企业债券承销或承销的企业债券仍在存续期内的承销机构，共计81家主承销商。其中，对于2015年主承销1只及以上企业债券（不含仅参与联席承销）的56家主承销商，实施全面评价，涵盖所有评价指标；对于仅作为联席主承销商参与承销或仅从事企业债券存续期管理工作的25家承销商，实施重点评价，仅涵盖与联席主承销或存续期管理相关的评价指标。

本次评价包括实绩评价与综合评价两大部分。实绩评价以案例评价为依据，综合评价包括社会信用评价、主管部门评价、发行人评价、技术评估和登记托管机构评价、市场评价和专家评价六方面。具体开展过程中，采取全市场参与的方式，由国家发展改革委、省级发展改革部门（36家，含计划单列市）、技术评估和登记托管机构（3家）、发行人（290家）、市场机构

158家（包括投资人37家、信用评级机构6家、会计师事务所25家、律师事务所90家）、各业务领域专家（11位）共同参与，对受评机构的信用情况、业务素质、业务行为合规性、承销服务质量等各个方面进行评价。

此外，评价中发现部分主承销商2016年度存在失信行为，暂不在2015年度评价结果中体现，将纳入2016年度主承销商信用评价范围。

二、评价结果

（一）全面评价结果

从全面评价（满分100分）的结果来看，得分在90分以上的机构10家，得分80~90分的机构37家，剩余9家机构得分75~80分。具体排名结果见下表：

主承销商	得分	主承销商	得分
海通证券	94.33	东吴证券	84.33
申万宏源证券	93.74	国元证券	84.13
银河证券	93.45	渤海证券	84.12
中信建投证券	93.12	光大证券	83.94
兴业证券	93.00	民族证券	83.91
广发证券	92.14	中原证券	83.79
中泰证券	91.11	长城证券	83.70
国信证券	90.52	中航证券	83.67
国泰君安证券	90.17	西部证券	83.22
国开证券	90.15	华福证券	83.20
平安证券	89.17	湘财证券	83.06
财富证券	89.06	华融证券	82.88
东方花旗证券	88.21	东北证券	82.53

D10912

续表

主承销商	得分	主承销商	得分
国海证券	88.14	浙商证券	82.39
招商证券	88.03	华创证券	82.26
广州证券	88.03	五矿证券	81.62
华泰联合证券	87.34	华龙证券	80.93
西南证券	87.30	华英证券	80.71
财通证券	87.01	信达证券	80.60
天风证券	86.87	华林证券	79.96
长江证券	86.87	江海证券	79.73
中信证券	86.76	德邦证券	79.51
中投证券	86.55	开源证券	78.25
安信证券	85.51	首创证券	77.84
摩根华鑫证券	85.46	国都证券	77.58
恒泰长财证券	85.44	上海证券	77.35
民生证券	85.09	东莞证券	75.92
东兴证券	84.56	国融证券	75.77

（二）重点评价结果

从重点评价（满分65分，因2015年未主承销过企业债券，评价内容中不包含发行人评价、技术评估机构评价、市场机构评价和专家评价等35分的内容）的结果来看，得分在50分以上的有6家机构，其余19家机构得分45~50分。具体排名见下表：

主承销商	得分	主承销商	得分
中金公司	52.40	英大证券	48.31
瑞银证券	51.85	华安证券	48.29

续表

主承销商	得分	主承销商	得分
太平洋证券	50.85	中天证券	48.06
中德证券	50.65	国盛证券	48.04
国金证券	50.31	爱建证券	47.65
万联证券	50.04	华西证券	47.48
新时代证券	49.48	大通证券	47.23
一创摩根证券	49.27	中银国际证券	47.18
高盛高华证券	49.20	上海华信证券	47.15
南京证券	48.62	世纪证券	46.95
瑞信方正证券	48.58	红塔证券	46.95
中山证券	48.54	东海证券	45.65
金元证券	48.45		

整体来看，受评机构信用情况和勤勉尽责情况较好，在企业债券发行、承销及债券存续期内业务行为合规度较高，承销服务质量在一定程度上得到了市场机构及各业务领域专家的认可。但在评价过程中，也发现部分主承销商存在专业能力不足、业务开展不规范等问题。各主承销商应采取切实有效的措施进行整改，进一步提高企业债券承销服务质量。

D10912

关注法天使

文本正文：http://www.fatianshi.cn/D10912

____有限责任公司（作为发行人）与____证券股份有限公司（作为主承销商）签订的2017年____有限责任公司公司债券承销协议[①]

本协议由下列协议方于2016年____月____日签订：

1.____有限责任公司（以下简称发行人）[②]作为发行人。

注册地址：____

法定代表人：____

2.____证券股份有限公司（以下简称主承销商）作为主承销商。[③]

注册地址：____

法定代表人：____

鉴于：

1.发行人拟在国内发行总额不超过人民币20[④]亿元的2017年____有限责任公司公司债券；

2.发行人同意聘用____证券股份有限公司作为主承销商，负责组织承销团以余额包销的方式承销本期债券，____证券股份有限公司同意接受此项聘用；

发行人和主承销商经过友好协商，在相互信任、平等互利、意思表示真实的基础上达成如下协议。

1.定义：

在本协议中，除非文中另有规定，下列词语具有如下含义：

---

①也是发行申请材料必备文件之一。

②发行人名称。发行人应为符合《企业债券管理条例》，在中华人民共和国境内具有法人资格的企业。包括全民所有制企业、有限责任公司、股份有限公司等。

③主承销商名称。主承销商须具有符合《国家发展改革委关于下达2007年第一批企业债券发行规模及发行核准有关问题的通知》规定，具有企业债主承销商资格的证券公司。

④债券发行额度。具体发行额以发行人的募集资金计划以及公司的净资产确定，最终以国家发改委的具体批文额度为准。其中，累计债券余额不得超过发行人净资产的40%。本例中假设某企业2017年中报发行20亿元人民币7年期公司债券。

发行人	指	____________有限责任公司
本期债券	指	本协议项下拟发行总额不超过人民币______亿元的“2017 年____________有限责任公司公司债券”。①
本次发行及交易流通	指	本期债券的发行及上市在经批准的证券交易场所交易流通。
本协议承销协议	指	发行人与主承销商为本次发行签订的《2017 年____________有限责任公司公司债券承销协议》。
承销商	指	将对本期债券承担余额包销责任的一家、或多家、或所有具有法定资质的机构（根据上下文确定）。这些机构有可能在本协议签署日后增加或减少，具体的承销商名单以国家发改委批准的募集说明书的规定为准。
承销团	指	主承销商为本次发行根据承销团协议组织的、由主承销商和其他承销团成员组成的承销团。
承销团协议	指	承销商为承销本期债券签订的《2017 年____________有限责任公司公司债券承销团协议》，以及主承销商与每一承销团其他成员签订的全部补充协议。
承销费用	指	作为承销团向发行人提供承销本期债券服务的对价，即发行人同意向承销团支付的一笔列于本协议第 7.1 款的费用。
债券募集说明书	指	发行人根据有关法律、法规为发行本期债券而制作的《2017 年____________有限责任公司公司债券募集说明书》。

①依据公司法设立的公司，发行的债券叫作“公司债券”；依据《全民所有制工业企业法》设立的企业（如中国铁路总公司），发行的债券叫作“企业债券”。

D10912

续表

发行文件	指	在本次发行过程中必需的文件、材料或其他资料及其所有修改和补充文件。
发行人收款账户	指	发行人根据本协议规定向主承销商发出的书面通知中所指定的用于接收本期债券募集款项的银行账户。
簿记建档①	指	由发行人与簿记管理人确定本期债券的票面利率簿记建档区间，投资者直接向簿记管理人发出申购订单，簿记管理人负责记录申购订单，簿记管理人根据簿记建档结果确定本期债券的最终发行利率的过程。
国家发改委	指	中华人民共和国国家发展和改革委员会。
募集款项 应募集款项净额	指	本期债券发行应募集的任何一部分或全部款项（包括应包销款项，根据上下文确定）。 本期债券发行应募集款项（含承销团成员的包销部分）扣除“承销费用”后的余额。
余额包销	指	由主承销商牵头的承销团，按照本协议第 4 条的规定对发行人承担余额包销的责任。
中央国债登记公司 证券交易所 证券登记公司	指	中央国债登记结算有限责任公司 上海证券交易所或深圳证券交易所 中国证券登记计算有限责任公司上海分公司或深圳分公司。
登记托管费	指	就本期债券的发行、上市的托管事宜应支付给有关托管方的手续费。
兑付手续费	指	就本期债券项下的利息及本金的偿付应支付给代为办理兑付手续机构的手续费。

①簿记建档，是指企业债券发行人与主承销商协商确定利率（价格）区间后，申购人发出申购订单，由簿记管理人记录申购人申购债券利率（价格）和数量意愿，按约定的定价和配售方式确定发行利率（价格）并进行配售的行为。国家发改委财金司发布有《企业债券簿记建档发行业务指引（暂行）》，2014 年 6 月 1 日起执行。

续表

法定节假日或休息日	指	中华人民共和国的法定及政府指定节假日或休息日（不包括我国香港特别行政区、澳门特别行政区和我国台湾地区的法定节假日和 / 或休息日）。
工作日	指	商业银行的对公营业日（不包括法定节假日或休息日）。
已获得发行批准	指	根据国家有关法律、法规、行政规章、政策、规则和发行文件的有关规定，发行本期债券应当取得的所有批准、同意、许可、豁免、决议、承诺函、支持函、确认函和授权委托书等文件均已经适当作出并为发行人所取得，且发行人取得该等文件后已向主承销商及时提供了其已取得该等文件的必要的证据。
主承销商	指	____________证券股份有限公司。

在本协议中，除非上下文另有规定，（1）凡提及本协议应包括对本协议的修订或补充的文件；（2）凡提及条、款和附件是指本协议的条、款和附件；（3）本协议的目录和条款的标题仅为查阅方便而设置，不应构成对本协议的任何解释，不对标题之下的内容及其范围有任何限定；（4）本协议中提及的任何若干“日”或若干“天”应为工作日。

2. 本期债券

2.1　债券名称：2017 年____________有限责任公司公司债券（以下简称________________债）。

2.2　发行总额：拟发行不超过人民币 20 亿元。

2.3　债券期限：_____年[①]（本期债券采用提前偿还本金方式）。

2.4　票面利率：本期债券的发行利率根据簿记建档结果确定。

①说明本期债券的期限，一般主要期限品种有：3 年期、5 年期、7 年期、10 年期；可以分期还本、也可以附加选择权。具体债券期限的品种设计可以与主承销商具体协商。

这里选用比较常见的 7 年期分期还本方式，假设期限为 7 年期目前 7 年期，并从第 3 年起每年还本 20%（目前市场上比较常采用的一种）。

D10912

关注法天使

2.5　发行方式：本期债券采取簿记建档、集中配售的方式，通过承销团成员设置的营业网点向境内机构投资者公开发行；在债券满足证券交易所上市条件的前提下可同时在证券交易所发行。

2.6　发行范围和对象：承销团设置的发行网点向境内机构投资者公开发行，本期债券符合相关证券交易所发行上市条件的可同时在相关证券交易所发行。发行对象为：符合法律法规规定的投资者。

2.7　债券形式及托管方式：采用实名制记账方式。通过承销团成员设置的营业网点向境内机构投资者发行，在中央国债登记结算有限责任公司登记托管；同时通过证券交易所发行的债券可选择将债券托管在证券登记公司。

2.8　发行首日：本期债券发行期限的第 1 日，以发行公告确定的日期为准。

2.9　发行期限：5 个工作日。

2.10　起息日：自发行首日开始计息。

2.11　还本付息方式：本期债券采用单利按年计息，不计复利，债券本金偿付方式为本期债券每年付息一次，自债券发行后 3 年起，分 5 年等额偿还债券本金，即后 5 年每年偿还债券本金的 20%，最后一期利息随本金的兑付一起支付。

2.12　发行价格及认购单位：按债券面值 100 元平价发行，债券认购人认购的债券金额为人民币 1000 元的整数倍且不少于人民币 1000 元。

2.13　付息首日：以发行公告确定的日期为准集中兑付期：自兑付首日起的 20 个工作日（含兑付首日当日），投资人可于该期间内向相应的托管机构领取其应得的利息。

2.14　承销方式：承销团余额包销方式①。

2.15　债券担保②：本期债券由__________有限公司提供全

①承销商承销企业债券，可以采取代销、余额包销或全额包销方式，承销方式由发行人和主承销商协商确定。

实践中，基本都是余额包销方式。

②企业债券的发行可采用信用债券（无担保债）、抵押债券或第三方担保等形式。采取第三方担保的，应按规定格式出具担保函。

此处说明本期债券的担保方式。信用债券的说明是：无担保；抵质押债券的说明具体的抵质押内容；这里选用比较常见的保证担保方式：第三方担保。

额无条件不可撤销连带责任保证担保。

2.16　本息兑付方式：通过本期债券托管机构办理。

2.17　信用级别[①]：经__________资信评估有限公司综合评定，发行人的主体信用等级为__________，本期债券信用级别为__________。

2.18　流动性安排：本期债券发行结束后，发行人将尽快向有关证券交易场所或其他主管部门提出本期债券上市或交易流通申请，主承销商提供必要协助。

2.19　税务提示：根据国家有关税收法律、法规的规定，投资者投资本期债券所应缴纳的税款由投资者承担。

2.20 本期债券发行总额和发行方案以最终获得债券主管部门批准的方案为准。

3. 认购和托管

3.1　本期债券采用实名制记账方式，投资者认购的本期债券在证券登记机构登记托管。

3.2　通过承销团成员设置的营业网点发行的部分在中央国债登记结算有限责任公司登记托管，按照中央国债登记结算有限责任公司的相关规则办理认购和登记托管手续。

3.3　在交易所跨市场发行部分的债券在相关交易所发行，在相关证券登记公司登记托管，按照相关交易所的规则和证券登记公司的规则办理认购、登记、托管手续。

4. 承销责任

4.1　主承销商对发行人承担本期债券余额包销责任，各承销商按承销团协议约定的承销金额承销债券，并对主承销商按各自承销金额承担余额包销责任。无论是否出现任何承销商发生违约行为，主承销商均有义务在本期债券发行期限结束后向发行人按时足额划付本期债券应募集全部款项。

①企业发行企业债券应当公布经审批机关批准的发行章程。企业发行企业债券，可以向经认可的债券评信机构申请信用评级。这里假设主体评级AA，债项评级AA+。

D10912

4.2 发行人特此确认，在主承销商按照本协议第 6 条的规定将应募集款项净额划付至发行人收款账户后，主承销商在本协议第 4 条项下作为主承销商的承销义务和责任即告终止，但主承销商在本协议项下的其他义务和责任并不因此而终止。

5. 先决条件

5.1 下列条件成就时，本协议项下主承销商的承销义务始生效：

5.1.1 发行人为本次发行聘请的发行人律师已就本次发行出具了符合有关主管机关要求的法律意见书。

5.1.2 发行人已获得符合有关主管部门、审批机关要求的发行人近三年的正式财务审计报告。

5.1.3 ___________资信评估有限公司已出具了确认发行人在发行时主体评级为__________，债券信用等级为__________的债券信用评级报告。

5.1.4 发行人已取得国家发改委对本次发行的批准文件。

5.1.5 发行人和主承销商在经主管机关批准的利率范围内就本期债券簿记建档的利率区间协商一致。

5.1.6 发行人与簿记建档管理人经簿记建档确定了发行利率。

5.1.7 截至发行首日，国家宏观经济形势及利率市场没有发生超出预期的重大不利变化。

5.2 截至发行结束之日，发行人没有违反其在本协议和/或所有发行文件中的任何实质性义务、陈述和保证。

5.3 主承销商应在上述第 5.1.1 条至第 5.1.5 条满足之日起尽快启动本期债券的发行工作，除非因非主承销商的原因造成本期债券发行工作无法按时启动。

6. 募集款项的划付

6.1 主承销商应在发行期限届满后的第三个工作日 17 时之

前，将扣除第 7.1 款约定的承销费用后的募集款项净额（含承销团成员的包销部分）全部划至发行人收款账户。

6.2　主承销商在按照本协议第 6.1 款规定划款的同日，应将划款凭证的复印件送交发行人。

7. 与本期债券有关的费用

7.1　承销费用。

作为承销团向发行人提供本期债券的承销服务及履行其他本协议项下的服务的对价，发行人应向承销团支付承销费用。发行人向主承销商支付的承销费用为发行规模的______%。如果本期债券最终发行规模调整，承销佣金的数额同比例调整[①]。

7.1.1　上述承销费用包括主承销商牵头管理费（包括协调准备、申报材料编制和申报工作等费用）、承销佣金（包括向承销团成员支付的全部报酬）。

7.1.2　主承销商项目组为发行人现场工作期间产生的差旅费由发行人承担。

7.2　承销费用支付。

7.2.1　本次承销费用在主承销商向发行人划付募集款项之时，由主承销商先行从募集款项中一次性予以抵扣。

7.2.2　就承销商按照承销团协议的规定各自收取的承销报酬，各承销商应分别自发行结束后 6 个工作日内向主承销商提供发票票面总金额与其按照承销团协议的规定各自应收取的承销报酬金额相等、抬头为发行人的发票原件；主承销商收到各承销商提供的发票原件后，应自发行结束后 7 工作日内向发行人提供该等发票，该等发票应当包括主承销商自身向发行人提供的与其收取的承销费用相等、抬头为发行人的发票。

7.3　担保费用：发行人自行承担为本次发行而产生的相关担保费用。

①承销商的承销佣金以发行企业债券总面额为基数，按超额累退费率计收，不得擅自调高或降低收费标准。

D10912

7.4　后续服务费用：发行人应自行承担本期债券登记托管费、本期债券上市的有关费用、本期债券存续期内发生的与本期债券有关的付息及兑付手续费以及制作、刊登付息及兑付公告所产生的费用。主承销商为本期债券的上市、付息及兑付不再另行收取费用。

7.5　中介机构的费用及其他费用：发行人应自行承担本期债券发行推介所产生的费用和开支、为本期债券发行刊登有关公告的费用、制作、刊登中期报告、年度报告所产生的费用，以及发行人为本次发行聘请的发行人律师、会计师、评级公司等中介机构而产生的所有费用和开支。

8. 付息和本金兑付

8.1　承销商应分别承担其负责二级托管的本期债券的本息兑付工作。

8.2　在全部或部分本期债券经批准在有关证券交易场所交易流通之后，该交易流通部分的债券的付息和本金兑付将通过相关证券登记托管机构进行；本期债券未交易流通部分债券的本金和利息的支付将通过中央国债登记公司及有关机构办理。

8.3　发行人应根据其与中央国债登记公司或相关证券登记托管机构签订的有关协议以及相关证券交易场所的有关规定将有关的本金或利息款项足额划至中央国债登记公司和 / 或相关证券登记托管机构指定的账户。

9. 陈述和保证

9.1　发行人向主承销商陈述并保证，自本协议签署之日起至本期债券在有关证券交易场所交易流通当日：

9.1.1　发行人是根据《中华人民共和国公司法》于中华人民共和国注册成立的有限责任公司，具有在中华人民共和国经营其营业执照中规定的业务的资格，并且拥有充分的权力、授权和法定权利拥有其资产和经营其业务；

9.1.2 发行人具备法律、法规、规章、监管要求规定的发行本期债券需要的全部条件，并已履行了必要的内部批准程序，有权签订并履行本协议，代表发行人的本协议签字人已获授权；

9.1.3 自双方签署本协议并加盖公司印章之日起，本协议即对发行人具有法律上的约束力；

9.1.4 发行人签署本协议或履行其于本协议项下的任何义务或行使其于本协议项下的任何权利将不会与发行人适用的任何法律、法规、条例、判决、命令、裁定、裁决、授权、协议或义务相抵触；如果存在相抵触的情况，发行人已经取得相应的有效豁免或批准，并且这些豁免或批准在中国法律上具有法律约束力，可以通过司法途径得到强制执行；

9.1.5 发行人已经按照有关机构的要求，按时将所有的报告、决议、申报单或其他要求递交的文件以适当的形式向其递交、登记或备案；

9.1.6 发行人遵守对其适用的税收法律、法规的规定，并且已经根据该法律、法规规定保存了所有相应的税收记录和文件；发行人每年的税收申报单已经依照中国有关税收法律、法规的要求及时地进行了提交；并且税收申报单在所有重要的方面都是适当的和准确的，并且已获得有关税务机关的同意；

9.1.7 发行人签署本协议和履行其在本协议项下的义务，都不会与发行人公司章程或内部规章或以发行人为一方或发行人受其约束的任何合同或协议的任何规定有抵触，或导致对上述规定的违反，或构成对上述规定的不履行或不能履行；

9.1.8 发行人持有的与发行人有关的所有资料，如有对发行人全部履行其在本协议项下义务的能力具有实质性不利影响的，或者透露给主承销商即对主承销商签订本协议的意愿具有实质性不利影响的，发行人均已向主承销商透露；

9.1.9 发行人不存在任何未向主承销商披露的重大债务或者或有债务；

9.1.10 发行人的任何资产或收入并无设置可能对本期债券发行、付息和兑付构成重大实质性不利影响的任何形式的担保权益；

9.1.11 不存在针对发行人提出的或悬而未决的、可能会对本期债券发行、付息和兑付构成任何形式的实质性不利影响的法院诉讼、仲裁庭仲裁、或其他潜在的重大纠纷；

9.1.12 发行人遵守国家有关环境保护的法律、法规；

9.1.13 目前发行人就本次发行所披露的财务报表是按中国现行法律、法规和条例以及会计准则编制的。该财务报表完整、真实、公正地反映了发行人在有关财务时期结束时的财务状况以及在该财务时期的业绩；

9.1.14 从该财务报表出具之日起至本期债券交易流通当日，发行人的业务或财务状况并无实质性不利变化。并且，自本协议签署之日至本期债券交易流通当日，除已经在债券募集说明书中适当披露的情形之外，不存在其他任何会导致发行人的业务或财务状况发生任何实质性不利变化的情况。如发行人违反本协议第 9.1.14 款的陈述和保证，主承销商有权终止履行本协议；

9.1.15 发行人向主承销商及其他承销团成员提供的全部资料（包括但不限于在主承销商或其顾问为本次发行及交易流通进行尽职调查中发行人所提供的所有资料）在一切实质方面是真实、完整和准确的，不存在任何有实质意义的不实或误导性陈述；

9.1.16 对于目前由发行人使用的并与发行人目前的业务经

营有关的所有重大的专利、专利权、发明、版权、专有技术（包括行业秘密和其他非专利的或不能申请专利的专有权或保密信息、系统或程序）、商标、服务标志和商业名称（以下简称知识产权），发行人完全合法有效地拥有或有权使用，或可以依法以合理的条件获得；就上述知识产权，发行人没有接到任何侵权通知或与其他人已声明的权利发生冲突的通知；在经营活动中，发行人亦没有对在国内注册的任何专利、版权、所有权、商标、服务标记、商业标记、或其他知识产权有任何侵权行为；

9.1.17　就发行人所知，发行人与其员工之间不存在重大劳动争议、罢工或其他冲突；

9.1.18　债券募集说明书已包括有关发行人及其本次发行的全部实质性信息。债券募集说明书所包括的所有事实陈述均真实、准确、完整，且无重大误导成分。债券募集说明书中有关意见、意向、期望的表述均是真实的，是认真、适当地考虑了所有有关情况并基于合理的假设作出的，反映了合理的预期，不存在具有重大误导性的疏忽。

9.2　主承销商向发行人陈述并保证，自本协议签署之日起至本期债券在有关证券交易场所交易流通当日：

9.2.1　主承销商是根据中国法律正式成立，有效存续并正常经营的有限责任公司，具有从事企业（公司）债券承销业务资格及担任本期债券主承销商资格；

9.2.2　主承销商已按其应适用的法律、法规办理必要的手续，并取得必要的登记及批准，且在该等法律、法规项下拥有必要的权力和权利，以便签署本协议和履行其在本协议项下的各项义务；

9.2.3　主承销商已采取必要的内部批准程序，有权签订并履行本协议，且代表主承销商的本协议签字人已获授权；

D10912

9.2.4　主承销商取得承销团所有成员的书面授权，在本期债券发行过程中有权代表承销团其他所有成员处理债券承销事宜；

9.2.5　自双方签署本协议，加盖公司印章之日起，本协议即对主承销商具有法律上的约束力；

9.2.6　主承销商签署本协议和履行其在本协议项下的义务，不会与主承销商的公司章程或内部规章、任何法律、法规、规定、任何政府机构或部门的授权或批准、或以主承销商为一方或受之约束的任何合同或协议的任何规定有抵触，或导致对上述规定的违反，或构成对上述规定的不履行；

9.2.7　主承销商持有的与主承销商有关的所有资料，如有对主承销商全部履行其在本协议项下义务的能力具有实质性不利影响的，或者透露给发行人即对发行人签订本协议的意愿具有实质性不利影响的，均已向发行人透露，而且主承销商提供给发行人的资料均不存在任何具有实质意义的不实陈述或误导性陈述；

9.2.8　除非本协议有不同规定，承销团成员之间因履行承销团协议而发生的任何争议，不应影响主承销商及承销团其他承销商承担本协议项下的义务和责任。

9.2.9　在事先未获得发行人书面认可情况下，不得以新闻发布或散发文件等形式，向公众披露除募集说明书之外的，可能影响本次发行成功的信息。

10. 发行人的义务

10.1　发行人发行本期债券后，将严格按照经批准的募集资金用途使用本次募集款项。①

10.2　发行人将及时向有关主管机关和有关证券交易场所报送法律、法规和有关证券交易场所的交易规则规定的发行及交易流通文件。

①企业发行企业债券所筹资金应当按照审批机关批准的用途，用于本企业的生产经营。企业发行企业债券所筹资金不得用于房地产买卖、股票买卖和期货交易等与本企业生产经营无关的风险性投资。

10.3　发行人应在接到与本次发行及交易流通有关的主管机关发出的发行文件或对其进行的修改或补充已经被批准或生效的通知时，立即告知主承销商并提供该等通知相应的复印件；发行人应在接到上述部门关于暂停使用发行文件、暂停发售本期债券或要求对发行文件进行修改或补充的通知后，立即通知主承销商。

10.4　本期债券交易流通首日前（包括交易流通交易首日）的任何时候，如果发行人了解到任何将使其在本协议中作出的声明、保证或承诺存在错误或者变得不真实或不正确，应立即通知主承销商，并按主承销商的合理要求，采取必要措施予以补救或予以公布。

10.5　发行人将遵守有关法律、法规的规定，履行持续的信息披露的义务，以维护本期债券的良好市场形象和信用等级。

10.6　发行人在本期债券存续期间，应按照有关债券法规的规定及时向有关主管机构和有关证券交易场所办理有关手续。

10.7　如果本期债券符合证券交易所的上市条件，发行人有义务根据主承销商的要求，在债券发行完成后 30 个工作日内完成本期债券在证券交易所的上市流通工作。

10.8　发行人应在收到募集款项净额（全部募集款项扣除承销费用后的数额）后 3 个工作日内向主承销商提供募集款项到位的证明文件。

10.9　发行人有义务按照簿记建档结果确定的发行利率发行本期债券。在簿记建档时，如果在设定的 2 小时申购时间内申购总量未达到本期债券的计划发行额，发行人同意将簿记建档发行时间延长一小时或者择期重新簿记建档。

11. 主承销商的义务

11.1　主承销商应选择适当的发行时机发行本期债券。

D10912

11.2 主承销商应按照簿记建档结果并经债券发行主管部门认可的利率发行本期债券，按照本协议的约定对发行人承担本期债券余额包销责任。但在簿记建档时，如果在设定的2小时申购时间内申购总量未达到本期债券的计划发行额，主承销商有权将簿记建档发行时间延长一小时或者择期重新簿记建档。

11.3 主承销商有义务向发行人提供本期债券发行总体方案的建议，配合完成募集说明书及其摘要的起草和其他本次发行有关的文件。

11.4 主承销商有义务就参与本期债券发行的其他中介机构向发行人所出具的文件对发行人提供咨询意见。

11.5 主承销商有义务协助发行人开展债券发行的申报、托管登记工作和后续信息披露工作。

11.6 主承销商有义务协助发行人向本期债券的持有人履行付息、兑付和/或支付根据募集说明书应当由发行人向本期债券的持有人支付的各种款项，但仅限于组织和协调承销团各成员进行上述付息、兑付和/或支付。

11.7 主承销商有义务协助发行人完成本期债券在合法的国内证券交易场所交易流通工作。

11.8 主承销商应按照其行业公认的执业标准、道德标准和勤勉尽责精神向发行人提供上述服务事项。

11.9 经本协议双方同意确认的其他服务内容。

12. 税款

本协议双方应当各自依法缴纳因其签署和执行本协议而应当缴纳的各项税款。本期债券利息个人所得税统一由各付息网点在向个人投资者兑付利息时负责代扣代缴。

13. 违约责任

13.1 本协议双方应根据本协议的有关规定按时划拨款项，

包括但不限于本协议第 6 条项下的全部募集款项净额和利息及本协议第 7 条项下的承销费用。违约方应就逾期未划部分按每日万分之一的罚息率向收款一方支付罚息，还应继续履行付款义务。

13.2　本协议任何一方或其董事、职员、代理人履行与本期债券有关的职务时，因过错而造成其他一方或多方损失的，该协议方应承担由此产生的一切责任，并提供完全有效的赔偿。

13.3　至本期债券交易流通当日，如果发行及交易流通文件或发行人、主承销商在本期债券交易流通当日之前不得向公众或任何第三人披露的任何有关本次发行及本期债券信息中包含有任何实质性的虚假、不实或带有误导性的陈述、任何重大遗漏，则：

13.3.1　如果该等实质性的虚假、不实或带有误导性的陈述、或任何重大遗漏是由于承销商的过错，则因此给发行人造成的任何损失（包括但不限于发行人为避免、挽回和弥补该等损失而支出的律师费和其他合理费用）应当由有过错的承销商承担。但如果发行人也有过错，则相应减轻承销商的责任；

13.3.2　如果该等实质性的虚假、不实或带有误导性的陈述、或任何重大遗漏是由于发行人的过错，则因此给承销商造成的任何损失（包括但不限于承销商为避免、挽回和弥补该等损失而支出的律师费和其他合理费用）应当由发行人承担。但如果承销商也有过错，则相应减轻发行人的责任；

13.3.3　在上述第 13.3.1 项中有过错的承销商的赔偿责任应包括对因此遭受损害的发行人的董事、经理和其他雇员的赔偿；在上述第 13.3.2 项中发行人的赔偿责任应包括对因此而遭受损害的承销商董事、经理和其他雇员的赔偿。

除本协议上述第 13.1 款至第 13.3 款的规定外，本协议任何

D10912

一方违反其在本协议其他条款项下的义务而给另一方造成损失的，违约方应向另一方承担相应的赔偿责任。

14. 不可抗力事件及免责

14.1　本协议所述不可抗力是指任何不可预见、不可避免并且不能克服的客观情况，包括但不限于政治、经济、国家宏观调控领域及利率政策的重大变化、地震、水灾、传染性疾病以及战争等情形，而这种客观情况已经或可能将会对发行人的业务状况、财务状况、公司前景或本次发行及交易流通产生重大实质性不利影响，则主承销商与发行人充分协商一致后可决定暂缓履行或终止履行本协议。

14.2　如果上述不可抗力事件的发生影响一方履行其在本协议项下的义务，则在不可抗力造成的延误期内中止履行不视为违约。

14.3　宣称发生不可抗力事件的一方应迅速书面通知本协议他方，并在其后的15天内提供证明不可抗力事件发生及其持续的足够证据。

14.4　如果发生不可抗力事件，本协议双方应立即互相协商，以找到公平的解决办法，并且应尽一切合理努力将不可抗力事件的后果减小到最低限度；否则，未采取合理努力方应就扩大的损失对另一方承担相应的赔偿责任。

14.5　如不可抗力事件的发生或后果对本次发行及交易流通造成重大妨碍，时间超过______个月，并且本协议双方未找到公平的解决办法，则任何一方（终止方）有权以向另一方发出书面通知（终止通知）的方式终止本协议。在这种情况下，本协议的解除自终止方发出终止通知起生效。

15. 保密

15.1　任何一方曾向或可能需向另一方透露有关其各自业

务、财务状况及其他保密事项的保密与专有资料。除其他有关保密协议另有规定外，接受上述所有资料（包括书面资料和非书面资料，以下简称保密资料）的每一方应当：

15.1.1 对上述保密资料予以保密；

15.1.2 除对因履行其工作职责而需知道上述保密资料的本方雇员外，不向任何人或实体透露上述保密资料。

15.2 上述第 15.1 款的规定不适用于下述保密资料：

15.2.1 在透露方向接受方透露之前所作的书面记录能够证明已为接受方所知的资料；

15.2.2 非因接受方违反本协议而成为公众所知的资料；

15.2.3 接受方从对保密资料不承担任何保密义务的第三方获得的资料；

15.2.4 本次发行及交易流通中已向公众公布的文件中所包含的资料；

15.2.5 主承销商为了履行反洗钱及利益冲突核查义务可以向自己的股东披露发行人的基本信息资料。

15.3 每一方均应确保其本身及其与本次发行及交易流通有关的关联公司的董事、高级职员和其他与本次发行及交易流通有关的雇员同样遵守本协议第 15 条所述的保密义务。

15.4 本协议第 15 条的规定不适用于为本次发行及交易流通之目的把保密资料透露给其关联公司、中介机构、各方的雇员和顾问；但在这种情况下，只应向因履行其工作职责而需要知道该等资料的人或实体透露该等资料。

15.5 本协议第 15 条的规定不适用于发行人或主承销商按照有关法律或法规的规定把资料透露给任何政府部门或任何有关的机构。但是，被要求作出上述透露的发行人或主承销商应在作出上述透露前在可能和合法的前提下立即把该要求及其条

D10912

款通知他方。

15.6　本协议第15条的任何规定不应妨碍一方按其诚信判断作出适用法律、法规或有关证券交易场所规则规定的公布或透露。

16. 通知及送达

16.1　除非本协议另有规定，任何一方向本协议他方发出本协议规定的任何通知或书面通讯应以专人送达、传真或特快邮递的方式发出。一切通知和书面通讯均应发往下列有关地址，直到向发行人或本协议他方发出书面通知更改该地址为止：

发行人：____________有限责任公司

联系人：____

联系地址：____

邮政编码：____

联系电话：____

传真：____

主承销商：____________证券股份有限公司

联系人：____

联系地址：____

邮政编码：____

电话：____

传真：____

16.2　上述第16.1款所指的任何通知或书面通讯的收到日是指：

16.2.1　如由专人送达，送达之日为收到日；

16.2.2　如经特快邮递传递，为向特快邮递公司交件后的第三日；

16.2.3　如由传真传递，为带有确认回号的传递日，或为发出当日。

17. 终止

17.1　本协议可因以下原因终止：

17.1.1　一方依据本协议第 14.5 款终止本协议；

17.1.2　因本协议执行完毕；

17.1.3　经双方友好协商共同决定终止本协议。

18. 适用法律和管辖权

18.1　本协议受中国法律管辖，并按中国法律解释。

18.2　任何因本协议引起的或与本协议有关的争议或纠纷均应由双方友好协商解决。本协议任一方认为协商不足以解决前述争议与纠纷的，均有权向中国国际经济贸易仲裁委员会提请仲裁，适用该仲裁委员会当时有效的仲裁规则。该仲裁裁决应当是终局的，本协议双方特此同意不可撤销地服从该仲裁委员会的管辖与裁决结果。

18.3　就本协议某一条款产生争议和纠纷并进行仲裁，不影响本协议其他条款的效力与继续履行。

19. 其他规定

19.1　对本协议任何条款的修改或放弃，及放弃追究本协议项下的任何违约行为，必须以书面作出，并由发行人和主承销商法定代表人或其授权代表签字并加盖公章后方为有效。

19.2　本协议任何一方未行使或延迟行使本协议项下的一项权利并不作为对该项权利的放弃；任何单独一次或部分行使一项权利亦不排除将来对该项权利的其他行使。

19.3　除非本协议另有规定，如果事先未经本协议他方书面同意，或在法律要求批准的情况下未经有关审批机关批准，任何一方不得全部或部分转让本协议或者本协议项下的任何权利和义务。

D10912

19.4　本协议构成发行人和承销团之间的全部权利和义务，并且取代以前有关本期债券承销发行及交易流通的任何意向或协议；本协议双方可以就本协议之事项签订进一步的书面补充协议，补充协议与本协议构成不可分割的整体，具有同等法律效力。

19.5　发行人同意委托主承销商在本期债券发行完毕后，协助发行人完成本期债券在合法的证券交易场所的交易流通工作；主承销商亦同意接受发行人的委托，不再收取报酬。

19.6　本协议正本一式______份，发行人与主承销商各执______份，其余正本由主承销商保存并按照有关主管机构不时的要求向其提供。每份正本具有相同的法律效力。本协议正本应经本协议双方正式授权代表签署，加盖公章。本协议的附件与本协议正文具有同等效力。

本协议于双方签署，加盖公章之日生效。

____________有限责任公司

（作为发行人）

法定代表人（或授权代表人）签章

姓名：______________________________

职务：______________________________

____________证券股份有限公司

（作为主承销商，并作为承销团的授权代表）

法定代表人（或授权代表人）签章

姓名：______________________________

职务：______________________________

附件：募集款项收款银行账户通知书

致：____________证券有限责任公司

关于：______年____________有限责任公司公司债券

根据本公司与贵公司于______年______月______日签订的《______年____________有限责任公司公司债券承销协议》（以下简称承销协议），贵公司作为本期债券的主承销商，应按照承销协议的有关规定将本期债券的募集款项按期、足额（扣除承销报酬后）划至我公司下列账户：

银行名称：____

账户名称：____

账号：____

承销协议规定的专用术语用于本通知书时，具有相同的含义。

特此通知。

____________有限责任公司（公章）

法人代表或授权代表（签字）

______年______月______日

D10912

2.审计业务约定书

使用场景：

申报发行企业债需要聘请主承销商、会计师事务所、律师事务所、评级机构等。其中需要聘请有证券从业资格的会计师事务所审计发行人近三年的财务报告，并出具审计报告（连审）。

法律要点：

1.《企业债券管理条例》

第十四条　企业申请发行企业债券，应当向审批机关报送下列文件：……（四）经会计师事务所审计的企业近 3 年的财务报告……

2.《国家发展改革委关于下达 2007 年第一批企业债券发行规模及发行核准有关问题的通知》(发改财金〔2007〕602 号)

三、企业债券应……由具有证券业务从业资格的会计师事务所对发行人最近三年的财务状况进行审计……

3.《财政部证监会关于会计师事务所从事证券期货相关业务有关问题的通知》

一、会计师事务所从事证券、期货相关业务资格的申请条件

会计师事务所从事证券、期货相关业务（以下简称证券业务），应当按照本通知规定取得证券、期货相关业务资格（以下简称证券资格）。

会计师事务所申请证券资格，应当具备下列条件：

（一）依法成立 5 年以上，组织形式为合伙制或特殊的普通合伙制；由有限责任制转制为合伙制或特殊的普通合伙制的会计

师事务所，经营期限连续计算；

（二）质量控制制度和内部管理制度健全并有效执行，执业质量和职业道德良好；会计师事务所设立分所的，会计师事务所及其分所应当在人事、财务、业务、技术标准和信息管理等方面做到实质性的统一；

（三）注册会计师不少于 200 人，其中最近 5 年持有注册会计师证书且连续执业的不少于 120 人，且每一注册会计师的年龄均不超过 65 周岁；

（四）净资产不少于 500 万元；

（五）会计师事务所职业保险的累计赔偿限额与累计职业风险基金之和不少于 8000 万元；

（六）上一年度业务收入不少于 8000 万元，其中审计业务收入不少于 6000 万元，本项所称业务收入和审计业务收入均指以会计师事务所名义取得的相关收入；

（七）至少有 25 名以上的合伙人，且半数以上合伙人最近在本会计师事务所连续执业 3 年以上；

（八）不存在下列情形之一：

1. 在执业活动中受到行政处罚、刑事处罚，自处罚决定生效之日起至提出申请之日止未满 3 年；

2. 因以欺骗等不正当手段取得证券资格而被撤销该资格，自撤销之日起至提出申请之日止未满 3 年；

3. 申请证券资格过程中，因隐瞒有关情况或者提供虚假材料被不予受理或者不予批准的，自被出具不予受理凭证或者不予批准决定之日起至提出申请之日止未满 3 年。

会计师事务所具备前款第（一）项、第（七）项和第（八）项规定条件，并通过吸收合并具备前款第（二）项至第（六）项规定条件的，自吸收合并后工商变更登记之日起至提出申请

D10913

之日止应当满一年。

会计师事务所发生吸收合并前已具备第二款规定条件的，不受第三款规定限制。

具有证券资格的会计师事务所应当持续具备申请条件。具有证券资格的会计师事务所，自取得证券资格第三年起，每一年度上市公司年度财务报告审计业务客户家数（含证监会已审核通过的 IPO 公司户数）不得少于 5 家，或者每一年度上市公司审计业务收入不得少于 500 万元。

……

4. 中国证监会网站中公布的“从事证券期货业务会计师事务所目录”（2017 年 4 月）中，共 40 家会计师事务所具有从事证券期货业务资格。

序号	机构名称
1	安永华明会计师事务所（特殊普通合伙）
2	北京天圆全会计师事务所（特殊普通合伙）
3	北京兴华会计师事务所（特殊普通合伙）
4	北京永拓会计师事务所（特殊普通合伙）
5	北京中证天通会计师事务所（特殊普通合伙）
6	毕马威华振会计师事务所（特殊普通合伙）
7	大华会计师事务所（特殊普通合伙）
8	大信会计师事务所（特殊普通合伙）
9	德勤华永会计师事务所（特殊普通合伙）
10	福建华兴会计师事务所（特殊普通合伙）
11	广东正中珠江会计师事务所（特殊普通合伙）
12	华普天健会计师事务所（特殊普通合伙）
13	江苏公证天业会计师事务所（特殊普通合伙）
14	江苏苏亚金诚会计师事务所（特殊普通合伙）
15	立信会计师事务所（特殊普通合伙）

续表

序号	机构名称
16	立信中联会计师事务所（特殊普通合伙）
17	利安达会计师事务所（特殊普通合伙）
18	普华永道中天会计师事务所（特殊普通合伙）
19	瑞华会计师事务所（特殊普通合伙）
20	山东和信会计师事务所（特殊普通合伙）
21	上会会计师事务所（特殊普通合伙）
22	四川华信（集团）会计师事务所（特殊普通合伙）
23	天衡会计师事务所（特殊普通合伙）
24	天健会计师事务所（特殊普通合伙）
25	天职国际会计师事务所（特殊普通合伙）
26	希格玛会计师事务所（特殊普通合伙）
27	信永中和会计师事务所（特殊普通合伙）
28	亚太（集团）会计师事务所（特殊普通合伙）
29	致同会计师事务所（特殊普通合伙）
30	中汇会计师事务所（特殊普通合伙）
31	中勤万信会计师事务所（特殊普通合伙）
32	中审华会计师事务所（特殊普通合伙）
33	中审亚太会计师事务所（特殊普通合伙）
34	中审众环会计师事务所（特殊普通合伙）
35	中天运会计师事务所（特殊普通合伙）
36	中喜会计师事务所（特殊普通合伙）
37	中兴财光华会计师事务所（特殊普通合伙）
38	中兴华会计师事务所（特殊普通合伙）
39	中准会计师事务所（特殊普通合伙）
40	众华会计师事务所（特殊普通合伙）

D10913

5. 财政部1995年12月25日财会协字〔1995〕48号《独立审计具体准则第二号——审计业务约定书》

第五条　会计师事务所在承接审计业务时，应当考虑其自身能力和能否保持独立性，并按照本准则的要求，与委托人签订审计业务约定书。

第十一条　审计业务约定书应当包括以下基本内容：（一）签约双方的名称；（二）委托目的；（三）审计范围；（四）会计责任与审计责任；（五）签约双方的义务；（六）出具审计报告的时间要求；（七）审计报告的使用责任；（八）审计收费；（九）审计业务约定书的有效期间；（十）违约责任；（十一）签约时间；（十二）签约双方认为应当约定的其他事项。

6. 财政部1995年12月25日财会协字〔1995〕48号《独立审计基本准则》

第二十三条　注册会计师可以出具无保留意见、保留意见、否定意见和拒绝表示意见四种意见类型的审计报告。在表示保留意见、否定意见或拒绝表示意见时，应明确说明理由，并在可能情况下，指出其对会计报表反映的影响程度。

文本正文：http://www.fatianshi.cn/D10913

审计业务约定书

编号：______字______号

甲方：____________有限责任公司

乙方：____________会计师事务所[①]

兹因甲方因发行债务融资工具评级需要，委托乙方对2013~2015年度财务报表进行审计，经双方协商，达成以下约定：

①依据《注册会计师法》依法设立，并需要具有财政部及中国证监会联合授予的从事证券业务资格。

一、审计的目标和范围

1. 乙方接受甲方委托，对被审计单位按照企业会计准则编制的以下财务报表及其附注进行审计（属于审计范围的，以打钩标示）：

□ 2013 年度、2014 年度、2015 年的母公司及合并利润表；

□ 2013 年度、2014 年度、2015 年母公司及合并现金流量表；

□ 2013 年度、2014 年度、2015 年母公司及合并股东权益变动表；

□ 2013~2015 年的财务报表附注；①

2. 乙方通过执行审计工作，对财务报表的下列方面发表审计意见：（1）财务报表是否在所有重大方面按照企业会计准则的规定编制；（2）财务报表是否在所有重大方面公允反映了甲方 2015 年 12 月 31 日的合并财务状况以及 2013 年度、2014 年度、2015 年的合并经营成果和现金流量。

二、甲方的责任

1. 根据《中华人民共和国会计法》及《企业财务会计报告条例》，甲方及甲方负责人有责任保证会计资料的真实性和完整性。因此，甲方管理层有责任妥善保存和提供会计记录（包括但不限于会计凭证、会计账簿及其他会计资料），这些记录必须真实、完整地反映甲方的财务状况、经营成果和现金流量。

2. 按照企业会计准则的规定编制和公允列报财务报表是甲方管理层的责任，这种责任包括：（1）按照企业会计准则的规定编制财务报表，并使其实现公允反映；（2）设计、执行和维护必要的内部控制，以使财务报表不存在由于舞弊或错误导致的重大错报。②

3. 及时为乙方的审计工作提供与审计有关的所有记录、文件和所需的其他信息（在 2017 年______月______日之前提供审计所需的全部资料，如果在审计过程中需要补充资料，亦应及

①对发行人最近三年的财务状况进行审计。

②明确甲方的会计责任："编制和公允列报财务报表是发行人管理层的责任。这种责任包括：（1）按照企业会计准则的规定编制财务报表，并使其实现公允反映；（2）设计、执行和维护必要的内部控制，以使财务报表不存在由于舞弊或错误而导致的重大错报。"审计报告正文中仍会重申。

D10913

时提供），并保证所提供资料的真实性和完整性。

4. 确保乙方不受限制地接触其认为必要的甲方内部人员和其他相关人员。

5. 为满足乙方对甲方合并财务报表发表审计意见的需要，甲方须确保：

乙方和对组成部分财务信息执行相关工作的组成部分注册会计师之间的沟通不受任何限制。

乙方及时获悉组成部分注册会计师与组成部分治理层和管理层之间的重要沟通（包括就值得关注的内部控制缺陷进行的沟通）。

乙方及时获悉组成部分治理层和管理层与监管机构就与财务信息有关的事项进行的重要沟通。

在乙方认为必要时，允许乙方接触组成部分的信息、组成部分管理层或组成部分注册会计师（包括组成部分注册会计师的工作底稿），并允许乙方对组成部分的财务信息执行相关工作。

6. 甲方管理层对其作出的与审计有关的声明予以书面确认。

7. 为乙方派出的有关工作人员提供必要的工作条件和协助，乙方将于外勤工作开始前提供主要事项清单。

8. 对于某些涉及判断或从甲方及 / 或被审计单位的记录中得不到确认的事项，乙方必须依赖甲方及 / 或被审计单位管理层提供的信息资料和相应解释。因此，根据审计准则的要求，乙方将依据审计工作情况要求甲方（或被审计单位）的董事长及 / 或总经理（或执行董事）及 / 或财务总监代表管理层签署一份正式的管理层声明书，以确认此类有关陈述。

9. 乙方的审计不能减轻甲方及甲方管理层的责任。

三、乙方的责任

1. 乙方的责任是在执行审计工作的基础上对甲方财务报表

①由会计师事务所依据有关独立审计准则出具审计报告。审计报告出具的审计意见类型有：无保留意见、保留意见、否定意见和拒绝表示意见四种。

一般来说，发行人申报文件中的都是“无保留意见”的审计报告。如果是“否定意见”或“拒绝表示意见”的审计报告，申报的企业债是不会获得国家发改委的审批的。并且，笔者目前也没有遇到持有“保留意见”的审计报告，而企业债获得审批的先例。

发表审计意见①。乙方根据中国注册会计师审计准则（以下简称审计准则）的规定执行审计工作。审计准则要求注册会计师遵守中国注册会计师职业道德守则，计划和执行审计工作以对财务报表是否不存在重大错报获取合理保证。①

2. 对不由乙方执行相关工作的组成部分财务信息，乙方不单独出具报告；有关的责任由对该组成部分执行相关工作的组成部分注册会计师及其所在的会计师事务所承担。

3. 审计工作涉及实施审计程序，以获取有关财务报表金额和披露的审计证据。选择的审计程序取决于乙方的判断，包括对由于舞弊或错误导致的财务报表重大错报风险的评估。在进行风险评估时，乙方考虑与财务报表编制和公允列报相关的内部控制，以设计恰当的审计程序，但目的并非对内部控制的有效性发表意见。审计工作还包括评价管理层选用会计政策的恰当性和作出会计估计的合理性，以及评价财务报表的总体列报。

4. 乙方需要合理计划和实施审计工作，以使乙方在约定时间内获取充分、适当的审计证据，为确认甲方及或被审计单位财务报表是否不存在重大错报获取合理的证据保证。

5. 乙方有责任在审计报告中指明所发现的甲方及或被审计单位在某重大方面没有遵循企业会计准则编制财务报表且未按乙方的建议进行调整的事项。

6. 由于审计和内部控制的固有限制，即使按照审计准则的规定适当地计划和执行审计工作，仍不可避免地存在财务报表的某些重大错报可能未被乙方发现的风险。

7. 在审计过程中，乙方若发现甲方存在乙方认为值得关注的内部控制缺陷，应以书面形式向甲方治理层或管理层通报。但乙方通报的各种事项，并不代表已全面说明所有可能存在的缺陷或已提出所有可行的改进建议。甲方在实施乙方提出的改

①明确乙方的会计责任："在执行审计工作的基础上对财务报表发表审计意见。按照中国注册会计师审计准则的规定执行了审计工作。遵守中国注册会计师职业道德守则，计划和执行审计工作以对财务报表是否不存在重大错报获取合理保证。"审计报告正文中仍会重申。

D10913

进建议前应全面评估其影响。未经乙方书面许可，甲方不得向任何第三方提供乙方出具的沟通文件。

8. 按照约定时间完成审计工作，出具审计报告。乙方人员进入现场工作后______日内为审计测试期，审计测试期内乙方有权要求变更约定期限或根据测试结果选择终止审计受托关系。

9. 除下列情况外，乙方应当对执行业务过程中知悉的甲方信息予以保密：(1) 法律法规允许披露，并取得甲方的授权；(2) 根据法律法规的要求，为法律诉讼、仲裁准备文件或提供证据，以及向监管机构报告发现的违法行为；(3) 在法律法规允许的情况下，在法律诉讼、仲裁中维护自己的合法权益；(4) 接受注册会计师协会或监管机构的执业质量检查，答复其询问和调查；(5) 法律法规、执业准则和职业道德规范规定的其他情形。

10. 审计报告签发日之后，乙方无直接责任去考虑或查明可能影响该期间的财务报表的期后事项。但是，甲方及或被审计单位应将在审计报告签发日之后可能影响财务报表的任何重大事项的发生或任何重大事实的发现通知乙方。

四、审计收费

1. 本次年报审计服务的收费是以乙方各级别工作人员在本次工作中所耗费的时间及风险衡量为基础计算的。乙方预计本次审计服务的费用总额为人民币______万元。

2. 审计费用于进场开始审计______日内支付______%，其余费用于审计报告完成日结清。

3. 如果由于无法预见的原因，致使乙方从事本约定书所涉及的审计服务实际时间较本约定书签订时预计的时间有明显增加或减少时，甲乙双方应通过协商，相应调整本部分第 1 段所述的审计费用。

4. 与本次审计有关的其他费用、食宿费等杂费由甲方安排承担。

五、审计报告和审计报告的使用

1. 乙方按照中国注册会计师审计准则规定的格式和类型出具审计报告。

2. 乙方向甲方致送审计报告一式______份。仅限于甲方为发行企业债券之用，若需改变用途并需要乙方另行出具报告性文件的，需另行支付一定的服务费用，具体金额由甲乙双方协商确定。

3. 甲方在提交或对外公布乙方出具的审计报告及其后附的已审计财务报表时，不得对其进行修改。当甲方认为有必要修改会计数据、报表附注和所作的说明时，应当事先通知乙方，乙方将考虑有关的修改对审计报告的影响，必要时，将重新出具审计报告。

六、本约定书的有效期间

本约定书自签署之日起生效，并在双方履行完毕本约定书约定的所有义务后终止。但其中第 3 项第 9 段，第 4、5、7、8、9、10 项并不因本约定书终止而失效。

七、约定事项的变更

如果出现不可预见的情况，影响审计工作如期完成，或需要提前出具审计报告，甲、乙双方均可要求变更约定事项，但应及时通知对方，并由双方协商解决。

八、终止条款

1. 如果根据乙方的职业道德及其他有关专业职责、适用的法律法规或其他任何法定的要求，乙方认为已不适宜继续为甲方提供本约定书约定的审计服务，乙方可以采取向甲方提出合理通知的方式终止履行本约定书。

2. 在本约定书终止的情况下，乙方有权就其于终止之日前

D10913

对约定的审计服务项目所做的工作收取合理的费用。

九、违约责任

甲、乙双方按照《中华人民共和国合同法》的规定承担违约责任。

十、适用法律和争议解决

本约定书的所有方面均应适用中华人民共和国法律进行解释并受其约束。本约定书履行地为乙方出具审计报告所在地，因本约定书引起的或与本约定书有关的任何纠纷或争议（包括关于本约定书条款的存在、效力或终止，或无效之后果），双方协商确定采取以下第______种方式予以解决：

（1）向有管辖权的人民法院提起诉讼；

（2）提交____________仲裁委员会仲裁。

十一、双方对其他有关事项的约定

本约定书一式二份，甲、乙双方各执一份，具有同等法律效力。

委托方：____________有限责任公司（盖章）

法定代表人（或授权代表）：___________________________

签署日期：______年______月______日

受托方：____________会计师事务所（盖章）

负责人（或授权代表）：_______________________________

签署日期：______年______月______日

3.法律服务协议

使用场景：

申报发行企业债需要聘请主承销商、会计师事务所、律师事务所、评级机构等。其中需要聘请具有从业资格的律师事务所进行资格审查和提供法律认证。

法律要点：

《国家发展改革委关于下达2007年第一批企业债券发行规模及发行核准有关问题的通知》（发改财金〔2007〕602号）

第七条第（三）项　企业债券发行申请材料应当由具有从业资格的律师事务所进行资格审查和提供法律认证。

文本正文：http://www.fatianshi.cn/D10914

聘用律师合同

案号：____________

本合同由以下双方签订：

甲方：____________有限责任公司

乙方：____________律师事务所[①]

鉴于：

1. 甲方拟申报发行2017年____________有限责任公司公司债券；

2. 乙方系经批准依法执业的律师事务所。

经过协商，甲方决定聘用乙方为其申报发行2017年______

①依据《中华人民共和国律师法》依法设立律师事务所均可。

D10914

______有限责任公司公司债券，提供相关法律服务，乙方愿意接受聘用并承诺将优质、高效地完成服务事项。特达成本合同，共同遵守。

1. 甲方责任

1.1 指定____________先生 / 女士作为本合同事项的联系人，就乙方而言，该联系人无须甲方另行确认即始终全权代表甲方；

1.2 就乙方律师受托承办的甲方业务，及时向乙方提供有关情况和材料，并对所提供情况和资料的真实性、有效性、完整性负责；

1.3 就乙方律师受托承办的甲方业务，向乙方提出明确、合理、合法的服务要求；

1.4 就乙方承办的甲方业务，报销乙方因工作需要发生的差旅费用。

2. 乙方责任

2.1 为甲方申报发行 2017 年____________有限责任公司公司债券并完成发行及上市工作提供全面法律服务；

2.2 对甲方进行充分的法律尽职调查，发现问题，提出解决方案，规范甲方在改制前后需要解决的法律问题；

2.3 协助甲方完善公司治理结构与治理规则，包括但不限于草拟 / 修订 / 审核公司章程、股东会、董事会和监事会会议文件等；

2.4 对甲方持续进行法律辅导，促使甲方公司治理与经营活动合法合规，符合国家发改委有关企业债券申报发行的规范要求；

2.5 为甲方申报发行 2017 年____________有限责任公司公司债券提供法律服务，审核申请文件，并按照国家发改委要求出具律师工作报告和法律意见书[①]；

2.6　甲方规范运作、重组改制和申请发行公司债券过程中涉及的其他相关法律工作。

乙方的服务范围不包括甲方重大资产重组及并购等专项事务，不包括甲方涉及经济、民事、知识产权、劳动、行政、刑事等专案代理事务。

3. 乙方的服务方式

3.1　本项法律服务由乙方委派合伙人律师以及律师、律师和必要助理人员组成本项法律事务的项目组经办本项事务；

3.2　乙方对于甲方的有关业务单独建立服务档案，并将根据甲方要求不时通报受托业务的开展情况；

3.3　乙方经办律师根据甲方事务的需要，不定期地在甲方办公地点提供法律服务；

3.4　乙方将根据甲方发出的通知和要求提供服务，变更甲方要求的，须事先与甲方协商并取得甲方同意；

3.5　乙方经办律师不能完全按本合同要求办理甲方事务时，乙方须委派其他律师协助办理或代为办理。

4. 律师费及支付

4.1　改制、发行、上市法律服务费总额：共计______元人民币；

4.2　本合同生效之日起5日内支付律师服务费______%；

4.3　甲方债券发行申请经监管部门受理后5日内支付律师服务费______%；

4.4　甲方债券发行募集资金到位之日起5日内支付其余律师服务费；

4.5　甲方债券发行上市成功后，甲方同意给予乙方奖励。

①法律意见书是企业债申报必备文件之一。

D10914

5. 保密责任

5.1　甲乙双方对在双方合作过程中获知的对方的商业秘密及其他经营信息负有保密义务，必要时，双方另行签订保密合同；

5.2　甲乙双方对对方所提供和出具的资料、文件、信息负有保密义务，只能用于约定用途，必要时，双方另行签订保密合同。

6. 违约责任

6.1　任何一方违反本合同的行为构成违约行为，该方应就其违约行为承担违约责任；

6.2　任何一方的违约责任限于赔偿对方因违约方的违约行为遭受的直接经济损失。

7. 其他

7.1　本合同未尽事宜，由甲乙双方另行协商确定。

7.2　本合同正本一式二份，甲、乙双方各执一份，自甲、乙双方签章之日起生效。

甲方：____________________

代表人：____________________

乙方：____________________

代表人：____________________

签约日期：____________________

4.企业债券评价服务合同

使用场景：

申报发行企业债需要聘请主承销商、会计师事务所、律师事务所、评级机构等。其中应聘请具有企业债券评级从业资格的信用评级机构出具信用评级报告，评级机构应在报告中同时公示债券信用等级和发行人长期主体信用等级。

法律要点：

1.《企业债券管理条例》

第十五条　企业发行企业债券应当公布经审批机关批准的发行章程。企业发行企业债券，可以向经认可的债券评信机构申请信用评级。

2.《国家发展改革委关于下达2007年第一批企业债券发行规模及发行核准有关问题的通知》(发改财金〔2007〕602号)

第二条　……将审计报告、信用评级报告、法律意见书全文登载于发行人、主承销商及相应中介机构网站。

第三条　……发债企业应聘请具有企业债券评级从业资格的信用评级机构出具信用评级报告，评级机构应在报告中同时公示债券信用等级和发行人长期主体信用等级。评级机构在开展评级业务过程中，应诚信尽责，严禁承诺评级级别、恶意价格竞争等不正当行为。发行人聘请评级机构后，原则上不得更换，如认为评级结果不公允，可以再聘请另一家评级机构进行评级，但两个评级机构的评级报告全文均应披露。

D10915

在债券存续期内，评级机构至少应于每年企业年报公布后的一个月内开展一次跟踪评级，并公告评级结果。

3.《国家发展改革委办公厅关于公布2015年度企业债券信用评级机构信用评价结果的通知》（2016年10月21日发改办财金〔2016〕2221号）

中诚信国际信用评级有限责任公司、联合资信评估有限公司、大公国际资信评估有限公司、鹏元资信评估有限公司、上海新世纪资信评估投资服务有限公司、东方金诚国际信用评估有限公司、各市场机构：

为规范信用评级机构（以下简称评级机构）企业债券评级业务行为，提高信用评级服务质量，加强企业债券市场信用体系建设和事中事后监管，推进企业债券市场健康、可持续发展，近日，我委委托中国银行间市场交易商协会组织开展了2015年度企业债券信用评级机构信用评价工作，现将有关情况和评价结果公布如下：

一、信用评价工作开展情况

本次信用评价对象为中诚信国际信用评级有限责任公司、联合资信评估有限公司、大公国际资信评估有限公司、鹏元资信评估有限公司、上海新世纪资信评估投资服务有限公司和东方金诚国际信用评估有限公司6家从事企业债券信用评级的评级机构。

本次评价包括实绩评价与综合评价两大部分。实绩评价以案例评价为依据，综合评价包括社会信用评价、主管部门评价、发行人评价、技术评估和登记托管机构评价、市场评价和专家评价六方面。具体开展过程中，采取全市场参与的方式，由国家发展改革委、省级发展改革部门（36家，含计划单列市）、技术评估机构（1家）、登记托管机构（3家）、发行人（30家）、市场机构（包括投资人18家、主承销商10家、会计师事务所7家、律师事务所10家）、各业务领域专家（9位）共同参与，对受评机构的信用情况、业务素质、业务行为合规性、评级结果质量、评级服务质量等各个方面进行评价。

二、评价结果

对六家评级机构的评价结果如下：

机构名称	总分
中诚信国际信用评级有限责任公司	85.78
联合资信评估有限公司	82.39
大公国际资信评估有限公司	82.03
上海新世纪资信评估投资服务有限公司	80.19
东方金诚国际信用评估有限公司	79.57
鹏元资信评估有限公司	78.18
平均分	81.36

整体来看，受评机构信用情况和勤勉尽责情况较好，在企业债券申报及存续期内业务行为合规度较高，评级结果质量和评级服务质量在一定程度上得到了市场机构及各业务领域专家的认可。但在评价过程中，也发现企业债券信用评级业务存在信用级别区分度不高、跟踪评级不够及时、内部治理水平和业务流程合规性有待提升等问题。各评级机构要采取切实有效的措施进行整改，进一步提高企业债券评级服务质量。

D10915

信用评级委托协议书

项目名称：______年____________有限责任公司债券信用评级

委托方：____________有限责任公司

受托方：____________信用评级有限公司[①]

签订时间：

本协议书确认____________有限责任公司（以下简称委托方）委托____________信用评级有限公司（以下简称受托方）对其拟发行的 ______年____________有限责任公司债券进行信用评级，并就相关事项达成以下协议：

一、双方的权利、责任与义务

（一）受托方

1. 在信用评级工作过程中，坚持“独立、客观、科学、公正”的原则和立场。

2. 未经委托方同意，受托方保证不外泄委托方要求保密的任何信用评级资料，在符合法律规定且合理可行的前提下向有关监管机构及其他司法、行政部门提供的除外。

3. 按第 2 条约定的时间，完成信用评级工作。如因受托方原因不能按期完成信用评级工作，受托方应向委托方支付信用评级费用总额______% 的违约金；如因委托方提供的文件与资料不及时、不真实、不准确、不完整，致使受托方未能按期完成信用评级工作，受托方不承担违约责任。

4. 受托方应按本协议约定向委托方发出《信用评级报告》。

5. 委托方提出复评要求时，受托方在收到委托方复评申请

①应当是具有企业债券评级从业资格的信用评级机构。目前我国具有企业债券评级从业资格的信用评级机构主要有：中诚信国际信用评级有限责任公司、联合资信评估有限公司、大公国际资信评估有限公司、上海新世纪资信评估投资服务有限公司、东方金诚国际信用评估有限公司、鹏元资信评估有限公司。

书及相应的补充材料后______个工作日内，作出是否受理复评的答复。受理复评的，复评期限不应超过______个工作日。

6. 复评工作结束后，向委托方通知复评结果。复评结果是最终的评级结果。

7. 委托方对信用评级结果无异议或复评工作结束后，除非监管部门要求，受托方应在得到委托方书面确认后方可将信用评级报告向社会发布。

8. 本次信用评级结果的有效期为 1 年。在债券存续期内，受托方需对本期债券的信用状况进行定期或不定期跟踪评级，并出具跟踪评级报告（跟踪评级报告包含主体和本期债券的跟踪评级结果）。定期跟踪评级在债券存续期内每年至少进行 1 次。委托方应及时提供相关跟踪评级所需资料。

9. 如评级报告出具时间和债券发行时间相隔较长，受托方可根据委托人要求，在债券发行前更新或重新出具评级报告。

10. 如出现下列情形之一，受托人可终止或撤销评级：

（1）委托方拒不提供评级所需关键材料或提供的材料存在虚假记载、误导性陈述或重大遗漏的；

（2）委托方不按约定支付评级费用的；

（3）因委托方被收购兼并、重组或受评级证券被转股、回购等，导致评级对象不再存续的。

（二）委托方

1. 在第 2 条约定的时间内，按受托方提供的信用评级所需资料清单的要求，向受托方提供信用评级所需的有关文件与资料，并保证所提供文件与资料的真实性、准确性和完整性。

2. 配合受托方开展与信用评级工作有关的调查、访问、座谈及其他必要的活动，并为此提供便利。

3. 不以任何方式影响受托方信用评级工作人员正常开展工作。

D10915

4. 在正式发送评级报告前，受托方应当以书面形式向委托方告知评级结果，委托方如对评级结果存在异议，并提供可能对评级结果产生影响的补充资料的，委托方可以在 5 个工作日内向信用评级委员会提出复评申请，受托方信用评级委员会应当受理其申请。如委托方未提供复评申请，受托方根据评级流程出具《信用评级报告》，信用评级工作完成。

5. 如因委托方原因致使复评，委托方应按本协议第 3 条第 1 款中规定的信用评级费用的______% 向受托方支付复评费，复评费应在收到受托方《复评受理通知书》后 3 个工作日内一次付清。

6. 委托方自行向社会公布信用评级结果时，应按受托方的信用评级公告格式刊登。

7. 本期债券发行后，在其存续期内每一会计年度结束后 4 个月内，委托方应及时并按受托方跟踪评级资料清单要求，向受托方提供跟踪评级资料。

8. 委托方如发生重大变化，或发生可能对委托方信用状况产生较大影响的突发事件，应及时通知受托方并向受托方提供有关资料。

9. 按第三条的约定条件，向受托方及时足额支付信用评级费用。

二、出具信用评级报告的时间要求

1. 委托方应按受托方提供的信用评级所需资料清单的要求，向受托方提供信用评级所需的有关文件与资料。

2. 受托方应在委托方按第 3 条要求支付信用评级费用后开展现场尽职调查工作，在现场尽职调查工作结束且委托方提供项目资料完备之日起______个工作日后，向委托方出具信用评级报告初稿。

3. 如在评级过程中出现不可预见情况，影响评级工作如期完成时，双方应协商变更上述时间。

三、信用评级费用金额及支付方式

1. 首次信用评级费用：首次信用评级费用为人民币______万元（大写______万元整），本协议签订后 5 个工作日内，受托方进场开展现场调查工作之前，委托方一次性支付受托方上述评级费用。

2. 跟踪评级费用：在每期债券的存续期内，按照每年人民币______万元（大写：______万元整）收取跟踪评级费用。

3. 更新报告费用：在每期债券的存续期内，按照每次人民币______万元（大写：______万元整）收取更新报告费用。

4. 如委托方未能按期付清上述信用评级费用或定期跟踪评级费用，应向受托方支付信用评级费用总额______% 的违约金。

四、本协议经双方代表签字、盖章后生效。

五、本协议一式 4 份，委托方、受托方各执 2 份，并具有同等法律效力。

六、协议双方按照《中华人民共和国合同法》的规定承担违约责任。

七、如因本协议引起的或与本协议有关的任何争议，双方本着友好协商的原则解决，如协商不成，提交____________裁委员会按照该会现行仲裁规则进行仲裁。仲裁裁决是终局的，对双方均有约束力。

八、其他事项：______________________________________

委托方：（公章）

法定代表人或授权代表：______________________________

D10915

受托方：（公章）

法定代表人或授权代表：________________________

签订时间：______年______月______日

签订地点：________________________

5.担保协议（见申报文件）

使用场景：

企业债券的发行可采用信用债券（无担保债）、抵押债券或第三方担保等形式。采取第三方担保的，应按规定格式出具担保函，而担保协议则是发行人与担保人之间的协议，约定担保费用等。

提示，担保函与担保协议是不同的两个文件。其中，担保函是担保人对债券持有人出具的，债券持有人为担保权利人，担保人为担保义务人。担保协议是发行人与担保人签订的，除约定担保责任之外，通常还会约定担保费用、反担保措施等。

法律要点：

《国家发展改革委关于进一步改进和加强企业债券管理工作的通知》

六、为了防范和化解企业债券兑付风险，发行人应当切实做好企业债券发行的担保工作，按照《中华人民共和国担保法》的有关规定，聘请其他独立经济法人依法进行担保，并按照规定格式以书面形式出具担保函。以保证方式提供担保的，担保人应当承担连带责任。

D10916

关注法天使

文本正文：http://www.fatianshi.cn/D10916

____年________有限责任公司公司债券 保证担保协议

本协议由以下双方于____年____月____日在____签订。

担保人：________有限公司

住所：________________

法定代表人：________________

发行人：________有限责任公司

住所：________________

法定代表人：________________

鉴于：

发行人是依法设立、有效存续的有限责任公司，拟按照《企业债券管理条例》等有关规定发行面额总计不超过20亿元人民币的企业债券（以下简称本次债券）；

担保人是依法设立、有效存续的有限责任公司，根据《中华人民共和国担保法》等法律及有关法规的规定，具有提供保证担保的法律资格，并具有代表发行人清偿债务的能力；

担保人承诺对本次债券的到期兑付提供无条件的不可撤销的连带保证责任担保。

双方就担保事宜达成协议如下：

第一条　被担保的债券种类、数额

被担保的债券为七年期企业债券，发行面额总计不超过人民币200,000万元（债券期限及发行额度以国家发展和改革委员会最终确认为准）。

第二条　债券的到期日

本担保函项下的债券到期日为______年______月______日。债券发行人应于______年______月______日至______年______月______日清偿全部债券本金和利息。

第三条　保证的方式

担保人承担保证的方式为连带责任保证。①

第四条　保证责任的承担

在本担保函项下债券到期时，如发行人不能全部兑付债券本息，担保人应主动承担担保责任，将兑付资金划入债券登记托管机构或主承销人指定的账户。债权代理人、债券持有人可分别或联合要求担保人承担保证责任，担保人应当自收到债权代理人或债券持有人的书面通知之日起 5 个工作日内在担保责任范围内承担担保责任。

如债券到期后，债券持有人对担保人负有同种类、品质的到期债券的，可依法将该债务与其在本担保函项下对担保人的债券相抵消。

第五条　保证范围

担保人保证的范围包括债券本金及利息，以及违约金（包括罚息）、损害赔偿金、实现债权的费用（包括诉讼费、律师费等）和其他应支付的费用。

第六条　保证的期间

担保人承担保证责任的期间为债券存续期及债券到期之日起 2 年。债券分期发行的，各期债券的保证期间应分别计算，分别为各期债券的存续期及各期债券到期日届满后 2 年。债券持有人在此期间内未要求担保人承担保证责任的，担保人免除保证责任。

①不可变动。按照法规要求，以保证方式提供担保的，担保人应当承担连带责任。

D10916

第七条　债券的转让或出质

债券认购人或持有人依法将债权转让或出质给第三人的，担保人在本担保函第 5 条规定的范围内继续承担保证责任。

第八条　主债权的变更

经国家发展和改革委员会批准，本期债券利率、期限、还本付息方式等发生变更时，未经担保人同意的，如果减轻债务人的债务的，担保人仍应当对变更后的协议承担保证责任；如果加重债务人的债务的，担保人对加重的部分不承担保证责任。

第九条　加速到期

本期债券存续期间，发行人发生违约事件，且在募集说明书规定的期限内未能解除，债券持有人会议有权根据债券募集说明书规定的条件和程序通知发行人，宣布所有本期未偿还债券的本金和相应利息，立即到期应付，并要求发行人、担保人提前兑付本息。

第十条　担保人的权利义务

1. 担保人按照本协议的约定收取报酬。

2. 担保人承担保证责任后，有权向发行人追偿，包括担保人向债券持有人支付的本息、追偿期间利息、实现债权的费用及担保人向债券持有人支付的其他费用。

3. 担保期间，担保人发生机构变更、撤销或其他足以影响其担保能力的变故，担保人应提前通知发行人，本协议项下的全部义务由变更后的机构承担或由担保人在______个工作日内落实为发行人和债券持有人会议所接受的新的担保人。

4. 担保期间，担保人不得向第三方提供超出其自身负担能力的担保。

5. 担保期间，担保人应适当、全面满足本协议项下发行人、债券持有人、债券代理人的权利要求。

6. 本次债券有关主管部门、债券持有人及债权代理人有权对担保人的财务状况进行监督，担保人应当按照有关监管规定的要求定期或不定期提供会计报表等财务信息。

第十一条　发行人的权利义务

1. 发行人应在本协议生效之日起______日内支付担保人__万元人民币作为报酬。

2. 发行人应向担保人提供有关本次债券发行的详细资料，并保证资料的真实、准确、完整。

3. 发行人对本次债券发行方案的任何变更应当及时通知担保人。

4. 发行人发生影响本次发行债券的偿付的重大事项应当及时通知担保人。

5. 担保人履行担保责任替发行人承担债务偿还责任的，发行人应及时补偿担保人遭受到的全部损失。

第十二条　声明和保证

本协议各方互相作出如下声明和保证：

1. 各方系根据中国法律依法成立并有效存续的公司，具有以其自身名义签订并履行本协议的完全的民事权利能力和民事行为能力，自本协议生效之日起，本协议成为对各方构成合法、有效、有约束力及可执行的协议。

2. 各方签订本协议已经取得必要的外部及内部授权、批准，并且该等外部及内部授权、批准的有效性一直持续到本协议履行完毕。

3. 各方保证订立和履行本协议将不会造成各方违反：有关法律、法规、规章及规范性文件和政府主管机关的有关规定；各方的章程或其他类似的规范性文件；各方订立的对各方本身或其资产有拘束力的任何重要承诺、协议和合同。

D10916

第十三条　违约责任

任何一方违反本协议的约定导致他方损失的，应当承担赔偿责任。

第十四条　争议的处理

1. 本协议受中华人民共和国法律管辖并按其进行解释。

2. 本协议在履行过程中发生的争议，由双方当事人协商解决，协商不成的，提交有管辖权的人民法院裁决。

第十五条　协议效力

1. 本协议自双方签字盖章之日成立，自本次债券发行首日生效，非经债券持有人会议同意，本协议不得变更、终止。

2. 本协议正本一式______份，每方各执______份，每份具有同等法律效力。

担保人：____________有限公司

法定代表人或授权代表：______________________________

发行人：____________有限责任公司

法定代表人或授权代表：______________________________

6.债权代理协议（见申报文件）

使用场景：

企业债券募集资金必须依照募集说明书披露的用途使用，并设立债券债权代理人制度。

法律要点：

《国家发展改革委办公厅关于进一步加强企业债券存续期监管工作有关问题的通知》（发改办财金〔2011〕1765号）

四、加强债券资金用途监管

企业债券募集资金必须依照募集说明书披露的用途使用。债券资金托管银行、债权代理人必须履行监督债券资金流向的责任，各级发展改革部门应加强对募集资金投资项目建设进度的监督检查，发现问题应及时协调解决，确保债券资金切实发挥作用。确需改变募集资金用途的，应经债券持有人会议法定多数通过，投向符合国家产业政策，并经省级发展改革部门同意后方可实施，同时还要及时进行信息披露并报我委备案。各级发展改革部门应对本地区发债企业的募集资金使用情况进行定期检查，并将有关情况报告我委。

D10928

_____年__________有限责任公司
公司债券债权代理协议

本协议当事人

（一）发行人

名称：__________有限责任公司

住所：____

法定代表人____________________________________

（二）债权代理人

名称：__________证券股份有限公司

住所：____

法定代表人：__________________________________

第一条　定义

除非本条或本协议其他条款另有定义，本期债券条款和募集说明书中定义的词语在本协议中具有相同含义。

“募集说明书”指于发行首日（或发行人和主承销商另外约定的发行首日之前的日期）由发行人签署的《_____年__________有限责任公司公司债券募集说明书》。

“本期债券”或“债券”指发行人依据募集说明书的约定所发行的_____亿元的企业债券。

“本期债券条款”指募集说明书中约定的本期债券条款。

“承销协议”指发行人和本期债券主承销商签署的《_____年__________有限责任公司公司债券承销协议》及由该协议双方对承销协议作的所有修订和补充。

“兑付代理人”指中央国债登记结算有限责任公司，或适用法律规定的任何其他兑付代理人。

“发行首日”指在承销协议中规定的本期债券发行期限的起始日。

“交割日”指在承销协议中规定的先决条件满足和/或豁免后，本期债券发行期限届满后完成交割的日期。

“工作日”指中华人民共和国商业银行的对公营业日。

“人民币”指中华人民共和国的法定货币。

“本期未偿还债券”指除下述债券之外的一切已发行的本期债券：（1）根据本期债券条款已由发行人兑付本息的债券；（2）已届本金兑付日，兑付资金已由发行人向兑付代理人支付并且已经可以向债券持有人进行本息兑付的债券。兑付资金包括该债券截至本金兑付日的根据本期债券条款应支付的任何利息和本金；（3）不具备有效请求权的债券；（4）发行人根据本期债券条款规定回购并注销的债券。

“协议”指本协议以及不时补充或修订本协议的补充协议。

“主承销商”指____________证券股份有限公司。

“债券持有人”或“登记持有人”指在中央国债登记结算有限责任公司或适用法律规定的其他机构托管名册上登记的持有本期债券的投资者。

“债券持有人会议”指由全体债券持有人组成的议事机构，依据债券持有人会议规则规定的程序召集并召开，并对债券持有人会议规则规定的职权范围内事项依法进行审议和表决。

“债券持有人会议规则”指由发行人和债权代理人制定、约定债券持有人通过债券持有人会议行使权利的范围、程序和其他重要事项的议事规则。

“高级管理人员”，为避免疑问，在本协议中指发行人的总经理、副总经理和财务负责人。

D10928

“账户监管协议”指为本期债券，发行人与监管银行签订的约定募集资金使用和监管、偿债资金的存储、使用和监管事宜、规范协议各方权利义务的账户监管协议。

“发改委”指中华人民共和国国家发展和改革委员会。

“计息年度”，募集说明书中标明的第一个起息日至次一年度对应的同月同日的时间间隔为第一个计息年度，依次类推。

第二条　债权代理人的聘任

1. 聘任。发行人聘任____________证券股份有限公司作为本期债券的债权代理人，____________证券股份有限公司接受该聘任。债权代理人拥有募集说明书、债券持有人会议规则、本协议赋予其的作为债权代理人的权利和义务。

2. 同意。债券持有人认购、受让、继承或以其他合法方式取得并持有本期债券视作同意本协议项下债权代理人的聘任和其他条款。

3. 避免利益冲突。在本期债券存续期限内，债权代理人将代表债券持有人，依照法律、法规、规章、规范性文件的规定及本协议的约定维护债券持有人的最大利益，不得与债券持有人存在未曾披露的利益冲突（为避免疑问，债权代理人在其正常业务经营过程中与债券持有人之间发生、存在的利益冲突除外）。

第三条　发行人承诺

发行人在此向债权代理人承诺，只要本期债券尚未偿付完毕，其将严格遵守法律法规、规则、募集说明书、本期债券有关协议和本协议的规定，履行如下义务：

1. 募集资金的使用。

2. 严格遵守相关法律法规、监管规定以及募集说明书和账户监管协议的约定开立和使用监管账户。

3. 严格按照法律法规、监管规定及募集说明书约定的用途和程序使用募集资金，不得擅自挪作他用；未履行法律法规、监管规定及募集说明书规定的程序，不得擅自变更募集资金用途。

4. 偿债资金的存储和本息偿还。严格按照法律法规、监管规定及募集说明书和账户监管协议的约定存储和使用偿债资金，偿还到期本息。

5. 对兑付代理人付款的通知。发行人应按照本期债券条款的规定按期向债券持有人支付债券本息及其他应付相关款项（如适用）。在本期债券任何一笔应付款到期日前一个工作日的北京时间上午十点之前，发行人应向债权代理人做出下述确认：发行人已经向其开户行发出在该到期日向兑付代理人支付相关款项的不可撤销的指示。

6. 登记持有人名单。发行人应每年（或根据债权代理人合理要求的间隔更短的时间）向债权代理人提供（或促使中央国债登记结算有限责任公司或适用法律规定的其他机构提供）更新后的登记持有人名单。

7. 办公场所维持。发行人应维持现有的办公场所，若其必须变更现有办公场所，则其必须以本协议规定的通知方式及时通知债权代理人。

8. 关联交易限制。发行人应严格依照法律、法规、相关监管要求和发行人公司章程的规定履行有关关联交易的审议和信息披露程序。

9. 合规证明。如债权代理人为了解发行人经营状况以及本期债券相关事宜，向发行人发出问询函的，发行人应当即时向债权代理人发送合规证明。发行人应在收到问询函后的 2 个工作日内，应向债权代理人提供发行人高级管理人员签署的证明

D10928

文件，说明经合理调查，就其所知，尚未发生任何违反本协议约定的事件，确认发行人在所有重大方面已遵守本协议项下的各项承诺和义务；如果发生违约事件或潜在的违约事件则应详细说明。

10. 重大事项通知。出现下列情形之一时，发行人应立即通知债权代理人，并应在该等情形出现之日起 5 个工作日内书面通知全体债券持有人、债权代理人、担保人（如有），同时附带发行人高级管理人员就该等事项签署的证明文件，详述有关情况，并说明拟采取的建议措施：

（1）发行人的资产或业务发生重大不利事项；

（2）主体或债项评级下降；

（3）发行人现金流恶化、预计到期难以偿付利息或本金；

（4）本期债券发生违约；

（5）发行人未按照规定使用募集资金，存储和使用偿债资金；

（6）发行人当年累计新增借款或者对外提供担保超过上年末净资产的 20%；

（7）发行人发生重大亏损或者遭受超过上年末净资产 10% 以上的重大损失；

（8）发行人放弃债权或财产超过上年末净资产 10%；

（9）发行人减资、合并、分立、解散及申请破产；

（10）发行人发生重大仲裁、诉讼可能对发行人还本付息能力产生重大影响；

（11）发行人主要资产被查封、扣押、冻结；

（12）发行人发生未能清偿到期债务的违约情形；

（13）发行人申请发行新的债券；

（14）发行人经营方针和经营范围发生重大变化，生产经营外部条件发生重大变化；

（15）本期债券被暂停或终止转让交易；

（16）发行人涉嫌违法犯罪被司法机关立案调查，发行人董事、监事、高级管理人员涉嫌违法犯罪被司法机关采取强制措施；

（17）拟变更募集说明书的约定；

（18）拟变更监管银行或者变更账户监管协议的约定；

（19）拟变更担保协议或其他本期债券相关协议的约定；

（20）发生对全体债券持有人的权益产生重大不利影响的其他情形。

甲方违反上述通知义务，乙方有权解除本协议，给债权代理人或债券持有人造成损失的，发行人应当承担赔偿责任。

11. 信息披露。发行人应依法履行与本期债券相关的信息披露义务，并及时向债权代理人提供信息披露文件。

12. 上市维持。在本期债券存续期内，发行人应尽最大合理努力维持债券上市交易。

13. 自持债券说明。经债券债权代理人要求，发行人应立即提供关于尚未注销的自持债券数量（如适用）的证明文件，该证明文件应由至少发行人加盖公章。

14. 其他。发行人应对债权代理人履行本协议项下的职责或授权予以充分、有效、及时的配合和支持，接受债权代理人的监督。发行人应按本期债券募集说明书、账户监管协议、债券持有人会议和本协议的约定履行其他义务。

第四条　加速到期和违约救济

1. 加速到期。发生以下情形时，由债权代理人召集债券持有人会议，经债券持有人会议讨论通过后，可要求发行人提前清偿部分或全部债券本金：

D10928

（1）在本期债券到期或回购时，发行人未能偿付到期应付本息且担保人（如有）未能履行担保责任持续一段时间、情况没有改善的；

（2）发行人丧失清偿能力、被法院指定接管人或已开始相关的诉讼程序或发行人破产，需对项目有关的财产和权益进行清算的；

（3）发行人违反账户监管协议，违规使用募集资金或不按约定存储和使用偿债资金，对本期债券的偿付产生重大不利影响的；

（4）在债券存续期间内，发生的其他对本期债券的按期兑付产生重大不利影响的情形。

2. 取消加速到期。在债券持有人会议通过加速到期决议后，发生以下情形的，债券持有人会议可决议取消加速到期：

（1）发行人向债券受托管理人提供了保证金，且保证金数额足以支付以下各项金额的总和：①债券受托管理人及其代理人和顾问的合理赔偿、费用和开支；②所有迟付的利息；③所有到期应付的本金；④适用法律允许范围内就迟延支付的债券本息计算的违约金；

（2）发行人采取了债券持有人会议同意的其他措施；

（3）债券持有人会议同意豁免发行人的加速清偿责任。

3. 违约救济。如发行人、担保人（如有）违反法律、法规、规则的规定和募集说明书、本协议的约定或发生本协议第 3.8 款所述的重大事项，对本期债券的兑付造成重大不利影响，且持续一段时间仍未改善的，债权代理人应当召集债券持有人会议，会议有权决议依法采取任何可行的救济方式回收本期未偿还债券的本金和利息，包括但不限于要求发行人追加担保、申请财产保全、提起诉讼或仲裁等乙方及债券持有人采取违约救济发生的相关费用全部由甲方承担，包括但不限于保全费用、诉讼仲裁费用、差旅费用、会议费用、聘请律师等顾问费用。

4. 甲方未能按时还本付息的违约责任及其承担方式。

甲方无法按时偿付本期债券本息时，应当对后续偿债措施作出安排，并及时通知乙方及债券持有人。在甲方违约状态消除之前，甲方承诺：

（1）甲方及其控股子公司不得在其任何资产、财产或股份上设定抵押或质押等他项权利，除非：①该等他项权利在起息日已经存在；②起息日后，为了本期债券持有人的利益而设定他项权利；③该等他项权利的设定不会对甲方对本期债券的还本付息能力产生实质不利影响；或④经债券持有人会议同意而设定他项权利；

（2）甲方及其控股子公司不得出售、转让任何资产，除非该等资产的出售转让不会对甲方本期债券的还本付息能力产生实质不利影响；

（3）甲方及其控股子公司不得以任何形式对外提供借款或担保。

甲方承诺按照本期债券募集说明书约定的还本付息安排向债券持有人支付本期债券利息及兑付本期债券本金，若发行人不能按时支付本期债券利息或本期债券到期不能兑付本金，对于逾期未付的利息或本金，发行人将根据逾期天数按债券票面利率向债券持有人支付逾期利息：按照该未付利息对应本期债券的票面利率另计利息（单利）；偿还本金发生逾期的，逾期未付的本金金额自本金支付日起，按照该未付本金对应本期债券的票面利率计算利息（单利）。

第五条　债权代理人的职责

1. 会议的召集、主持和决议的执行、跟踪。债权代理人应

D10928

当按照债券持有人会议规则召集和主持债券持有人会议，执行、跟踪债券持有人会议决议的实施情况并向债券持有人通报。

2. 保持日常联络和谈判。债权代理人应当代表债券持有人保持与发行人的日常联络，并就本期债券相关事项与发行人谈判。

3. 监督和督促。债权代理人有权采取查阅和调取有关资料、现场检查、访谈等合法手段履行如下监督和督促义务：

（1）根据法律、法规和规则的规定以及相关协议的约定，代表债券持有人对发行人的募集资金使用专户、偿债资金专户的开立以及资金的归集、划转、使用及投资情况进行持续监督，督促发行人按时还本付息；发现发行人有违规操作的，应及时向债券持有人披露；

（2）按照相关法律、法规和规则的规定督促发行人履行信息披露义务；

（3）根据法律、法规和规则的规定以及相关协议的约定，代表债券持有人对保证人或担保财产进行持续监督，代表债券持有人动态监督、跟踪担保资产的价值变动情况（如有），督促担保人履行担保责任；

（4）根据法律、法规和规则的规定以及相关协议的约定，代表债券持有人监督监管银行勤勉尽责履行账户监管职责。

4. 通知。债权代理人应当履行如下通知义务：

（1）在发行人未及时履行信息披露义务时，及时向债券持有人通报有关信息；

（2）持续关注发行人的经营情况、财务状况，在发现可能对全体债券持有人的利益产生重大不利影响的情形时，应及时向全体债券持有人披露相关信息；

（3）在得知本协议第 3 条第 8 款所述的重大事项发生后应

根据勤勉尽责的要求督促发行人通知债券持有人，发行人未履行通知义务的，债权代理人应当及时自行通知；

（4）如果收到任何债券持有人发给发行人的通知或要求，债权代理人应在收到通知或要求后两个工作日内按本协议规定的方式将该通知或要求转发给发行人。

5. 特别职责。债权代理人履行本协议第 5 条第 1~4 款所述的职责无须经过债券持有人会议的特别授权，但债权代理人履行如下职责须经债券持有人会议特别授权：

（1）代理本期债券本息偿还事项；

（2）代理债券持有人处理与发行人、担保人（如有）或其他利益相关方之间的诉讼仲裁事宜；

（3）参与发行人整顿、和解、重组或者破产的法律程序；

（4）按照法律法规的规定，相关协议的约定、债券持有人会议规则的约定及债券持有人会议的有效决议，其他应当由债券持有人会议授权的事项。

6. 免责。

（1）债权代理人仅为全体债券持有人履行本协议项下职责，单个债券持有人委托债权代理人代理个人债券事务不属于本协议债权代理人的职责。

（2）对于债权代理人因依赖发行人的指示而采取的任何作为、不作为，债权代理人应得到保护且不应对此承担责任。债权代理人可以合理依赖以任何专人送达、特快邮递或传真等传输方式作出的、债权代理人合理地认为是由发行人或发行人的授权代表发出的指示，且债权代理人应就该等合理依赖依法得到保护。

（3）债权代理人不对本期债券的合法有效性作任何声明；除监督义务外，不对本次募集资金的使用、偿债资金的使用情况

D10928

负责；除依据法律和本协议出具的证明文件外，不对与本期债券有关的任何声明负责。为避免疑问，若债权代理人同时为本期债券的主承销商，则前述的免责声明不影响债权代理人作为本期债券的主承销商应承担的责任。

第六条　相关费用

1. 债权代理费。债权代理人不收取代理费。

2. 补偿费用。发行人应当补偿债权代理人为提供本协议下的债权代理服务而发生的合理费用，直至一切本期未偿还债券本息均已根据其条款兑付或成为无效。前述费用包括但不限于差旅费、住宿费、会议费等相关费用。为履行本协议项下职权，债权代理人有权依据本协议、债券持有人会议的授权或 / 及在其认为必要的时候，经发行人同意后，聘请律师、会计师等第三方中介机构，发行人应当支付聘请律师、会计师的费用。

3. 赔偿。若本协议一方因其过失、恶意、故意不当行为而导致另一方及其董事、工作人员、雇员和代理人产生任何诉讼、权利要求、损害、债务、判决、损失、成本、支出和费用（包括合理的律师费用），行为方或违约方应负责赔偿并使受损方免受损失。

第七条　债权代理人的变更

1. 更换。债权代理人的更换必须按照债券持有人会议规则经债券持有人会议批准且新的债权代理人被正式、有效地聘任后方可生效。发行人应在债券持有人会议通过更换债权代理人的决议之日起 90 日内聘任新的债权代理人，并通知债券持有人。

2. 辞职。债权代理人可在任何时间辞去聘任，但应至少提前 90 天书面通知发行人，只有在新的债权代理人被正式、有效地聘任后，其辞职方可生效。发行人应在接到债权代理人根据本条款提交的辞职通知之日起90日内尽最大努力聘任新的债权代理人。如果在上述90日期间届满前的第10日，发行人仍未聘任新的债权代理人，则债权代理人有权自行聘任中华人民共和国境内任何声誉良好、有效存续并具有担任债权代理人资格和能力的机构作为其继任者。该聘任应经发行人批准，但发行人不得不合理地拒绝给予该批准。新的债券持有人聘任后，发行人应立即通知债券持有人。

3. 自动终止。若发生下述任何一种情形，则对债权代理人的聘任应立即终止：债权代理人丧失行为能力；债权代理人被判决破产或资不抵债；债权代理人主动提出破产申请；债权代理人同意任命接管人、管理人或其他类似官员接管其全部或大部分财产；债权代理人书面承认其无法偿付到期债务或停止偿付到期债务；有权机关对债权代理人的停业或解散做出决议或命令；有权机关对债权代理人全部或大部分财产任命接管人、管理人或其他类似官员；法院根据相关破产法律裁定批准由债权代理人提出或针对其提出的破产申请；有权机关为重整或清算之目的掌管或控制债权代理人或其财产或业务。如对债权代理人的聘任根据本条款的规定被终止，发行人应立即指定一个替代债权代理人，并通知债券持有人。

4. 文档的送交。如果债权代理人被更换、辞职或其聘任自动终止，其应在被更换、辞职或聘任自动终止生效的当日向新的债权代理人送交其根据本协议保存的与本期债券有关的文档。

第八条　其他

1. 生效日。本协议应在本期债券根据承销协议发行并完成交割之日起开始生效并对本协议双方具有约束力。

2. 修改。本协议的任何补充和修改须按照债券持有人会议

D10928

规则的有关规定经债券持有人会议通过方为有效。

3. 保密义务。债权代理人对因本协议的签署和履行而获得的发行人的信息负有保密义务，并仅能在为履行本期债券债权代理人义务的必要范围内适当使用，且不得与发行人作为上市公司所适用的相关信息披露规则相抵触。

4. 冲突。募集说明书、账户监管协议、债券持有人会议规则、本协议规定不一致的地方，在不违反法律法规规定的前提下，按照最有利于债券持有人的规定执行。

5. 适用法律和管辖。本协议及其解释应适用中华人民共和国法律。中华人民共和国法院对因本协议引起的或与本协议有关的任何争议拥有司法管辖权，因本协议引起的或与本协议有关的任何诉讼或司法程序可依据中华人民共和国法律向甲方所在地人民法院起诉。

6. 通知。

（1）通知方有责任采取适当的发送方式，以确保接收方能够及时收到该等通知。由于通知方式不当导致通知延误的，通知方应当承担相应责任。

（2）本协议项下的通知必须采取下述方式之一发出，并认定送达：

①如由专人送达，送达之日为收到日；

②如经特快邮递传递，为向特快邮递公司交件后的第 3 日；

③如由传真传递，为带有确认回号的传递日，或为发出当日。

（3）本协议项下的通知，应当同时电话通知对方。

（4）一切通知均应发往下列有关地址，直到向发行人或本协议他方发出书面通知更改该地址为止：

发行人：____________有限责任公司

联系人：____

联系地址：____

邮政编码：____

联系电话：____

传真：____

债权代理人：____________证券股份有限公司

联系人：____

联系地址：____

邮政编码：____

联系电话：____

传真：____

（5）任何一方的联系地址、联系电话和其他联系方式变更后未及时通知另一方，导致另一方发出的通知无法按时送达，则相应责任由未及时通知约定联系方式变更的一方承担。

7. 文本。本协议一式______份，发行人和托管人分别持有______份，其余报送国家有关部门。每份具有同等的法律效力。

8. 标题。本协议各小标题仅为方便而设，不影响对本协议的解释。

发行人：____________有限责任公司（公章）

法定代表人或授权代表（签章）：______________________

债权代理人：____________证券股份有限公司（公章）

法定代表人或授权代表（签章）：______________________

______年______月______日

D10928

7.募集资金专户监管协议（见申报文件）

使用场景：

企业债券募集资金必须依照募集说明书披露的用途使用，并设立募集资金托管银行制度。

法律要点：

《国家发展改革委办公厅关于进一步加强企业债券存续期监管工作有关问题的通知》（发改办财金〔2011〕1765 号）

四、加强债券资金用途监管

企业债券募集资金必须依照募集说明书披露的用途使用。债券资金托管银行、债权代理人必须履行监督债券资金流向的责任，各级发展改革部门应加强对募集资金投资项目建设进度的监督检查，发现问题应及时协调解决，确保债券资金切实发挥作用。确需改变募集资金用途的，应经债券持有人会议法定多数通过，投向符合国家产业政策，并经省级发展改革部门同意后方可实施，同时还要及时进行信息披露并报我委备案。各级发展改革部门应对本地区发债企业的募集资金使用情况进行定期检查，并将有关情况报告我委。

文本正文：http://www.fatianshi.cn/D10929

______年__________有限责任公司公司债券
募集资金使用专户监管协议

本协议于______年______月______日由下列当事人于______签署：

甲方：____________有限责任公司（发行人）

住所：________________________________

法定代表人：____________________________

乙方：____________股份有限公司____________分行（监管银行）

住所：________________________________

法定代表人：____________________________

丙方：____________证券股份有限公司（债权代理人）

住所：________________________________

法定代表人：____________________________

鉴于：

1. 甲方根据《企业债券管理条例》等有关规定，拟在国内发行总额不超过人民币二十亿元整（￥20,000,000,000）的______年____________有限责任公司公司债券（以下简称本期债券）（最终发行额度上限以监管机构核准或备案的额度为准）。

2. 乙方是依法设立、合法存续的商业银行，具有为甲方开立本期债券募集资金使用专户（以下简称专项账户）的资格，履行监督本期债券资金流向等相关责任。

3. 丙方受聘为本期债券的债权代理人，与甲方签订有《______年____________有限责任公司公司债券债权代理协议》，根

D10929

据该等协议行使债权代理人的相关权利、履行监督本期债券资金流向等相关责任。

4. 为保证本期债券募集资金合理使用和本息按期偿付，各方同意，由甲方在乙方营业机构开立本期债券专项账户，由乙方对该等账户进行全程监督，确保专项账户及账户内资金按约定用途和程序使用。

依据《中华人民共和国合同法》《企业债券管理条例》等法律、法规及规范性文件的规定，本协议各方经过友好协商，就本期债券专项账户监管事宜达成如下协议，以资遵守。

第一条　专项账户

1. 甲方应当在乙方营业机构开立独立于日常经营账户的本期债券的专项账户，专门用于本期债券募集资金的接收、存储及划转，不得用作其他用途。

2. 甲方应在募集资金到位前开立专项账户，专项账户预留银行印鉴由甲方保管并使用，并将专户信息书面通知丙方，包括户名、账号、开户行、开户日期。在本协议存续期间，甲方未经乙方书面同意，不得撤销监管账户，亦不得更换预留银行印鉴，否则由此造成的监管账户财产损失，全部由甲方承担，乙方不承担任何形式的责任。专项账户不得开立网上银行等电子支付功能。

3. 甲方应当按照本协议的约定维持和使用专项账户，至本期债券偿付完毕方可注销。

第二条　募集资金的存储和使用

1. 本期债券的募集资金应当从主承销商账户全部划入专项账户，本期债券募集资金不得存放于专项账户以外的账户。

2. 募集资金必须按照监管机构核准或备案的用途以及募集说明书约定的用途和方式使用；闲置的募集资金，发行人可在坚持财务稳健、审慎原则的前提下，将募集资金用于保本投资、补充营运资金或符合国家产业政策的其他用途，但不得由财政部门统筹使用，或用于股票投资等高风险投资领域。

3. 甲方需要使用募集资金时，应提前向乙方发出书面划款指令，并同时以书面方式说明资金用途、提交交易合同（如有）等其他相关资料。乙方对甲方提交的指令及相关文件进行形式审查，判断是否符合募集说明书及本协议约定的募集资金用途。乙方有权要求甲方补充相关资料以完成审查，甲方应当配合。若乙方认为甲方的划款指令不符合募集说明书及本协议的相关约定，乙方有权拒绝执行。经审查乙方认为划款指令形式上符合募集说明书及本协议的相关约定，乙方应当及时执行。甲乙双方上述文件的往来，均应抄报丙方。

第三条　甲方的权利义务

1. 甲方依据相关法律、法规及规范性文件、募集说明书、本协议及本期债券其他文件的规定行使其作为本期债券发行人而享有的各项权利并承担义务。

2. 甲方应当按照募集说明书及本协议的约定开立、维持和使用专项账户，及使用账户内资金。

3. 甲方应配合乙方、丙方以及监管部门调查专项账户的资金使用情况、收支情况，并向检查人员提供专项账户的明细日记账、原始凭证和银行对账单等有关资料，并提供复印件。

4. 甲方应确保提交给乙方、丙方以证明资金使用用途的资料以及资料所载明的交易真实、完整、有效，并对该等资料存在的虚假记载、误导性陈述或重大遗漏承担全部责任。

5. 甲方应配合乙方在指定网点按照本协议的约定及乙方的业务标准办理支付结算，并根据乙方的要求，不得就专项账户开通通兑、取现、对外开立支票、透支以及一般企业网银、电话银行等电子支付功能。

D10929

第四条　乙方的权利义务

1. 乙方依据相关法律、法规及规范性文件、募集说明书及本协议的规定行使其作为本期债券账户监管人而享有的各项权利并承担义务。同时，根据管理权限，甲方委托乙方所在地分支机构全权办理相关监管事务。

2. 乙方应当为甲方开立本协议项下专项账户并妥善管理，保证账户内资金的独立和安全（但因配合国家司法、执法部门依法采取强制性措施的除外）以及持续、有效的使用，不得办理专项账户网上银行业务和电话银行业务，依法保护债券持有人的权益。

3. 对于甲方按照本协议提交的付款指令及有关交易文件（如有），乙方仅就该等文件显示的资金用途与监管机关核准或备案以及募集说明书约定的募集资金使用用途是否符合进行形式审查。

4. 甲方按照募集说明书及本协议的规定，合理使用募集资金时，在不违反银行的规章制度的情况下，乙方有义务及时配合甲方办理相关手续，不得无故拒绝或拖延。

5. 乙方发现甲方违反法律、法规、监管规定、募集说明书以及本协议的规定向乙方发送指令或进行其他操作的，乙方应当拒绝执行，并通知甲方纠正，同时向有关监管部门报告并通知丙方。

6. 乙方应当配合甲方于本期债券本息全部偿还完毕后，注销专项账户。

7. 乙方的监管责任至本期债券本息全部偿付完毕后专项账户注销为止。

8. 乙方应当于专项账户开设后定期向甲方出具专项账户对账单，同时发送给丙方，并保证对账单内容真实、准确、完整。

9. 乙方有权随时调阅甲方专项账户中资金进出情况，并有权要求甲方提供上述账户的明细账册、原始凭证等，并提供复印件。

10. 乙方应当接受甲方及丙方的监督，甲方及丙方有权随时查询和了解专项账户的资金余额、交易明细及有关情况，乙方应当予以配合。

11. 乙方应按照相关法律、法规的规定及本协议的约定，在乙方监管责任结束后的5年内（法律、行政法规和监管机构行政规章或规范性文件对前述保管期限另有规定的从其规定）妥善保存本期债券专项账户的交易记录、会计账册等文件、资料，并按照甲方、丙方的要求提供上述资料的复印件。

12. 乙方依据本协议所承担的责任，不应被视为乙方对甲方的行为提供保证和其他形式的担保。乙方不承担本期债券的偿还责任，也不为本期债券提供任何担保。

13. 下列情况乙方不承担责任：

（1）乙方已按本协议约定履行监管义务；

（2）按照本协议的约定终止监管责任；

（3）专项账户被国家有权机关采取财产保全、执行等强制措施；

（4）甲方未按本协议约定开立专项账户；

（5）非因乙方过错导致的支付失败、错误、延误等风险所造成的损失。

第五条　丙方的权利义务

1. 丙方依据相关法律、法规及规范性文件、募集说明书、受托管理协议、本协议及本期债券其他文件的有关规定行使其作为本期债权代理人而享有的各项权利并承担义务。

2. 丙方有权向甲方和乙方随时查询和了解专项账户的资金

D10929

余额、交易明细及有关情况，甲方和乙方应当予以配合。

3. 对于甲方和乙方违反法律法规、监管规定、募集说明书以及本协议约定的行为，丙方有权要求甲方、乙方纠正，并有权代表债券持有人追究甲方、乙方的违约责任。

如乙方不能依照本协议履行监管责任，应承担违约责任，丙方有权决定与乙方解除本协议，另行聘请账户监管银行，甲方应无条件同意，并在新聘任的账户及资金监管银行处重新开立专项账户，乙方不得以任何理由阻碍甲方从原先在乙方处开立的专项账户向新开立的专项账户划转资金。另行聘请账户监管银行涉及的相关费用，全部由甲方承担。

第六条　指令的发送、确认和执行

1. 甲方在募集资金到达专项账户前 3 个工作日，以原件寄送方式（以下简称授权通知书）将有权发送甲方划款指令的甲方被授权人员名单通知乙方，授权通知书应注明甲方被授权人员相应的权限类型，并提供划款指令的预留印鉴及被授权人的签字（签章）样本。授权通知书自甲方向乙方发送并经乙方确认接收后生效。

2. 甲方更换或减少被授权人时，必须至少提前 1 个工作日，以原件寄送方式将甲方被授权人的变更情况通知（以下简称授权变更通知书）乙方，同时向乙方提供新的被授权人员名单，注明相应的交易权限，并提供新被授权人的签字（签章）样本。

3. 乙方向甲方提供授权通知书及授权变更通知书范本的，甲方应当按照乙方提供的范本向乙方提供该等通知书。甲方向乙方发出的授权通知书、授权变更通知书应加盖公章并由法定代表人或其授权代表签署，若由授权代表签署，还应附上法定代表人的授权书。

4. 甲方被授权人员名单自乙方收到甲方最新送达的授权变更通知书并经电子邮件确认后生效，原甲方授权通知书即时失效；如乙方对甲方最新送达的授权变更通知书提出异议，则甲方最新送达的授权通知书不生效，仍适用原甲方授权通知书。划款指令必须列明以下内容：划款日期、最迟到账日期、收（付）款人双方账户信息（包括户名、开户行、账号）、划款金额（包括大、小写金额）、划款用途、划款路径（若通过大额支付系统还需要注明收款方的大额支付系统号）等信息。划款指令应加盖预留印鉴并由甲方被授权人（包括经办人、复核人、审批人）签字（签章）。

5. 乙方向甲方提供划款指令范本，甲方同意后按照乙方提供的范本向乙方提供划款指令。

6. 甲方划款指令的发送方式为传真方式，甲方在发送完毕传真后须向乙方通过电子邮件和电话进行确认。划款指令原件由甲方保管，划款指令传真或电子邮件由乙方保管，当两者不一致时，划款停止，经甲乙双方确认一致后，重新启动划款流程。划款指令发出后，甲方应及时以电子邮件的方式向乙方确认。

7. 甲方向乙方发送指令时，应为乙方留出执行指令所必需的时间。原则上，甲方应该提前 1 个工作日向乙方发送指令；需要当天到账的指令，甲方应当于当天 13：00（下午 1 时）前向乙方发送指令。由于一方原因造成的指令传输不及时、未能留出足够划款所需时间，致使资金未能及时到账，给另一方或第三方造成损失，由违约方承担全部责任，守约方不承担任何形式的责任。

8. 甲方向乙方下达划款指令时，应确保专项账户有足够的资金余额。对于超过资金余额的划款指令，乙方可不予执行，

D10929

并及时通知甲方。乙方不承担由于不执行该等划款指令而给甲方或第三方造成损失的任何责任，全部责任由甲方承担。

9. 甲方有义务指定专人在发送指令后及时与乙方以电子邮件的方式进行确认。因甲方未能及时与乙方进行指令确认，致使资金未能及时到账而给甲方或第三方造成损失由甲方承担全部责任，乙方不承担任何形式的责任。若甲方及时确认指令后因乙方未能及时按照确认的指令执行而造成损失的，由乙方承担全部损失。

10. 乙方在接受指令时，应逐笔进行表面一致性审核，包括：

（1）资金划款指令要素是否齐全；

（2）印鉴和签名是否与预留文件相符；

（3）指令是否违反法律法规、募集说明书及本协议约定；

（4）甲方提交的其他相关材料是否与划款指令表面相符。

11. 乙方不负责审查甲方发送划款指令同时提交的其他文件资料的合法性、真实性、完整性、准确性和有效性，甲方应保证上述文件资料合法、真实、完整、准确和有效。如因甲方提供的上述文件不合法、不真实、不完整、不准确或失效而影响乙方的审核或给第三方造成损失，乙方不承担责任。

第七条　费用

1. 乙方履行本协议项下的账户监管职责，不收取监管服务费。

2. 乙方有权按照银行服务收费标准向甲方收取银行结算、汇划等手续费，该等费用由乙方按实际发生额从募集资金使用账户中直接扣除，无须甲方发送划款指令。如募集资金使用账户余额不足，乙方应立即通知甲方补足账户余额，由此造成资金汇划的延误，乙方不承担任何形式的责任。

3. 乙方为甲方提供银行服务收取的手续费等费用按照甲、

乙双方签订的银行开户协议的约定执行。

4. 丙方履行本协议不收取费用。丙方履行债权代理人职责收取的相关费用按照本期债券的债券受托管理协议的约定执行。

第八条　通知和送达

1. 本协议项下的书面通知必须采取下述方式之一发出，并认定送达：

（1）如由专人送达，送达之日为收到日；

（2）如经特快邮递传递，为向特快邮递公司交件后的第 3 日；

（3）如由传真传递，为带有确认回号的传递日，或为发出当日。

2. 本协议项下的通知，应当同时电话通知对方。

3. 各方的收件地址和联络人如下：

甲方

通信地址：________________________________

邮编：________________________________

电话：________________________________

传真：________________________________

联络人：________________________________

乙方

通信地址：________________________________

邮编：________________________________

电话：________________________________

传真：________________________________

联络人：________________________________

丙方

通信地址：________________________________

D10929

邮编：______________________________

电话：______________________________

传真：______________________________

联络人：____________________________

4. 上述收件地址和联络人的变更，须由变更方提前通知其他方，并由其他方确认收到该等通知方可生效。

第九条　声明和保证

各方互相作出如下声明和保证：

（1）各方系根据中国法律依法成立并有效存续的公司，具有以其自身名义签订并履行本协议的完全的民事权利能力和民事行为能力，自本协议生效之日起，本协议成为对各方构成合法、有效、有约束力及可执行的协议。

（2）各方签订本协议已经取得必要的外部及内部授权、批准，并且该等外部及内部授权、批准的有效性一直持续到本协议履行完毕。

（3）各方保证订立和履行本协议将不会造成各方违反：有关法律、法规、规章及规范性文件和政府主管机关的有关规定；各方的章程或其他类似的规范性文件；各方订立的对各方本身或其资产有拘束力的任何重要承诺、协议和合同。

第十条　违约责任

1. 任何一方违反本协议招致其他方损失的，违约方都应当向受损方承担足额的赔偿。

2. 本协议各方独立承担本协议项下的各项责任，互不承担连带责任。

第十一条　风险防范措施

在本协议存续期内，若因任何原因（包括被司法、行政执法机关依法采取冻结 / 暂停支付、扣划 / 划拨等强制措施）出现专项账户被查封、销户、冻结及其他情形而不能如约划转现金款项的，乙方将依法执行冻结、划扣等手续，由此造成的损失乙方不承担任何责任。乙方应在上述情形发生的次日书面通知甲方、丙方，甲方应在接到通知后的次日按《人民币结算账户管理办法》的要求在乙方设立新的专项账户。

第十二条　法律适用和争议解决

1. 本协议的订立、生效、履行、解释、修改和终止等事项适用中华人民共和国现行法律、法规及规范性文件。

2. 对于各方在履行本协议中发生的争议，由各方协商解决。如协商不成，任何一方当事人均有权向乙方所在地人民法院提起诉讼。

3. 在各方协商和诉讼期间，各方应本着诚信原则继续履行本协议不涉及争议的部分。

第十三条　协议生效、变更及终止

1. 本协议自各方加盖公章之日起成立、本期债券成功发行之日生效实施。

2. 本协议的任何变更须由各方另行签订书面协议方可生效。

3. 有下列情形之一的，本协议终止：

（1）各方均已适当、全面履行本协议项下全部义务的；

（2）各方协商一致终止本协议的；

（3）法律规定的其他情形。

第十四条　其他

本协议一式______份，每方各持______份，每份具有同等法律效力。

甲方：____________有限责任公司（公章）

法定代表人或授权代表（签章）：______________________

D10929

关注法天使

乙方：（公章）

法定代表人或授权代表（签章）：________________

丙方：（公章）

法定代表人或授权代表（签章）：________________

_____年_____月_____日

8.偿债资金专户监管协议
（见申报文件）

使用场景：

国家发展改革委办公厅2010年10月20日《关于进一步规范地方政府投融资平台公司发行债券行为有关问题的通知》提到了在银行建立“偿债资金专户”的规定，目前所有的企业债申报中都已经全部设立“偿债资金专户”制度。

法律要点：

《国家发展改革委办公厅关于进一步规范地方政府投融资平台公司发行债券行为有关问题的通知》（2010年11月20日发改办财金〔2010〕2881号）

七、完善还本付息监督与管理

债券发行人应加强内部管理，制订偿债资金计划，并在银行建立“偿债资金专户”，在债券存续期过半后各年度提前安排必要的还本资金，保证按时还本付息。债券承销机构对于所承销债券，应该在债券存续期内督促债券发行人按时还本付息，以及债券回售安排的履约。地方政府及有关部门应切实履行出资人职责，加强对投融资平台公司还本付息工作的指导和协调。

D10930

____________有限责任公司（作为发行人）
____________商业银行股份有限公司（作为监管人）
____________证券股份有限公司（作为债权代理人）
签订的2017年____________有限责任公司债券
偿债资金专户监管协议

本协议于 2017 年________月________日由下列当事人于____________签署：

甲方：____________有限责任公司（发行人）

住所：________________________________

法定代表人：____________________________

乙方：____________商业银行股份有限公司（监管银行）

住所：________________________________

法定代表人：____________________________

丙方：____________证券股份有限公司（债权代理人）

住所：________________________________

法定代表人：____________________________

鉴于：

1. 甲方根据《企业债券管理条例》等有关规定，拟在国内发行总额不超过人民币二十亿元整（￥2,000,000,000）的 2017 年____________有限责任公司公司债券（以下简称本期债券）（最终发行额度上限以监管机构核准或备案的额度为准）。

2. 乙方是依法设立、合法存续的商业银行，具有为甲方开立本期债券偿债资金专户（以下简称专项账户）的资格。

3. 丙方受聘为本期债券的债权代理人，与甲方签订有

《2017 年______________有限责任公司公司债券债权代理协议》，根据该等协议行使债权代理人的相关权利、履行监督本期债券资金流向等相关责任。

4. 为保证本期债券本息按期偿付，各方同意，由甲方在乙方营业机构开立本期债券专项账户，由乙方对该等账户进行全程监督，确保专项账户及账户内资金按约定用途和程序使用。

依据《中华人民共和国合同法》、《企业债券管理条例》等法律、法规及规范性文件的规定，本协议各方经过友好协商，就本期债券专项账户监管事宜达成如下协议，以资遵守。

一、专项账户

1. 甲方应当在乙方营业机构开立独立于日常经营账户的本期债券的专项账户，专门用于本期债券偿债资金的接收、存储及划转，不得用作其他用途。专项账户不得开立网上银行等电子支付功能。

2. 专项账户预留银行印鉴由甲方保管并使用。在本协议存续期间，甲方未经乙方书面同意，不得撤销监管账户，亦不得更换预留银行印鉴，否则由此造成的监管账户财产损失，全部由甲方承担，乙方不承担任何形式的责任。

3. 甲方应在开立专项账户后，将专项账户信息书面通知丙方，包括户名、账号、开户行、开户日期。

4. 甲方应当按照本协议的约定维持和使用专项账户，至本期债券偿付完毕方可注销。

二、偿债资金的存储和使用

1. 甲方应当及时、足额将营业收入、其他收入存入专项账户作为偿债资金。

2. 在每个还本付息日前 3 个工作日，专项账户的余额应足以支付当期应付本息。乙方对甲方的专项账户余额情况进行监

D10930

督和检查，发现专项账户余额未能满足前述规定的，应当立即督促甲方补足资金，并书面通知丙方。

3. 在每期还本付息日前3个工作日，除非专项账户内余额超出当期应付本息，否则足额偿付当期本息前，甲方不得提取资金；甲方提取资金的，提取后专项账户内余额不得低于当期应付本息。

三、甲方的权利义务

1. 甲方依据相关法律、法规及规范性文件、募集说明书、本协议及本期债券其他文件的规定行使其作为本期债券发行人而享有的各项权利并承担义务。

2. 甲方应当按照募集说明书及本协议的约定开立、维持和使用专项账户，及使用账户内资金。

3. 甲方应配合乙方、丙方以及监管部门调查专项账户的资金使用情况、收支情况，并向检查人员提供专项账户的明细日记账、原始凭证和银行对账单等有关资料，并提供复印件。

4. 甲方应确保未履行本协议提交给乙方、丙方的资料以及资料所载明的内容真实、完整、有效，并对该等资料存在的虚假记载、误导性陈述或重大遗漏承担全部责任。

5. 甲方应配合乙方在指定网点按照本协议的约定及乙方的业务标准办理支付结算，并根据乙方履行监管责任的需要，不得开通有关电子支付功能。

四、乙方的权利义务

1. 乙方依据相关法律、法规及规范性文件、募集说明书及本协议的规定行使其作为本期债券账户监管人而享有的各项权利并承担义务。同时，根据管理权限，乙方委托甲方所在地分支机构全权办理相关监管事务。

2. 乙方应当为甲方开立本协议项下专项账户并妥善管理，保证账户内资金的独立和安全（但因配合国家司法、执法部门依法采取强制性措施的除外）以及持续、有效的使用，依法保护债券持有人的权益。

3. 甲方按照本协议的约定合理使用专项账户内资金时，在不违反银行的规章制度的情况下，乙方有义务及时配合甲方办理相关手续，不得无故拒绝或拖延。

4. 乙方发现甲方违反法律、法规、监管规定、募集说明书以及本协议的规定向乙方发送指令或进行其他操作的，乙方应当拒绝执行，并通知甲方纠正，同时向有关监管部门报告并通知丙方。

5. 乙方应当根据甲方的要求和指令向债券持有人支付本金及利息，并于本期债券本息全部偿还完毕后，注销专项账户。

6. 乙方的监管责任至本期债券本息全部偿付完毕后专项账户注销。

7. 乙方应当于专项账户开设后定期向甲方出具专项账户对账单，并保证对账单内容真实、准确、完整。

8. 乙方有权随时调阅甲方专项账户中资金进出情况。

9. 乙方应当接受甲方及丙方的监督，甲方及丙方有权随时查询和了解专项账户的资金余额、交易明细及有关情况，乙方应当予以配合。

10. 乙方应按照相关法律、法规的规定及本协议的约定，在乙方监管责任结束后的5年内（法律、行政法规和监管机构行政规章或规范性文件对前述保管期限另有规定的从其规定）妥善保存本期债券专项账户的交易记录、会计账册等文件、资料，并按照甲方的要求提供上述资料的复印件。

11. 乙方依据本协议所承担的责任，不应被视为乙方对甲方的行为提供保证和其他形式的担保。乙方不承担本期债券的偿还责任，也不为本期债券提供任何担保。

D10930

12. 下列情况乙方不承担责任：

（1）乙方已按本协议约定履行监管义务；

（2）按照本协议的约定终止监管责任；

（3）专项账户被国家有权机关采取财产保全、执行等强制措施；

（4）甲方未按本协议约定开立专项账户；

（5）甲方未按本协议约定充足专项账户余额以偿付本息；

（6）非因乙方过错导致的支付失败、错误、延误等风险所造成的损失。

五、丙方的权利义务

1. 丙方依据相关法律、法规及规范性文件、募集说明书、受托管理协议、本协议及本期债券其他文件的有关规定行使其作为本期债权代理人而享有的各项权利并承担义务。

2. 丙方有权向甲方和乙方随时查询和了解专项账户的资金余额、交易明细及有关情况，甲方和乙方应当予以配合。

3. 对于甲方和乙方违反法律法规、监管规定、募集说明书以及本协议约定的行为，丙方有权要求甲方、乙方纠正，并有权代表债券持有人追究甲方、乙方的违约责任。

4. 如乙方不能依照本协议履行监管责任，应承担违约责任，丙方有权决定与乙方解除本协议，另行聘请账户监管银行，甲方应无条件同意，并在新聘任的账户及资金监管银行处重新开立专项账户，乙方不得以任何理由阻碍甲方从原先在乙方处开立的专项账户向新开立的专项账户划转资金。另行聘请账户监管银行涉及的相关费用，全部由甲方承担。

六、指令的发送、确认和执行

1. 甲方在偿债资金到达专项账户前 3 个工作日，以原件寄送方式（以下简称授权通知书）将有权发送甲方划款指令的甲方被授权人员名单通知乙方，授权通知书应注明甲方被授权人员相应的权限类型，并提供划款指令的预留印鉴及被授权人的签字（签章）样本。授权通知书自甲方向乙方发送，乙方确认接收后生效。

2. 甲方更换或减少被授权人时，必须至少提前 1 个工作日，以原件寄送方式将甲方被授权人的变更情况通知（以下简称授权变更通知书）乙方，同时向乙方提供新的被授权人员名单，注明相应的交易权限，并提供新被授权人的签字（签章）样本。

3. 乙方向甲方提供授权通知书及授权变更通知书范本的，甲方应当按照乙方提供的范本向乙方提供该等通知书。甲方向乙方发出的授权通知书、授权变更通知书应加盖公章并由法定代表人或其授权代表签署，若由授权代表签署，还应附上法定代表人的授权书。

4. 甲方被授权人员名单自乙方收到甲方最新送达的授权变更通知书并经电子邮件确认后生效，原甲方授权通知书即时失效；如乙方对甲方最新送达的授权变更通知书提出异议，则甲方最新送达的授权通知书不生效，仍适用原甲方授权通知书。

5. 划款指令必须列明以下内容：划款日期、最迟到账日期、收（付）款人双方账户信息（包括户名、开户行、账号）、划款金额（包括大、小写金额）、划款用途、划款路径（若通过大额支付系统还需要注明收款方的大额支付系统号）等信息。划款指令应加盖预留印鉴并由甲方被授权人（包括经办人、复核人、审批人）签字（签章）。

6. 乙方向甲方提供划款指令范本，甲方同意后按照乙方提供的范本向乙方提供划款指令。

7. 甲方划款指令的发送方式为传真方式，甲方在发送完毕传真后须向乙方通过电子邮件和电话进行确认。划款指令原件

D10930

由甲方保管，划款指令传真或电子邮件由乙方保管，当两者不一致时，划款停止，经甲乙双方确认一致后，重新启动划款流程。划款指令发出后，甲方应及时以电子邮件的方式向乙方确认。

8. 甲方向乙方发送指令时，应为乙方留出执行指令所必需的时间。原则上，甲方应该提前 1 个工作日向乙方发送指令；需要当天到账的指令，甲方应当于当天 13：00（下午 1 时）前向乙方发送指令。由于一方原因造成的指令传输不及时、未能留出足够划款所需时间，致使资金未能及时到账，给另一方或第三方造成损失，由违约方承担全部责任，守约方不承担任何形式的责任。

9. 甲方向乙方下达划款指令时，应确保专项账户有足够的资金余额。对于超过资金余额的划款指令，乙方可不予执行，并及时通知甲方。乙方不承担由于不执行该等划款指令而给甲方或第三方造成损失的任何责任，全部责任由甲方承担。

10. 甲方有义务指定专人在发送指令后及时与乙方以电子邮件和电话的方式进行确认。因甲方未能及时与乙方进行指令确认，致使资金未能及时到账而给甲方或第三方造成损失由甲方承担全部责任，乙方不承担任何形式的责任。若甲方及时确认指令后因乙方未能及时按照确认的指令执行而造成损失的，由乙方承担全部责任。

11. 乙方在接受指令时，应逐笔进行表面一致性审核，包括：

（1）资金划款指令要素是否齐全；

（2）印鉴和签名是否与预留文件相符；

（3）指令是否违反法律法规、募集说明书及本协议约定；

（4）甲方提交的其他相关材料是否与划款指令表面相符。

12. 乙方不负责审查甲方发送划款指令同时提交的其他文件

资料的合法性、真实性、完整性、准确性和有效性，甲方应保证上述文件资料合法、真实、完整、准确和有效。如因甲方提供的上述文件不合法、不真实、不完整、不准确或失效而影响乙方的审核或给第三方造成损失，乙方不承担责任。

七、监管费及银行结算费用

1. 乙方履行本协议项下的账户监管职责，不收取监管服务费。

2. 乙方有权按照银行服务收费标准向甲方收取银行结算、汇划等手续费，该等费用由乙方按实际发生额从专项账户中直接扣除，无须甲方发送划款指令。如专项账户余额不足，乙方应立即通知甲方补足账户余额，由此造成资金汇划的延误，乙方不承担任何形式的责任。

3. 乙方为甲方提供银行服务收取的手续费等费用按照甲、乙双方签订的银行开户协议的约定执行。

4. 丙方履行本协议不收取费用。丙方履行债权代理人职责收取的相关费用按照本期债券的债券受托管理协议的约定执行。

八、通知和送达

1. 本协议项下的书面通知必须采取下述方式之一发出，并认定送达：

（1）如由专人送达，送达之日为收到日；

（2）如经特快邮递传递，为向特快邮递公司交件后的第三日；

（3）如由传真传递，为带有确认回号的传递日，或为发出当日。

2. 本协议项下的通知，应当同时电话通知对方。

3. 各方的收件地址和联络人如下：

D10930

甲方

通信地址：________________

邮编：________________

电话：________________

传真：________________

联络人：________________

乙方

通信地址：________________

邮编：________________

电话：________________

传真：________________

联络人：________________

丙方

通信地址：________________

邮编：________________

电话：________________

传真：________________

联络人：________________

4. 上述收件地址和联络人的变更，须由变更方提前通知其他方，并由其他方确认收到该等通知方可生效。

九、声明和保证

各方互相作出如下声明和保证：

1. 各方系根据中华人民共和国法律依法成立并有效存续的公司，具有以其自身名义签订并履行本协议的完全的民事权利能力和民事行为能力，自本协议生效之日起，本协议成为对各方构成合法、有效、有约束力及可执行的协议。

2. 各方签订本协议已经取得必要的外部及内部授权、批准，并且该等外部及内部授权、批准的有效性一直持续到本协议履行完毕。

3. 各方保证订立和履行本协议将不会造成各方违反：有关法律、法规、规章及规范性文件和政府主管机关的有关规定；各方的章程或其他类似的规范性文件；各方订立的对各方本身或其资产有拘束力的任何重要承诺、协议和合同。

十、违约责任

1. 任何一方违反本协议招致其他方损失的，违约方都应当向受损方承担足额的赔偿。

2. 本协议各方独立承担本协议项下的各项责任，互不承担连带责任。

十一、风险防范措施

在本协议存续期内，若因任何原因（包括被司法、行政执法机关依法采取冻结 / 暂停支付、扣划 / 划拨等强制措施）出现专项账户被查封、销户、冻结及其他情形而不能如约划转现金款项的，乙方将依法执行冻结、划扣等手续，由此造成的损失乙方不承担任何责任。乙方应在上述情形发生的次日书面通知甲方、丙方，甲方应在接到通知后的次日按《人民币结算账户管理办法》的要求在乙方设立新的专项账户。

十二、法律适用和争议解决

1. 本协议的订立、生效、履行、解释、修改和终止等事项适用中华人民共和国现行法律、法规及规范性文件。

2. 对于各方在履行本协议中发生的争议，由各方协商解决。如协商不成，任何一方当事人均有权向甲方所在地人民法院提起诉讼。

3. 在各方协商和诉讼期间，各方应本着诚信原则继续履行本协议不涉及争议的部分。

D10930

十三、协议生效、变更及终止

1. 本协议自各方加盖公章之日起成立、本期债券成功发行之日生效实施。

2. 本协议的任何变更须由各方另行签订书面协议方可生效。

3. 有下列情形之一的，本协议终止：

（1）各方均已适当、全面履行本协议项下全部义务的；

（2）各方协商一致终止本协议的；

（3）法律规定的其他情形。

十四、其他

本协议一式______份，每方各持______份，每份具有同等法律效力。

甲方：____________有限责任公司（公章）

法定代表人或授权代表（签章）：______________________

乙方：____________商业银行股份有限公司（公章）

法定代表人或授权代表（签章）：______________________

丙方：____________证券股份有限公司（公章）

法定代表人或授权代表（签章）：______________________

2017 年______月______日

9.《债券持有人会议规则》（见申报文件）

使用场景：

为加强企业债存续期管理，国家发改委要求企业债应当制定债券持有人会议制度。在发行人提出变更本期债券《募集说明书》约定的方案时、发行人未能按期支付本期债券利息和/或本金时、发行人拟进行事关盈利前景和偿债能力的资产重组时、发行人减资、合并、分立、解散或者申请破产时等，对发生对债券持有人权益有重大影响的事项。对债券持有人是否接受发行人提出的建议，以及行使债券持有人依法享有权利的方案由债券持有人作出决议，发行人应当按照决议结果执行。

法律要点：

1.《国家发展改革委办公厅关于进一步加强企业债券存续期监管工作有关问题的通知》(发改办财金〔2011〕1765号)

二、规范企业资产重组程序

在债券存续期内进行资产重组，事关企业盈利前景和偿债能力，属于对债券持有人权益具有影响的重大事项，政府部门或主要股东在做出重组决策前应充分考虑债券募集说明书规定的相关义务，并履行必要的程序。一是重组方案必须经企业债券持有人会议同意。二是应就重组对企业偿债能力的影响进行专项评级，评级结果应不低于原来评级。三是应及时进行信息披露。四是重组方案应报送国家发展改革委备案。省级发展改革部门要对企业债券发行人的重组过程进行监管，督促发行人

D10931

按照合规的程序进行资产重组并履行相关义务。

发债企业应建立健全法人治理结构，维护法人财产完整。坚决杜绝平调企业资产资金或干预企业决策，影响企业未来偿债能力的行政行为。发行债券的投融资平台公司，要按照国务院有关文件要求提高企业资产质量，通过做实做强，成为具有自我发展能力的市场主体。对在债券发行人资产重组中未按有关规定履行法定程序，损害债券持有人权益并造成恶劣市场影响的，将按照有关法律法规予以处罚。

三、完善信息披露

企业债券发行人及其中介机构（为企业债券发行提供中介服务的承销机构、信用评级机构、会计师事务所、律师事务所及其他出具专业报告和专业意见的相关机构），应严格按照《公司法》《证券法》等有关规定和债券交易场所有关要求，切实履行其在债券募集说明书及其他相关文件中承诺的信息披露义务。

除定期披露信息之外，在企业债券存续期内，发行人经营方针和经营范围发生重大变化，生产经营外部条件发生重大变化，未能清偿到期债务，净资产损失超过10%以上，作出减资、合并、分立、解散及申请破产决定，涉及重大诉讼、仲裁事项或受到重大行政处罚，申请发行新的债券等重大事项，均应及时披露相关信息。如发行人拟变更债券募集说明书约定条款，拟变更债券受托管理人，担保人或担保物发生重大变化，作出减资、合并、分立、解散及申请破产决定等对债券持有人权益有重大影响的事项，应当召开债券持有人会议并取得债券持有人法定多数同意方可生效，并及时公告。

发行人应加强与中央国债登记结算有限责任公司、全国银行间同业拆借中心和证券交易所的联系与沟通，及时做好信息披露工作。对于媒体、投资者及中介机构重点关注的问题，发行人要及时给予回应，并提出切实可行的解决措施。

各级发展改革部门要加强对本地区发债企业信息披露情况的监督检查，并定期将有关情况报告我委。对于未履行信息披露义务的企业，要限期改正，未按期改正的将暂停受理其新的发债申请。

四、加强债券资金用途监管

企业债券募集资金必须依照募集说明书披露的用途使用。债券资金托管银行、债权代理人必须履行监督债券资金流向的责任，各级发展改革部门应加强对募集资金投资项目建设进度的监督检查，发现问题应及时协调解决，确保债券资金切实发挥作用。确需改变募集资金用途的，应经债券持有人会议法定多数通过，投向符合国家产业政策，并经省级发展改革部门同意后方可实施，同时还要及时进行信息披露并报我委备案。各级发展改革部门应对本地区发债企业的募集资金使用情况进行定期检查，并将有关情况报告我委。

2.《国家发展改革委办公厅关于充分发挥企业债券融资功能支持重点项目建设促进经济平稳较快发展的通知》(2015年5月25日发改办财金〔2015〕1327号)

（九）在偿债保障措施完善、不影响债券信用级别的情况下，发债企业如需变更募集资金投向，用于其他符合国家鼓励方向的项目建设，应发布公告说明相关情况。自发布变更公告之日起15个工作日内，如单独或合计持有未偿还债券本金总额10%及以上的债券持有人（以公告日为债权登记日）向债权代理人提出书面异议，则需召开债券持有人会议对变更事项进行表决，表决通过后中央企业报国家发展改革委、地方企业报省级（计划单列市）发展改革部门备案后实施变更。如没有符合上述条

D10931

件的债券持有人提出书面异议，则发债企业直接向相应部门备案后实施变更。

3.《国家发展改革委办公厅关于简化企业债券审报程序加强风险防范和改革监管方式的意见》（2015 年 11 月 30 日发改办财金〔2015〕3127 号）

（十一）允许债券资金按程序变更用途。如募集资金投资项目实施确有困难，需要办理募投项目变更的，发行人应及时按程序办理变更手续。对用于保障性住房项目建设的债券资金，确需变更用途的，应由省级发展改革部门征求省级住建部门意见后，由发行人召开债券持有人大会审议通过方可实施。

文本正文：http://www.fatianshi.cn/D10931

______年__________有限责任公司公司债券
债券持有人会议规则

第一章　总　　则

第一条　目的和依据

为规范______年__________有限责任公司公司债券债券持有人会议的组织和行为，界定债券持有人会议的职权、义务，保障债券持有人的合法权益，根据《中华人民共和国公司法》《中华人民共和国证券法》《企业债券管理条例》等法律法规及规范性文件，特制定本规则。

第二条　本期债券

本规则项下的公司债券为发行人__________有限责任公司依据《______年__________有限责任公司公司债券募集说明书》（以下简称《募集说明书》）发行的企业债券（以下简称本期债券），债权代理人为__________证券股份有限公司，债券持有人为通过认购或购买或其他合法方式取得本期债券之投资者。

第三条　债券持有人会议

债券持有人会议由全体债券持有人依据本规则组成，债券持有人会议依据本规则规定的程序召集和召开，并对本规则规定的权限范围内的事项依法进行审议和表决。

第四条　债券持有人会议决议的约束力

债券持有人会议根据本规则审议通过的决议，对所有债券持有人（包括所有出席会议、未出席会议、反对决议或放弃投票权的债券持有人，以及在相关决议通过后受让本期债券的持有人，下同）均有同等约束力。

投资者认购、持有或受让本期债券，均视为其同意本规则的所有规定并接受本规则的约束。

第二章　债券持有人会议的权限范围

第五条　债券持有人会议的权限范围

（1）当发行人提出变更本期债券《募集说明书》约定的方案时，对是否同意发行人的建议作出决议，但债券持有人会议不得作出决议同意发行人不支付本期债券本息、变更本期债券利率、取消募集说明书中的回售或赎回条款；

（2）在法律、法规许可的范围内对变更或修改本规则做出决议；

（3）对更换债权代理人或债权代理协议的补充和修订作出决议；

（4）当发行人未能按期支付本期债券利息和/或本金时，对是否同意相关解决方案作出决议，对是否委托债权代理人通过诉讼等程序强制发行人偿还债券本息作出决议，对是否委托债

D10931

权代理人参与发行人的整顿、和解、重组或者破产的法律程序作出决议；

（5）发行人拟进行事关盈利前景和偿债能力的资产重组时，是否同意发行人提出的资产重组方案；

（6）当发行人减资、合并、分立、解散或者申请破产时，对是否接受发行人提出的建议，以及行使债券持有人依法享有权利的方案作出决议；

（7）决定是否同意本期债券的担保人或担保物发生重大变化（如设置有担保条款）；

（8）当发生对债券持有人权益有重大影响的事项时，对行使债券持有人依法享有权利的方案作出决议；

（9）法律、行政法规和规范性文件规定应当由债券持有人会议作出决议的其他情形。

第三章　债券持有人会议的召集

第六条　应当召集债券持有人会议的情形

在本期债券存续期内，当出现以下情形之一时，债权代理人应当召集债券持有人会议：

（1）拟变更债券募集说明书的约定；

（2）拟补充或修订本规则；

（3）拟变更债权代理人或债权代理协议的主要内容；

（4）发行人不能按期支付本息；

（5）发行人减资、合并、分立、解散或者申请破产；

（6）发行人的主要资产被查封、冻结、扣押；

（7）发行人提出债务重组方案；

（8）发行人管理层不能正常履行职责，导致发行人债务清偿能力面临严重不确定性，需要依法采取行动的；

（9）保证人、担保物或者其他偿债保障措施发生重大变化或拟发生变更（如设置有担保条款）；

（10）发行人已存续的债务融资工具发生违约或被要求提前偿付的；

（11）发行人、单独或合计持有本期债券总额10%以上的债券持有人书面提议召开债券持有人会议的；

（12）债权代理人认为发生对债券持有人权益产生重大影响的事件应当召开债券持有人会议的；

（13）发生其他对债券持有人权益有重大影响的事项。

第七条　会议召集人

发生本规则第六条规定的应当召集债券持有人会议的情形时，债权代理人应当召集债券持有人会议。发行人、单独和/或合并代表10%以上有表决权的债券持有人向债权代理人提议召开债权持有人会议但债权代理人不予召集的，发行人、单独和/或合并代表10%以上有表决权的债券持有人可以自行召集。在公告或以募集说明书约定的其他有效形式向全体债券持有人发出债券持有人会议决议或取消该次会议前，单独和/或合并代表10%以上有表决权的债券持有人持有本期债券的比例不得低于10%，并应当在发出债券持有人会议通知前申请在上述期间锁定其持有的本期债券。

第八条　会议通知

债券持有人会议通知应至少于会议召开前_______个工作日以公告或募集说明书约定的其他有效形式向全体本期债券持有人及有关出席对象发出。

债券持有人会议的通知应包括以下内容：

（1）会议的召集人、召开时间、召开地点、召开方式、表决方式；

D10931

（2）会议的债权登记日、拟邀请出席会议的人员；

（3）提交会议审议的事项；

（4）出席会议的登记办法；

（5）出席会议的交通费用及食宿费用的承担方式（应符合本规则有关规定）；

（6）以明显的文字说明：全体债券持有人均有权出席债券持有人会议，并可以委托代理人出席会议和参加表决；

（7）代理债券持有人出席会议之代理人的授权委托书的内容要求（应符合本规则有关规定）、投票代理委托书的送达时间和地点；

（8）会务常设联系人姓名及电话号码；

（9）其他相关事项。

第九条　补充通知

会议召集人可以就公告或以募集说明书约定的其他有效形式发出的会议通知以与该等通知相同的形式和载体向全体本期债券持有人及有关出席对象发出补充通知，但补充通知应在债券持有人会议召开日期的至少 5 个工作日前发出。

第十条　拟审议事项

债券持有人会议拟审议事项应属于债券持有人会议职权范围，有明确议题和具体决议事项，并且符合法律、行政法规和本规则的有关规定。

第十一条　会议的延期或取消

债券持有人会议通知发出后，无正当理由不得延期或取消，会议通知中列明的提案亦不得取消，一旦出现延期或取消的情形，会议召集人应当在原定召开日期的至少 5 个工作日前发布通知，说明延期或取消的具体原因。延期召开债券持有人会议的，会议召集人应当在通知中公布延期后的召开日期。

第十二条　债权登记日[①]

债券持有人会议的债权登记日不得早于债券持有人会议召开日期之前 10 个工作日，并不得晚于债券持有人会议召开日期之前 3 个工作日。于债权登记日当日交易结束后在中国证券登记结算有限责任公司或适用于法律规定的其他机构托管名册上登记的本期未偿还债券的持有人，为有权出席该次债券持有人会议的登记持有人。

①由于债券一直是一种交易状态，需要确定一个具体的登记时点，在这个登记时点登记在册的债券持有人，具有参加相应债券持有人会议、并拥有相应表决权的资格。

第四章　债券持有人会议的出席人员及其权利

第十三条　债券持有人的出席权和表决权

除法律、法规另有规定外，在债权登记日登记在册的债券持有人均有权出席或者委派代表出席债券持有人会议并行使表决权。

第十四条　债权代理人和发行人的出席权

债权代理人和发行人应当出席债券持有人会议，但没有表决权（债权代理人持有本期债券的除外）。

第十五条　其他人员的出席权

持有本期债券且持有发行人 10% 以上股权的股东及其他重要关联方也可以参加债券持有人会议，但没有表决权。

第十六条　提案

提交债券持有人会议审议的议案由召集人负责起草。议案内容应在债券持有人会议的权限范围内，并有明确的议题和具体决议事项。

单独或合计持有本期未偿还债券本金总额 10% 以上的债券持有人有权向债券持有人会议提出临时议案。债权代理人、发行人、持有发行人 10% 以上股份的股东及其他重要关联方可参加债券持有人会议并提出临时议案。临时提案人应不迟于债券

D10931

持有人会议召开之前10个工作日，将内容完整的临时提案提交召集人，召集人应就临时提案内容发出补充通知。

除上述规定外，召集人发出债券持有人会议通知后，不得修改会议通知中已列明的提案或增加新的提案。

第十七条　出席会议的身份证明

债券持有人本人出席会议的，应出示本人身份证明文件和持有本期未偿还债券的证券账户卡或适用法律规定的其他证明文件，债券持有人法定代表人或负责人出席会议的，应出示本人身份证明文件、法定代表人或负责人资格的有效证明和持有本期未偿还债券的证券账户卡或适用法律规定的其他证明文件。

委托代理人出席会议的，代理人应出示本人身份证明文件、被代理人（或其法定代表人、负责人）依法出具的投票代理委托书、被代理人身份证明文件、被代理人持有本期未偿还债券的证券账户卡或适用法律规定的其他证明文件。

第十八条　授权委托书

债券持有人出具的委托他人出席债券持有人会议的授权委托书应当载明下列内容：

（1）被代理人的姓名或名称；

（2）持有债券的数量、金额；

（3）代理人的姓名；

（4）是否具有表决权；

（5）分别对列入债券持有人会议议程的每一审议事项投赞成、反对或弃权票的指示（注明如果债券持有人不作具体指示，债券持有人的代理人是否可以按自己的意思表决）；

（6）投票代理委托书签发日期和有效期限；

（7）委托人签字或盖章。

第十九条　弃权

有下列情况之一的，视为债券持有人放弃表决权：

（1）债券持有人未参加或未委托代理人参加投票的；

（2）投票代理委托书没有明确说明授权范围的。

第五章　债券持有人会议的召开

第二十条　召开方式

债券持有人会议可以采取现场方式召开，也可以采取通讯等有利于债券持有人参加会议的方式召开。

第二十一条　会议主持人

债券持有人会议应由本次债券持有人会议的召集人（或其代表人）主持会议。

第二十二条　会议签名册

会议主持人负责制作出席会议人员的签名册。签名册应载明参加会议的债券持有人名称（或姓名）、出席会议代理人的姓名及其身份证件号码、持有或者代表的本期未偿还债券本金总额及其证券账户卡号码或适用法律规定的其他证明文件的相关信息等事项。

第二十三条　连续召开

债券持有人会议应当连续进行，直至形成最终决议。如因不可抗力等原因导致会议中止的，会议召集人应采取必要的措施尽快恢复召开会议或直接终止本期会议。

第六章　表决、决议及会议记录

第二十四条　表决权

每一项议案应由与会的有表决权的登记持有人或其正式委托的代理人投票表决。每一张债券拥有一票表决权。

D10931

第二十五条　弃权票

未填、错填、字迹无法辨认的表决票或未投的表决票均视为投票人放弃表决权利，其所持有表决权的本期债券张数对应的表决结果应计为“弃权”。

第二十六条　律师见证

发行人或债权代理人召集的债券持有人会议，应当聘请律师负责见证会议的召开及表决过程。

第二十七条　表决方式

债券持有人会议采取记名方式投票表决。

第二十八条　计票、监票

每一审议事项的表决投票，应当由至少2名债券持有人（或债券持有人代理人）、1名债权代理人代表（债权代理人未出席会议的除外）和1名发行人代表（发行人未出席债券持有人会议的除外）参加计票、监票，并由计票人、监票人当场公布表决结果。与拟审议事项或者与发行人有关联关系的债券持有人及其代理人不得担任计票人、监票人。

第二十九条　拟审议事项的审议和表决

债券持有人会议不得对会议通知载明的拟审议事项进行搁置或不予表决，不得就未经通知的事项进行表决。

会议通知载明的各项拟审议事项或同一拟审议事项内并列的各项议题应分开审议、表决。

债券持有人会议审议拟审议事项时，不得对拟审议事项进行变更。任何对拟审议事项的变更应被视为一个新的拟审议事项，不得在本期会议上进行表决。

第三十条　表决结果异议

会议主持人如果对表决结果有任何怀疑，可以立即对所投票数重新进行点算；如果会议主持人未提议重新点票，出席会议的债券持有人（或债券持有人代理人）对表决结果有异议的，有权立即要求重新点票，会议主持人应当即时组织点票。

第三十一条　表决效力

债券持有人会议作出的决议，须经全部债券持有人（或债券持有人代理人）所持表决权 50% 以上（不含 50%）同意方为有效，但免除或减少发行人或担保人的义务、变更本规则、加速到期的决议须经全部债券持有人（或债券持有人代理人）所持表决权的 2/3 以上（不含 2/3）通过。债券持有人会议决议经表决通过后生效，但其中涉及须经有权机构批准的事项，经有权机构批准后方能生效。

债券持有人单独或联合行使债权时，不得与债券持有人会议通过的有效决议相抵触。

第三十二条　决议通知

债券持有人会议召集人应在债券持有人会议作出有效决议之日起二个工作日内将该等决议在在监管部门指定或认可的媒体上公告或以募集说明书约定的其他有效形式送达全体债券持有人。

第三十三条　会议记录

债券持有人会议应当制作会议记录，会议主持人应当保证会议记录真实、准确、完整。会议记录记载以下内容：

（1）出席会议的债券持有人（或债券持有人代理人）所代表的本期未偿还债券本金总额，占发行人本期未偿还债券本金总额的比例；

（2）召开会议的时间、地点、方式；

（3）会议主持人姓名以及出席或列席会议的人员姓名，以及会议见证律师（如有）、计票人、监票人的姓名；

（4）会议审议事项和议程；

D10931

（5）表决方式和表决程序；

（6）各发言人对每个审议事项的发言要点；

（7）每一表决事项的表决结果；

（8）债券持有人的质询意见、建议及发行人代表的答复或说明等内容；

（9）会议形成的有效决议；

（10）债券持有人会议认为应当载入会议记录的其他内容。

债券持有人会议记录由出席会议的债权代理人代表、发行人代表、会议主持人和记录员签名。

债券持有人会议记录、表决票、出席会议人员的签名册、出席会议的代理人的授权委托书、律师出具的见证意见等会议文件资料，由债权代理人保存。债券持有人会议记录的保管期限为本期债券存续期及存续期届满后2年，最长不超过10年。保管期限届满后，债权代理人应当根据发行人的要求将上述资料移交发行人。

第七章　会议相关费用

第三十四条　通知、场地、律师等会议组织费用

发行人及债权代理人作为会议召集人情形的，债券持有人会议的通知、场地、律师费等组织费用等由发行人承担；单独持有本期未偿还债券本金总额10%以上的债券持有人作为会议召集人情形的，债券持有人会议的通知、场地、律师费等组织费用等由该债券持有人承担；合并持有本期未偿还债券本金总额10%以上的债券持有人作为会议召集人情形的，债券持有人会议的通知、场地、律师费等组织费用等由合并发出会议通知的债券持有人共同承担。

第三十五条　差旅、食宿等参会费用

债券持有人和其自行聘请的代理人应自行承担出席、参加债券持有人会议而发生的差旅、食宿等费用。

第八章　其　　他

第三十六条　会议决议的执行

发行人、债权代理人应严格执行债券持有人会议决议，债权代理人代表债券持有人及时就有关决议内容与发行人及其他有关主体进行沟通，督促债券持有人会议决议的具体落实。

第三十七条　质询和建议

债券持有人（或其代理人）、债权代理人有权在债券持有人会议上对发行人提出质询和建议。除涉及发行人商业秘密或受适用法律和上市公司信息披露规定的限制外，出席会议的发行人代表应当在会上对债券持有人（或其代理人）、债权代理人的质询和建议作出答复或说明。

第三十八条　争议解决

如对债券持有人会议的召集、召开、表决程序、决议的合法有效性或其他会议相关事项发生争议，应提交有管辖权的人民法院通过诉讼解决。

第三十九条　生效

本规则自发行人和债权代理人加盖公章之日起成立，自本期债券发行首日起生效。

第四十条　修改

本规则的修改应经债券持有人会议根据本规则的有关规定通过，但涉及发行人权利、义务条款的修改，应当事先取得发行人的书面同意，法律法规另有规定的除外。

D10931

第四十一条　解释

本规则由债权代理人负责解释。

第四十二条　抵触

本规则与《中华人民共和国公司法》《中华人民共和国证券法》等其他法律、法规、规章相悖时，按相关法律、法规、规章执行。

若本规则与募集说明书和本期债券其他发行申报文件存在不一致的规定，在不违反法律法规规定的前提下，按照最有利于债券持有人的规定执行。

第四十三条　文本

本规则正本一式______份，具有同等法律效力，发行人与债权代理人每方各执______份，其余______份作为申报材料及备查文件。

发行人：____________有限责任公司

法定代表人或授权代表（签章）：______________________

债权代理人：____________证券股份有限公司

法定代表人或授权代表（签章）：______________________

______年______月______日

第二部分　公开发行企业债债券申请文件

有限责任公司公开发行企业债券申请文件目录

使用场景：

申请发行企业债券，应按照《中华人民共和国证券法》《中华人民共和国公司法》《企业债券管理条例》等法律法规及有关文件规定的条件和程序，编制公开发行企业（公司）债券申请材料，报国家发改委核准。

法律要点：

《国家发展改革委关于推进企业债券市场发展、简化发行核准程序有关事项的通知》（2008年1月2日发改财金〔2008〕7号）

附件一：公开发行企业（公司）债券申请材料目录

一、发行申请材料的纸张、封面及份数

（一）纸张

应采用幅面为210毫米×297毫米规格的纸张（A4纸张规格）。

（二）封面

1. 标有“____________公开发行企业（公司）债券申请材料”字样。按照《公司法》设立的公司制企业发行企业债券可称为公司债券。

2. 申请企业名称、住所、联系电话、联系人、邮政编码。

3. 主承销商名称、住所、联系电话、联系人、邮政编码。

4. 申报时间。

D10932

（三）份数

申请材料为一份原件及电子文档。

二、发行申请材料目录

（一）国务院行业管理部门或省级发展改革部门转报发行企业债券申请材料的文件；

（二）发行人关于本次债券发行的申请报告；

（三）主承销商对发行本次债券的推荐意见（包括内审表）；

（四）发行企业债券可行性研究报告，包括债券资金用途、发行风险说明、偿债能力分析等；

（五）发债资金投向的有关原始合法文件；

（六）发行人最近三年的财务报告和审计报告（连审）及最近一期的财务报告；

（七）担保人最近一年财务报告和审计报告及最近一期的财务报告（如有）；

（八）企业（公司）债券募集说明书；

（九）企业（公司）债券募集说明书摘要；

（十）承销协议；

（十一）承销团协议；

（十二）第三方担保函（如有）；

（十三）资产抵押有关文件（如有）；

（十四）信用评级报告；

（十五）法律意见书；

（十六）发行人《企业法人营业执照》（副本）复印件；

（十七）中介机构从业资格证书复印件；

（十八）本次债券发行有关机构联系方式；

（十九）其他文件。

文本正文：http://www.fatianshi.cn/D10932

______年____________有限责任公司公司债券

申报文件目录

1.____________省发改委关于本期债券的转报文件

2. 发行人关于本期债券发行的申请报告

3. 发行人、中介机构及相关人员综合信用承诺书

3.1　发行人信用承诺书

3.2　主承销商信用承诺书

3.3　项目主办人诚信尽职承诺书

3.4　审计机构信用承诺书

3.5　律师事务所信用承诺书

3.6　评级机构信用承诺书

3.7　银行信用承诺书

4. 主承销商对发行本期债券的推荐意见

5. 发行公司债券可行性研究报告

6. 发债资金投向的有关原始合法文件

6.1　（募集资金投向）项目批文（略）

6.2　发行人对于募投项目收益优先用于债券偿还本息的承诺函（略）

6.3　发行人关于募投项目资本金落实情况的说明（略）

6.4　发行人关于募投项目收益测算的说明（略）

6.5　（募集资金投向）项目可行性研究报告（略）

7. 发行人财务报告

7.1　发行人最近三年财务报表和审计报告（连审）

7.2　发行人最近一期财务报表

D10932

8. 公司债券募集说明书

9. 承销协议（略）

10. 评级资料

10.1　信用评级报告

10.2　征信报告

10.3　评级自查报告（略）

11. 法律意见书

12. 发行人《企业法人营业执照》（副本）复印件（略）

13. 中介机构从业资格证书复印件（略）

13.1　主承销商企业法人营业执照、经营证券业务许可证

13.2　审计机构企业法人营业执照、经营证券业务许可证

13.3　评级机构企业法人营业执照、资质文件

13.4　律师事务所资格证明文件

13.5　监管银行资格证明文件

13.6　承销团成员资格证明文件

14. 本次债券发行有关机构联系方式

15. 银行相关协议

15.1　债券持有人会议规则

15.2　募集资金专户监管协议

15.3　偿债资金专户监管协议

15.4　债权代理协议

16. 担保人相关文件

16.1　担保函

16.2　担保协议

16.3　担保人股东会决议

16.4 担保人董事会决议

16.5 担保人最近两年审计报告（略）

16.6 担保人最新一期财务报表（略）

16.7 担保人信用评级报告（略）（评级机构出具）

16.8 担保人企业法人营业执照（副本）（略）

17. 其他文件

17.1 发行人董事会决议

17.2 发行人股东会决议

17.3 主承销商关于本期债券偿债能力的专项意见

17.4 企业基本信用信息报告（略）（人民银行征信中心出具）

17.5 主承销商出具的质量控制审查报告

17.6 主承销商关于不收取财务顾问费承诺函

17.7 发行人最近三年无违法和重大违规行为的说明

17.8 发行人最近三年无重大诉讼情况的说明

17.9 发行人不进行高利融资的承诺书

17.10 发行人关于债券存续期间不进行私募融资的承诺书

17.11 资产构成情况说明（略）

17.12 会计师关于发行人资产情况的专项说明（略）

17.13 会计师关于本期债券的专项说明（略）

17.14 律师关于本期债券的专项法律意见

17.15 律师关于发行人账内土地资产核查专项说明意见

17.16 发行人账内土地资产地块位置示意图（略）

17.17 土地使用权证复印件（附土地出让金缴纳相关文件）（略）

17.18 可比地块信息：中国土地市场网周边土地成交记

D10932

录（略）

17.19　发行人关于发行公司债券专项核查报告

17.20　主承销商关于首次发债的辅导报告

1. ________省发改委关于本期债券的转报文件

使用场景：

发行人申报材料系由发行人自发行人所在的市（县），向所在市（县）发改委申报，并有所在市（县）发改委向上级发改委逐级转报，然后由所在省发改委向国家发改委转报。具体转报文件由相应发改委出具。

法律要点：

《国家发展改革委办公厅关于简化企业债券审报程序加强风险防范和改革监管方式的意见》（2015 年 11 月 30 日发改办财金〔2015〕3127 号）

……

（一）简化申报程序。落实《国务院关于规范国务院部门行政审批行为改进行政审批有关工作的通知》（国发〔2015〕6 号）文件精神，地方企业直接向省级发展改革部门提交企业债券申报材料，抄送地市级、县级发展改革部门；省级发展改革部门应于 5 个工作日内向我委转报。省级发展改革部门要加强对区域内发债企业的辅导、培训，做好政策解读，指导发债企业根据有关法律法规和规范性文件制作申报材料。鼓励省级发展改革部门结合投资项目资金安排和企业债券发行，统筹做好项目投融资工作。

（二）精简申报材料。企业债券申报不再要求提供省级发展改革部门预审意见（包括土地勘察报告，当地已发行企业债、中期票据占 GDP 比例的报告等）、募集说明书摘要、地方政府关于同意企业发债文件、主承销商自查报告、承销团协议、定价报告等材料，改为要求发行人对土地使用权、采矿权、收费权等与债券偿债直接有关的证明材料进行公示，纳入信用记录事项，并由征信机构出具信用报告。

（三）提高审核效率。我委将委托第三方专业机构就债券申报材料的完备性、合规性开展技术评估，同时优化委内审核程序。债券从省级发展改革部门转报直至我委核准时间，应在 30 个工作日内完成（情况复杂的不超过 60 个工作日），其中第三方技术评估不超过 15 个工作日。

……

文本正文（略）

2.发行人关于本期债券发行的申请报告

使用场景：

申报企业债首先应当提出申请公开发行的申请。中央直接管理的企业向国家发展改革委申请；其他企业通过省级发展改革部门或国务院行业主管部门审核后，统一由省级发展改革部门或国务院行业主管部门向国家发展改革委申请（省级发展改革部门是指各省、自治区、直辖市、计划单列市及新疆生产建设兵团发展改革部门）。

法律要点：

1.《企业债券管理条例》

第十四条　企业申请发行企业债券，应当向审批机关报送下列文件：（一）发行企业债券的申请书……

2.《国家发展改革委关于进一步改进和加强企业债券管理工作的通知》（2004 年 6 月 21 日发改财金〔2004〕1134 号）

……1. 企业根据国家发展改革委的通知或公告，按照企业债券发行规模申请材料目录及其规定的格式（见附件一、二、三），提出债券发行规模申请。……

附件二：企业债券发行规模申请书格式文本

一、申请发债企业基本情况；二、申请发债规模；三、申请发债的必要性和可行性；四、申请发债企业最近三年财务基本情况；五、发债资金用途及投资项目基本情况；六、偿债能力分析及偿债计划。

D10933

附件三：企业债券发行规模申请书示范文本

________电力集团公司关于发行______年企业债券的请示

国家发展和改革委员会：

根据电力产业发展战略要求以及____________电力集团公司（以下简称集团公司或我公司）电源基本建设项目资金需求，我公司特申请发行______万元人民币企业债券，筹集资金全部用于电源建设项目，以适应国民经济对电力发展的要求，缓解电力紧张矛盾；优化集团公司融资结构，降低财务成本，进一步提高集团公司的综合实力。现将有关情况汇报如下：

一、集团公司概况

（一）公司简介

公司名称：____________电力集团公司

地址：______市______区______路______号

法人代表：____________

注册资本：______万元人民币

经济性质：全民所有制

集团公司正式组建于______年______月______日，是我国重要的大型发电企业集团之一，以经营电力产业为主、综合发展，自主经营、自负盈亏、照章纳税、依法进行各项经营活动，其合法权益和经营活动受国家法律保护。

目前集团公司资产分布于全国______个省市自治区，拥有业绩优良的上市公司______电力股份有限公司等；拥有在香港注册的______有限公司等；拥有______个大型电厂。集团公司成员单位______家，包括全资企业______家，内部核算电厂______家，控股企业______家，参股企业______家，职工人数______人。

截至______年______月______日，集团公司的可控装机容量为______万千瓦，权益装机容量为______万千瓦。其中火电机组______万千瓦，占集团公司可控装机容量的______%；水电机组______万千瓦，占集团公司可控装机容量的______%；核电机组______万千瓦，占集团公司可控装机容量的______%。

截至______年______月______日，集团公司注册资本为______万元人民币，总资产为______亿元人民币，总负债为______亿元人民币，净资产为______亿元人民币，资产负债率为______%。

（二）集团公司最近三年主要财务数据

项目	______年	______年	______年
1. 资产总计			
其中：流动资产			
2. 负债合计			
其中：流动负债			
3. 所有者权益			
4. 主营业务收入			
5. 利润总额			
6. 净利润			

（三）集团公司最近三年主要经营情况

集团公司______年、______年和______年的发电量为______亿千瓦时、______亿千瓦时和××亿千瓦时。______年，集团公司发电机组利用小时数为______小时，集团公司______年火电机组供电煤耗为______克／千瓦时。

D10933

二、发行企业债券的必要性

（一）加大电力产业投资力度，缓解用电紧张状况

集团公司作为国有大型重点发电企业，将进一步加大电力产业投资力度，为国民经济持续稳定健康发展提供安全、可靠环保、价格合理的电能。本期债券的募集资金将用于国家重点火电建设项目和部分以大代小的火电项目，项目建成后，将缓解用电紧张状况，为促进区域经济发展提供有效的电力保障。

（二）满足集团公司持续快速发展的资金需求

近年来，随着我国经济的高速发展，基础设施建设投资力度加大，电力能源的供需矛盾日趋明显，对电力建设发展提速的要求已经显现。因此，未来需要进一步扩大电力基础设施建设规模，扭转我国目前存在的用电紧张局面，从而满足国民经济发展对于电力能源的需求。根据国家“十五”规划对电力发展的要求，到2010年集团公司规划新建电源项目______个，总规模______万千瓦，资金需求巨大。企业债券的发行将满足集团公司电源建设方面的部分资金需求，缓解集团公司的资金压力，保证集团公司持续快速发展。

（三）促进集团公司融资体系的完善，拓宽融资渠道，降低融资成本

目前集团公司建设资金来源主要以企业自有资金和银行贷款为主，资金结构比较单一，融资成本较高。多渠道筹集资金是实现集团公司未来发展战略规划的重大举措，也是完善集团公司投融资体制，实现可持续发展的前提和保障，而发行企业债券是筹集电源建设资金的有效融资方式。随着资本市场投融资环境的不断规范和完善，我国债券市场的容量也在不断扩大，企业债券更以其期限长、成本低的特点，日渐成为大型电力建设项目的主要融资方式之一。发行企业债券，将优化集团公司

的融资结构，拓宽集团公司电源建设项目的融资渠道，降低集团公司的融资成本。

（四）奠定集团公司在资本市场持续融资的基础

集团公司的电源建设是一项长期任务，需要从资本市场持续筹集建设资金。集团公司在水力、火力和核能的电源建设上都有长期的发展规划，需要大量的资金投入以满足集团公司的电源建设需求。近期内，集团公司在火电方面的发展主要以提高能源综合利用率、发展煤电联营项目、建设坑口电厂为主。因此，集团公司在未来几年内会存在巨大的资金需求。本期债券发行申请如获批准，将奠定集团公司在资本市场持续融资的基础。

三、发行企业债券的可行性

（一）发债资格

集团公司经营管理规范，经济效益良好，符合《企业债券管理条例》等相关法规对发行企业债券的有关规定。

（二）宏观经济环境

目前我国利率水平已处于历史低位，中、长期利率将呈逐步回升的态势，适合发行企业债券。

（三）电力市场

电力工业是国民经济的重要基础行业，是国家经济发展战略中的重点和先行产业。长期以来，国民经济的发展一直是电力消费需求的主要推动力量，国民经济的持续稳定增长带动了电力工业的快速发展。根据有关部门预测，电力消费弹性系数将呈现逐步增长的趋势，中国电力需求将持续保持较高的增长速度。因此，电力行业正处于高速发展的黄金阶段，扩大电力行业基础设施建设规模，加大水电建设投入成为电力行业发展的主流方向。

D10933

（四）企业债券市场

总体而言，目前我国企业债券市场需求持续增长，企业债券成为理想的投资品种。因此，我公司发行企业债券的市场条件已经具备。

四、募集资金投向

本期债券募集资金______万元人民币，将全部用于______热电厂工程、______电厂二期工程、______电厂三期技改工程、______联产技改工程等大中型电力基本建设项目。上述项目建设规模合计______万千瓦，总投资达______亿元。具体情况如下：（略）

五、偿债能力分析

集团公司将以良好的经营业绩为企业债券的到期偿还创造基础条件，并采取具体有效的措施来保障债券投资者到期兑付本息的合法权益。

（一）我公司较强的盈利能力是本期债券到期偿还的根本

我公司______年、______年、______年合并报表主营业务收入分别为______亿元、______亿元和______亿元，实现净利润分别为______亿元、______亿元和______亿元，最近三年平均可分配利润足以支付本期债券1年的利息。

（二）良好的募集资金投向为本期债券到期偿还提供了保障

募集资金投入项目经营期内经济效益良好，市场竞争力强。上述项目建成投产以后，现金流入大，将显著增加公司经济效益。我公司将进一步加强上述项目的内部管理，以降低成本，保证项目投产后的预期收益，为本期债券的偿付提供稳定的收入保证。

（三）强大的综合实力和优良的资信是本期债券到期偿还的坚实基础

集团公司按照国家电力产业政策和可持续发展的要求，以市场为导向，以深化改革和科技进步为动力，不断扩大电力核心产业经营规模，增强公司整体实力和竞争力。同时，与各大商业银行都有着良好的合作关系与沟通经验，资信优良，具备极强的融资能力。公司将根据市场形势的变化，不断改进管理方式，努力降低融资成本，改善债务结构，优化财务状况，为本期债券的偿还奠定坚实的基础。

综上所述，我公司本次申请发行企业债券符合国家有关规定，募集资金投资项目符合国家产业发展政策，具有良好的偿付能力。为此，特申请发行企业债券______亿元。以上，请批示！

__________电力集团公司

______年______月______日

文本正文：http://www.fatianshi.cn/D10933

__________有限责任公司文件[①]

__________有限责任公司
关于申请公开发行企业债券的请示

__________省发展和改革委员会：[②]

为保障__________项目[③]建设资金需求，优化债务结构，降低融资成本，__________有限责任公司（以下简称我公司）拟申请公开发行不超过人民币20亿元公司债券，以满足公司持续快速发展对资金的需求。目前，我公司已按照《中华人民共和国公司法》、《中华人民共和国证券法》、《企业债券管理条例》、《国家发展改革委办公厅关于进一步加强企业债券风险防范管理有关问题的通知》（发改财金〔2012〕3451号）及《国家发展改革委办公厅关于简化企业债券审报程序加强风险防范和改革监管方式的意见》（发改办财金〔2015〕3127号）等有关文件要求，

①发行人名称，下同。

②中央直接管理的企业向国家发展改革委申请；其他企业通过省级发展改革部门或国务院行业主管部门审核后，统一由省级发展改革部门或国务院行业主管部门向国家发展改革委申请（省级发展改革部门是指各省、自治区、直辖市、计划单列市及新疆生产建设兵团发展改革部门）。

③发行公司债券的募集资金投资项目。

D10933

关注法天使

认真编制了发行本期债券的申报文件，现将有关情况请示如下：

一、公司概况

公司名称：______________有限责任公司

住所：________________________________

法定代表人：________________________________

公司类型：________________________________

注册资本：________________________________

成立日期：________________________________

经营范围：________________________________

公司成立于______年______月，是依照《中华人民共和国公司法》设立的有限责任公司，股东______________，持股比例为______%。[①]

截至2015年12月31日公司经审计的合并资产总额为______万元，合并负债总额为______万元，合并所有者权益合计为______万元，资产负债率为______%。2015年度，公司实现合并营业总收入______万元，合并利润总额______万元，合并净利润______万元。[②]

二、本期债券可行性分析

我公司经营管理规范，经济效益良好，符合《中华人民共和国公司法》、《中华人民共和国证券法》、《企业债券管理条例》、《国家发展改革委办公厅关于进一步强化企业债券风险防范管理有关问题的通知》（发改财金〔2012〕3451号）及《国家发展改革委办公厅关于简化企业债券审报程序加强风险防范和改革监管方式的意见》（发改办财金〔2015〕3127号）等相关法律、法规对发行企业债券的有关规定。

（一）______________会计师事务所[③]已对公司2013年末、2014年末及2015年末的资产负债表，2013年度、2014年度及

①按照发行人工商登记信息填写。

②按照经注册会计师审计的财务报告填写。

③本次发行的审计师事务所。

2015 年度的利润表和现金流量表进行了审计，并出具了标准无保留意见的审计报告。截至 2015 年底，公司净资产为______万元①，符合《中华人民共和国公司法》第 154 条、《中华人民共和国证券法》第 16 条第（1）项、《企业债券管理条例》第 12 条第（1）项以及发改财金〔2008〕7 号文第 2 条第（1）项对我公司净资产规模的规定。

（二）我公司在本期债券发行前连续三年盈利，符合《企业债券管理条例》第 12 条第（3）项及第（4）项的规定。

（三）本期债券募集资金投向符合国家产业政策及有关主管部门的规定，符合《中华人民共和国公司法》第 154 条、《中华人民共和国证券法》第 16 条第（4）项、《企业债券管理条例》第 12 条第（5）项以及发改财金〔2008〕7 号文第 2 条第（4）项的规定。

（四）截至本期债券发行前，我公司无已发行的企业债、中期票据及短期融资券。

（五）本期债券总额为 20 亿元，本期债券发行完成后，已发行尚未兑付的公司债券余额占净资产的______%②，符合《中华人民共和国公司法》第 154 条、《中华人民共和国证券法》第 16 条第（2）项、《企业债券管理条例》第 16 条以及发改财金〔2008〕7 号文第 2 条第（2）项的规定。

（六）公司最近三年平均净利润（不含少数股东损益）为______万元③，足以支付本期债券一年的利息，符合《中华人民共和国公司法》第 154 条、《中华人民共和国证券法》第 16 条第（3）项以及发改财金〔2008〕7 号文第 2 条第（3）项的规定。

综上所述，我公司具备发行本期债券的主体资格。

三、募集资金投向

本期债券募集资金总额为______万元，其中______万元用于___________项目；______万元用于补充流动资金。本期债券

①按照财务报告。
②结合财务报告净资产数据计算填报。
③按照财务报告。

D10933

募集资金投向明细如下：

募集资金使用情况表

单位：人民币/万元

项目名称	项目建设主体	项目总投资额	拟使用本期债券募集资金	债券资金占项目总投资比例	占本期债券募集资金的比例
______ ______ 项目	____________ 有限责任公司①				
补充营运资金	—	—		—	
合计			______		______

①按照募集资金投资项目的有关批文填写。

四、本期债券发行方案概要

（一）发行人：__________有限责任公司。

（二）债券名称：_____年__________有限责任公司公司债券（以下简称_______________债）。

（三）发行总额：人民币20亿元。

（四）债券利率：本期债券为7年期固定利率债券，票面年利率为上海银行间同业拆放利率（Shanghai Interbank Offered Rate，Shibor）基准利率加上基本利差确定，Shibor基准利率为发行公告日前5个工作日全国银行间同业拆借中心在上海银行间同业拆放利率网（www.shibor.org）上公布的一年期Shibor（1Y）利率的算术平均数，基准利率保留两位小数，第三位小数四舍五入。本期债券的最终基本利差和最终票面年利率将根据簿记建档结果，由发行人与簿记管理人按照国家有关规定协商一致确定，并报国家有关主管部门备案，在本期债券存续期内固定不变。本期债券采用单利按年计息，不计复利。

（五）还本付息方式：本期债券每年付息一次，同时设置本金提前偿付条款，在本期债券存续期的第3、4、5、6、7个计息年度末分别按照债券发行总额20%、20%、20%、20%、20%的比例偿还债券本金。最后五年每年的应付利息随当年兑付的本金部分一起支付。年度付息款项自付息日起不另计利息，本金自兑付日起不另计利息。

（六）发行价格：本期债券面值100元，平价发行，以1000元为一个认购单位，认购金额必须是1000元的整数倍且不少于1000元。

（七）发行方式：本期债券采用簿记建档、集中配售的方式，通过承销团成员设置的发行网点向中华人民共和国境内机构投资者（国家法律、法规另有规定除外）公开发行和通过上海证券交易所向机构投资者（国家法律、法规禁止购买者除外）公开发行。

（八）发行对象：在承销团成员设置的发行网点发行对象为在中央国债登记结算有限责任公司开户的中国境内机构投资者（国家法律、法规另有规定的除外）；在上海证券交易所发行对象为在中国证券登记结算有限责任公司上海分公司开立合格基金证券账户或A股证券账户的机构投资者（国家法律、法规禁止购买者除外）。

（九）发行期限：本期债券的发行期限为5个工作日，自发行首日起至______年______月______日。①

（十）认购与托管：通过承销团成员设置的发行网点公开发行的债券在中央国债登记结算有限责任公司登记托管；通过上海证券交易所公开发行的债券由中国证券登记公司上海分公司托管。

（十一）承销方式：承销团余额包销。

（十二）信用等级：经__________资信评估有限公司综合评定，本期债券信用等级为__________，发行人主体长期信用等

①“______”申报时空白，待具体发行时确定，下同。

②依据评级报告填写。

D10933

级为__________。[2]

（十三）簿记建档日：本期债券的簿记建档日为______年______月______日。

（十四）发行首日：本期债券发行期限的第 1 日，即______年______月______日。

（十五）起息日：本期债券自发行首日开始计息，本期债券存续期限内每年的______月______日为该计息年度的起息日。

（十六）计息期限：本期债券的计息期限为自______年______月______日至______年______月______日止。

（十七）付息日：本期债券的付息日为______年至______年每年的______月______日（如遇法定节假日或休息日，则顺延至其后的第 1 个工作日）。

（十八）兑付日：本期债券的兑付日为______年至______年每年的______月______日（如遇法定节假日或休息日，则顺延至其后的第 1 个工作日）。

（十九）本息兑付方式：通过本期债券登记托管机构办理。

（二十）承销团成员：本期债券主承销商为__________证券股份有限公司，分销商为__________证券股份有限公司。[1]

（二十一）监管银行 / 债权代理人：__________商业银行股份有限公司。

（二十二）增信安排：本期债券由__________有限公司提供全额无条件不可撤销连带责任保证担保。

（二十三）上市或交易流通安排：本期债券发行结束后 1 个月内，发行人将向有关证券交易场所或其他主管部门提出上市或交易流通申请。

（二十四）税务提示：根据国家有关税收法律、法规的规定，投资者投资本期债券所应缴纳的有关税款由投资者承担。

①具体中介机构名称，下同。

五、偿债来源及保障措施

我公司作为本期债券的法定偿债人，通过落实偿债来源、完善偿债机制等举措，以确保投资人相关权益：

（一）我公司良好的经营状况和较强的盈利能力是本期债券按时偿付的基础

（略）

（二）募投项目自身收益

本期债券募集资金共20亿元，其中______亿元拟用于________项目；______亿元用于补充营运资金。项目的实施有利于有效改善区域内居民的居住条件和提高居民生活质量，具有良好的经济和社会效益。本期债券募集资金投向良好，预期将产生稳定的收益，对本息的偿付具有较强的保障。

1. 募投项目收益匡算①

（略）

整体上，本项目具有财务生存能力以及偿债能力，项目盈利能力良好，投资资金回收有保障。是本期债券本息偿付的坚实基础。

2. 募投项目销售低于预期的风险控制措施

（1）尽早做好销售准备，预防销售风险

为降低募投项目销售风险，公司将项目销售规划工作提前，在项目销售启动时，提高项目签约率。

（2）提高售后服务水平，应对价格下跌风险

为提升项目品质，增加项目吸引力，公司计划从增加产品附加值着手，提供较好的售后服务，从而应对价格下跌风险。

（3）做好还本付息工作，避免偿债风险

发行人财务状况良好，若项目销售不及预期，公司可以目

①按照募集资金投资项目的可行性研究报告及有关批文填写。

D10933

前账面尚未抵押的大量土地资产进行融资，作为未来偿债资金来源的重要保障。

（三）担保人

本期债券由__________有限公司（以下简称__________担保）提供全额无条件不可撤销的连带责任保证担保。当公司自身偿债措施不能满足本期债券还本付息要求时，__________有限公司将为本期债券按期还本付息履行不可撤销的连带担保责任。

1. 担保人基本情况

公司名称：__________有限公司

法定代表人：______________________________

注册资金：______________________________

住所：______________________________

经营范围：法律、法规、国务院决定规定禁止的不得经营；法律、法规、国务院决定规定应当许可（审批）的，经审批机关批准后凭许可（审批）文件经营；法律、法规、国务院决定规定无须许可（审批）的，市场主体自主选择经营。①

经__________资信评估有限公司评定，__________有限公司主体长期信用等级为_____，评级展望稳定。综合分析，__________有限公司对本期债券提供全额无条件不可撤销的连带责任保证担保具有很强的保障能力。②

2. 担保人业务情况

（略）③

3. 担保人财务状况

根据__________会计师事务所（特殊普通合伙）审计并出具标准无保留意见的__________担保_____至_____年审计报告，截至_____年_____月_____日，__________担保总资产_____亿元，归属于母公司的所有者权益合计_____亿元，

①担保人的工商登记信息。

②见评级报告。

③简要说明东北人的业务情况

资产负债率为______%；______年度，____________担保实现营业收入______亿元，利润总额______亿元，净利润______亿元，经营活动现金流净流出______亿元。截至______年______月末，________担保未经审计的总资产为______亿元，归属于母公司的所有者权益合计______亿元，资产负债率为______%；______年______~______月，____________担保公司实现营业收入______亿元，利润总额______亿元，净利润______亿元，经营活动现金流净流出______亿元。____________担保整体财务情况保持稳定。①

截至______年______月______日，____________担保对外担保金额累计约为______亿元，占______年底净资产规模的______%。具体对外提供担保情况如下：

（略）②

截至______年末，____________担保不存在重大诉讼、仲裁等事项。③

4. 担保函主要内容

担保人为本期债券向债券持有人出具了担保函。担保函的主要内容包括：

（1）保证的方式：全额无条件不可撤销的连带责任保证担保。

（2）保证责任的承担：在本担保函项下债券存续期及到期时，如发行人不能全部兑付债券本息，担保人应主动承担担保责任，将兑付资金划入债券登记托管机构或主承销商制定的账户。债券持有人可分别或联合要求担保人承担保证责任。承销商有义务代理债券持有人要求担保人履行保证责任。

（3）保证的范围：担保人保证的范围包括债券本金及利息，以及违约金、损害赔偿金、实现债权的费用和其他应支付的费用。

（4）保证的期间：担保人承担保证责任的期间为债券存续期

①按照担保人的财务报告填写。

②专项说明担保人的对外担保情况。

③说明东北人有无重大诉讼、仲裁。

D10933

及债券到期之日起二年。债券持有人在此期间未要求担保人承担保证责任的，担保人免除保证责任。①

（四）其他偿债保障措施

本期债券发行规模为20亿元，为7年期固定利率债券，每年付息一次，自债券发行后第3年起，分5年等额偿还债券本金，即后5年每年偿还债券本金的20%，后5年利息随本金的兑付一起支付。②

为充分、有效地维护债券投资者的利益，发行人为本期债券的按时、足额偿付制订了一系列工作计划，包括确定专门部门与人员、设计工作流程、安排偿债资金、制定管理措施、做好组织协调等，以形成确保债券本息偿付安全的内部机制。

1. 本期债券设置了本金提前偿还条款，有效减轻债券到期偿付压力

本期债券设置了提前偿还条款，即自本期债券存续期的第3至第7个计息年度末每年按照本期债券发行总额的20%偿还债券本金，到期利息随本金一起支付。通过提前偿还条款的设置，将显著降低发行人到期偿还本金时的财务压力，并将有利于促进发行人更好地进行财务管理，提高发行人整体运营效率，有效地保护本期债券投资者的权益，为本期债券的按期还本付息提供进一步支持。同时，针对未来的财务状况、本期债券自身的特征、募集资金使用项目的特点，发行人将进行统一的内部资金规划，有效提高资金使用效率，控制财务风险，以提供充分、可靠的资金来源用于还本付息。

2. 建立债权代理人和债券持有人会议规则制度，并设立偿债资金专项账户归集债券本息

为保证本期债券按时足额还本付息，发行人与___________商业银行股份有限公司签订了《______年____________有限责

关注法天使

①按照担保函情况填写，担保函一般都是按照格式化要求出具。

②按照具体额度、期限、是否含权、是否分期填写。本文假设采用了比较常见的七年期、逐年分期还款的期限模型。

任公司公司债券偿债资金专户监管协议》，将在该行开立唯一的偿债资金专项账户专项用于本期债券的本金兑付和支付利息以及银行结算费用，并聘请该行担任本期债券偿债资金专项账户监管人。发行人和偿债资金专项账户监管人将严格按照监管协议的要求，落实对偿债资金专项账户资金存入、使用支取等运作情况的监管安排。同时，发行人还与该行签订了《______年__________有限责任公司公司债券债权代理协议》，聘请其担任本期债券债权代理人，在本期债券存续期内债权代理人代表全体债券持有人，依照债权代理协议及债券持有人会议规则的约定，维护债券持有人的最大利益。

3. 设立偿债资金专户

根据发行人与__________商业银行股份有限公司签订的《______年__________有限责任公司公司债券偿债资金专户监管协议》，发行人在监管银行处开设偿债账户，由监管银行对发行人偿债账户的资金存放及使用进行监管；发行人不可撤销的授权监管银行将偿债账户的资金根据公司债券本息偿付资金划付的要求进行划付，在发行人本期债券募集说明书中规定的偿付本息到期日前第十个工作日，发行人应书面通知监管银行资金划付的金额及时间要求，以保证按期支付本期债券本息；发行人应保证在本期债券本息偿付前十个工作日账户内有足够的资金支付当期债券本息；偿债账户内资金仅能划付至本期债券募集说明书规定的债券托管机构的指定银行账户，不得用于其他用途。

4. 偿债计划的财务及人员安排

发行人将持续改善资产质量，特别是提高流动资产的变现能力，保持良好的财务流动性，为本期债券偿债资金的筹集创造良好的条件。同时，发行人将加强现金流动性管理，在充分分析未来资金流动状况的基础上确定其他债务筹资的规模和期

D10933

限，控制财务风险，增强偿债能力，保障本期债券本息兑付的可靠性。

本期债券发行完成后，发行人将每年按照约定的还本付息金额提前做好偿债资金的归集工作，并建立专门账户对偿债资金进行管理，以确保按期兑付本期债券的本息，保障投资者的利益。

另外，发行人将安排财务部牵头成立专门工作小组负责管理本期债券的还本付息工作。该小组工作成员将全面负责本期债券的利息支付和本金兑付，并在需要的情况下继续处理付息日或兑付日后的有关事宜。

5. 与金融机构良好的合作关系为本期债券偿付本息提供进一步保障

发行人与各大金融机构建立起了良好的合作关系。截至报告日，发行人未发生过任何形式的违约行为，市场声誉较好，间接融资能力较强。因此，即使在本期债券兑付时遇到突发性的资金周转问题，公司也可以凭借自身良好的资信状况以及与金融机构良好的合作关系，通过间接融资补充本期债券还本付息所需资金。

综上所述，发行人制订了具体、切实可行的偿债计划，采取了多项有效的偿债保障措施，为本期债券本息的按时足额偿付提供了充分保障，能够有效地保护本期债券持有人的利益。综上所述，我公司已具备发行企业债券的条件和要求，现将已编制完成的《_____年__________有限责任公司公司债券申请材料》呈报贵委，请审查。若无不妥，请转报国家发展和改革委员会。

妥否，请批示。

__________有限责任公司

_____年_____月_____日

3.发行人、中介机构及相关人员综合信用承诺书

使用场景：

为进一步防范企业债券市场风险，切实加强拟发债企业信用建设，加快建立诚信企业守信受益、失信企业得到惩戒的良好机制，使企业信用信息更好地服务于企业债券市场发展，国家发改委自2012年10月9日起要求企业债的发行人、主承销商、会计师事务所、律师事务所、评级机构等有关中介机构必须分别出具承诺函，承诺遵守市场信用。

法律要点：

《国家发展改革委办公厅关于加强企业发债过程中信用建设的通知》（2012年10月9日发改办财金〔2012〕2804号）

六、新申请发债须同时报送综合信用承诺书

作为综合信用承诺制度的基本工作，企业申请发债前，要按本通知要求，由发行人、主承销商、会计师事务所、律师事务所、评级机构等签署提交综合信用承诺书，与债券发行申请文件一并报送我委。具体要求是：

（一）发行人须承诺：发行条件符合要求，信息披露真实准确，向中介机构提供真实完整情况，严格按照约定使用募集资金，不擅自变更募集说明书条款，资产重组需履行规定义务，按时还本付息，以及发行人自愿做出的其他承诺，并针对每项承诺提出违约后自愿接受的惩罚措施。

D10937

（二）主承销商须承诺：内设机构健全，专业人员齐备，对发行人进行了尽职调查，对发债文件材料进行了准确核查和验证，出具的文件真实准确，协调其他中介机构认真完成了发行申报材料的编制，严格按照核准的方案发行债券，不误导投资者，不操纵市场，不以不正当手段发行债券，建立债券档案并做好后续服务和管理，及时督促发行人划拨资金兑付本息，并逐项提出违约后自愿接受的惩罚措施。

（三）会计师事务所须承诺：出具的文件真实准确没有重大遗漏，严格执行了质量控制制度和程序，核查了发行文件材料与本所出具的文件一致，不存在以不正当竞争手段招揽业务，并提出违约自愿接受的惩罚措施。

（四）律师事务所须承诺：对出具文件所依据的文件资料确认真实、准确、完整，本所签字律师不存在影响律师独立性情形，没有涉嫌违法违规，经核查发债申请文件材料与本所出具的文件一致，不存在以不正当竞争手段招揽业务，并提出违约自愿接受的惩罚措施。

（五）评级机构须承诺：出具的文件真实、准确、完整，评级结果客观公正且充分揭示了债券风险，不存在协商评级或以价定级行为，经核查发债申请文件材料与本机构出具的文件一致，不存在以不正当竞争手段招揽业务，并提出违约自愿接受的惩罚措施。

文本正文： http://www.fatianshi.cn/D10937

D10937

3-1　发行人信用承诺书

国家发展和改革委员会：

____________有限责任公司（以下简称本公司）申请发行不超过20亿元公司债券，经审慎核查后承诺：本公司发行条件符合要求，信息披露真实、准确、完整，向中介机构提供真实完整情况，严格按照约定使用募集资金，不擅自变更募集说明书条款，不对抵质押物一物多押，资产重组严格履行规定义务，按时还本付息，以及公司债券发行人自愿作出的其他承诺。若出现违反本承诺的情况，将依据《中华人民共和国证券法》、《企业债券管理条例》和《国家发展改革委办公厅关于进一步改进和加强企业债券管理工作的通知》等相关法律、法规和规定承担相应法律责任，并自愿接受惩戒。

特此承诺。

法定代表人：____

____________有限责任公司

______年______月______日

文本正文： http://www.fatianshi.cn/D10939

D10939

3-2　主承销商信用承诺书

国家发展和改革委员会：

____________证券股份有限公司（以下简称本公司）作为____________有限责任公司（以下简称发行人）发行不超过20亿元公司债券的主承销商，经审慎核查后承诺：本公司内设机构健全，专业人员齐备，对发行人进行了尽职调查，对发债文件材料进行了准确核查和验证，出具的文件真实准确，协调其他中介机构认真完成了申报材料的编制，严格按照核准的方案发行债券，不误导投资者，不操纵市场，不以不正当手段发行债券，建立债券档案并做好后续服务和管理，及时督促发行人划拨资金兑付本息，若出现违反本承诺的情况，本公司将依据《中华人民共和国证券法》《企业债券管理条例》和《国家发展改革委办公厅关于进一步改进和加强企业债券管理工作的通知》等相关法律、法规和规定承担相应法律责任，并自愿接受惩戒。

特此承诺。

法定代表人签字：____________________

主办人签字：____________________

________证券股份有限公司

______年______月______日

3-3　项目主办人诚信尽职承诺书

____________、____________作为______年____________有限责任公司公司债券的项目主办人员，就本期债券作出如下承诺：

在本期债券承销服务过程中，遵守了诚信、尽职的职业道德，对____________有限责任公司进行了详尽的尽职调查和辅导工作；对发行人的董事、监事和高级管理人员以及股东或其代表的诚信意识、定期和临时信息披露意识、按期还本付息意识进行了培训；对发行人的董事、监事和高级管理人员以及股东或其代表进行了公司法、证券法等法律法规和国家发改委等监管部门的相关政策的培训；收集并保存了本期债券发行必要的存档材料；本期债券发行后将及时督促发行人划拨资金兑付本息。

D10940

如违背上述承诺，____________、____________自愿接受监管部门按照法律、行政法规、部门规章作出的处罚。

特此承诺。

项目主办人：____

项目主办人：____

____________证券股份有限公司

______年______月______日

文本正文：http://www.fatianshi.cn/D10941

3-4 审计机构信用承诺书

国家发展和改革委员会：

____________会计师事务所（以下简称本所）作为________有限责任公司（以下简称发行人）发行不超过20亿元人民币公司债券的发行人审计机构，经审慎核查后承诺：本所出具的文件真实、准确、没有重大遗漏，严格执行了质量控制制度和程序，核查了发行文件材料与本所出具的文件一致，不存在以不正当竞争手段招揽业务。若出现违反本承诺的情况，本所将依据《中华人民共和国证券法》《企业债券管理条例》《国家发展改革委办公厅关于进一步改进和加强企业债券管理工作的通知》等相关法律、法规和规定承担相应法律责任，并自愿接受惩戒。

特此承诺。

负责人签字：____

____________会计师事务所

______年______月______日

D10941

关注法天使

D10943

文本正文：http://www.fatianshi.cn/D10943

3-5 律师事务所信用承诺书

国家发展和改革委员会：

__________律师事务所（以下简称本所）作为__________有限责任公司（以下简称发行人）发行不超过20亿元人民币公司债券的发行人法律服务机构，经审慎核查后承诺：本所对出具文件所依据的文件资料确认真实、准确、完整，本所签字律师不存在影响律师独立性情形，没有涉嫌违法违规，经核查发债申请文件材料与本所出具的文件一致，不存在以不正当竞争手段招揽业务。若出现违反本承诺的情况，本所将依据《中华人民共和国证券法》《企业债券管理条例》《国家发展改革委办公厅关于进一步改进和加强企业债券管理工作的通知》等相关法律、法规和规定承担相应法律责任，并自愿接受惩戒。

特此承诺。

负责人签字：________________________________

经办律师签字：______________________________

__________律师事务所

_____年_____月_____日

文本正文：http://www.fatianshi.cn/D10947

3-6 评级机构信用承诺书

国家发展和改革委员会：

__________资信评估有限公司（以下简称本公司）作为________有限责任公司（以下简称发行人）发行不超过20亿元公司债券的发行人评级机构，经审慎核查后承诺：本所出具的评级报告及相关文件真实、准确、完整，评级结果客观公正且充分揭示了债券信用风险，不存在协商评级或以价定级行为，经核查发债申请文件材料与本机构出具的文件一致，不存在以不正当竞争手段招揽业务。若出现违反本承诺的情况，将依据《中华人民共和国证券法》《企业债券管理条例》《国家发展改革委办公厅关于进一步改进和加强企业债券管理工作的通知》等相关法律、法规和规定承担相应法律责任，并自愿接受惩戒。

D10947

特此承诺。

负责人签字：____________________

____________资信评估有限公司

______年______月______日

文本正文：http://www.fatianshi.cn/D10951

3-7 银行信用承诺书

国家发展和改革委员会：

____________商业银行股份有限公司（以下简称我行）接受________有限责任公司委托，作为“______年____________有限责任公司公司债券”的债权代理人和资金账户监管银行，并与________有限责任公司签署了《______年____________有限责任公司公司债券债权代理协议》《______年____________有限责任公司公司债券债券持有人会议规则》《______年________有限责任公司公司债券募集资金使用专户监管协议》以及《______年____________有限责任公司公司债券偿债资金专户监管协议》，现就本期债券债权代理、募集资金使用专户及偿债资金

D10951

专户监管工作承诺如下：

一、我行为本期债券专门设置了募集资金账户和偿债资金账户，不另设其他账户。

二、我行将按照本期债券《募集说明书》和批复文件内容支付款项，专款专用，并对发行人提出挪用申请及时反馈至____________县发展和改革局。

三、我行及时提醒发行人将还本付息款按照要求存入偿债资金账户，如发行人未按要求将还本付息款项及时存入偿债资金账户，我行将及时出面反馈至____________县发展和改革局。

特此承诺。

负责人签字：____

________商业银行股份有限公司

______年______月______日

4.主承销商对发行本期债券的推荐意见

使用场景：

主承销商应当为本次企业债的发行提出自己的推荐意见。

法律要点：

《国家发展改革委关于推进企业债券市场发展、简化发行核准程序有关事项的通知》(2008 年 1 月 2 日发改财金〔2008〕7 号)

附件一："……二、发行申请材料目录……

（三）主承销商对发行本次债券的推荐意见（包括内审表）……"

文本正文： http://www.fatianshi.cn/D10954

________证券股份有限公司①关于
2017年____________有限责任公司
公司债券发行之推荐意见

____________有限责任公司（以下简称发行人或公司）是依法设立的有限公司，拟公开发行 20 亿元人民币公司债券。发行人股东会、董事会已审议通过了相关议案。

受发行人委托，____________证券股份有限公司（以下简称____________证券）作为____________有限责任公司 2017 年企业债券（以下简称本期债券）的主承销商，特此推荐本期债券公开发行。

① 有关中介机构名称，下同。

D10954

一、发行人基本情况

（一）发行人概况

公司名称：______________有限责任公司[①]

注册资本：______________

成立日期：______________

法定代表人：______________

企业类型：______________

住所：______________

经营范围：法律、法规、国务院决定规定禁止的不得经营；法律、法规、国务院决定规定应当许可（审批）的，经审批机关批准后许可（审批）文件经营；法律、法规、国务院决定无须许可（审批），市场主体自主选择经营。

发行人股东为______________，持股比例为_______%。截至2015年12月31日，公司经审计的合并资产总额为_______万元，合并负债总额为万元，合并所有者权益合计为_______万元，资产负债率为_______%。2015年度，公司实现合并营业总收入_______万元，合并利润总额_______万元，合并净利润_______万元。

（二）发行人历史沿革

（略）

（三）股东情况

发行人的唯一股东为______________。发行人股权结构如下表所示：

发行人股权结构表

股东名称	实收资本（万元）	持股比例（%）
合计		

①依发行人的工商登记信息、经注册会计师审计的财务报告填写。

二、本次推荐的债券简况

（一）发行人：______________有限责任公司。

（二）债券名称：2017 年______________有限责任公司公司债券（以下简称 17______________债）。

（三）发行总额：人民币 20 亿元。

（四）债券期限与利率：本期债券为 7 年期固定利率债券，票面年利率为上海银行间同业拆放利率（Shanghai Interbank Offered Rate，Shibor）基准利率加上基本利差确定，Shibor 基准利率为发行公告日前 5 个工作日全国银行间同业拆借中心在上海银行间同业拆放利率网（www.shibor.org）上公布的一年期 Shibor（1Y）利率的算术平均数，基准利率保留两位小数，第三位小数四舍五入。本期债券的最终基本利差和最终票面年利率将根据簿记建档结果，由发行人与簿记管理人按照国家有关规定协商一致确定，并报国家有关主管部门备案，在本期债券存续期内固定不变。本期债券采用单利按年计息，不计复利。

（五）还本付息方式：本期债券每年付息一次，同时设置本金提前偿付条款，在本期债券存续期的第 3、4、5、6、7 个计息年度末分别按照债券发行总额 20%、20%、20%、20%、20% 的比例偿还债券本金。最后五年每年的应付利息随当年兑付的本金部分一起支付。年度付息款项自付息日起不另计利息，本金自兑付日起不另计利息。

（六）发行价格：本期债券面值为 100 元，按债券面值平价发行，以 1000 元为一个认购单位，认购金额必须是 1000 元的整数倍且不少于 1000 元。

（七）发行方式：本期债券采用簿记建档、集中配售的方式，

D10954

通过承销团成员设置的发行网点向中华人民共和国境内机构投资者（国家法律、法规另有规定除外）公开发行和通过上海证券交易所向机构投资者（国家法律、法规禁止购买者除外）公开发行。

（八）发行对象：在承销团成员设置的发行网点发行对象为在中央国债登记结算有限责任公司开户的中国境内机构投资者（国家法律、法规另有规定的除外）；在上海证券交易所发行对象为在中国证券登记结算有限责任公司上海分公司开立合格基金证券账户或A股证券账户的机构投资者（国家法律、法规禁止购买者除外）。

（九）发行期限：本期债券的发行期限为______个工作日，自发行首日起至______年______月______日止。

（十）认购与托管：通过承销团成员设置的发行网点公开发行的债券在中央国债登记结算有限责任公司登记托管；通过上海证券交易所公开发行的债券由中国证券登记结算有限责任公司上海分公司托管。

（十一）承销方式：承销团余额包销。

（十二）信用等级：经______________资信评估有限公司综合评定，本期债券信用等级为______________，发行人主体长期信用等级为______________。

（十三）簿记建档日：本期债券的簿记建档日为______年______月______日。

（十四）发行首日：本期债券发行期限的第1日，即______年______月______日。

（十五）起息日：本期债券自发行首日开始计息，本期债券存续期限内每年的______月______日为该计息年度的起息日。

（十六）计息期限：本期债券的计息期限为自______年______月

______日起至______年______月______日止。

（十七）付息日：本期债券的付息日为______年至______年每年的______月______日（如遇法定节假日或休息日，则顺延至其后的第1个工作日）。

（十八）兑付日：本期债券的兑付日为______年至______年每年的______月______日（如遇法定节假日或休息日，则顺延至其后的第1个工作日）。

（十九）本息兑付方式：通过本期债券登记托管机构办理。

（二十）承销团成员：本期债券主承销商为______________证券股份有限公司，分销商为______________证券股份有限公司。

（二十一）监管银行／债权代理人：______________商业银行股份有限公司。

（二十二）债券担保：本期债券由______________有限公司提供全额无条件不可撤销连带责任保证担保。

（二十三）上市或交易流通安排：本期债券发行结束后1个月内，发行人将向有关证券交易场所或其他主管部门提出上市或交易流通申请。

（二十四）税务提示：根据国家有关税收法律、法规的规定，投资者投资本期债券所应缴纳的有关税款由投资者承担。①

三、主承销商对发行人的尽职调查过程

______________证券作为本期债券的主承销商，为出具本推荐意见，根据法律法规的规定及其他相关要求对发行人进行了尽职调查。在本次尽职调查的过程中，主承销商主要进行了如下工作：

（一）问卷调查与资料收集。______________证券在接受发行人的正式委托后，向发行人提交了尽职调查问卷，并收集、整理了发行人提供的有关文件、资料及问卷答复。

①依据文件8《募集说明书》内容填写。

D10954

（二）管理层访谈。______________证券先后多次与发行人管理层就公司业务情况、财务状况、运营管理、内部控制等各方面问题进行充分的访谈。通过访谈，主承销商更加清晰地了解了发行人的生产经营现状、在行业内的竞争优势，更加透彻地理解了发行人的竞争策略和未来发展战略。

（三）与发行人的沟通。______________证券多次与发行人的管理层、有关部门主管人员、业务骨干人员进行了必要的沟通与交流，就有关问题向公司的管理层进行咨询及进行讨论。

（四）资料验证与调查。______________证券对发行人提供的文件、资料及其他与本次发行有关的必要事项逐一进行了审核验证。

（五）与各中介机构进行访谈与沟通。在本项目的进行过程中，______________证券多次召开中介机构协调会，并通过现场讨论、电话沟通及邮件询问等多种形式向各中介机构了解其工作进度、内容和发现的问题，并就有关问题咨询律师、会计师等专业中介机构的意见。对本次发行各相关中介机构及其签名人员出具专业意见的内容，主承销商结合尽职调查过程中获得的信息进行了审慎核查。

（六）工作底稿的制作。______________证券建立了完善的工作底稿制度，根据发行人及其他中介机构提供的资料，以及自行收集的文件资料制作了工作底稿，在认真审阅的基础上进行了综合分析，作为出具本推荐意见的依据。

四、主承销商对本期债券发行的推荐结论

本期债券主承销商根据《中华人民共和国公司法》、《中华人民共和国证券法》、《企业债券管理条例》、《中华人民共和国担保法》、《国家发展改革委办公厅关于进一步强化企业债券风险防范管理有关问题的通知》及《国家发展改革委办公厅关于简化企业债券审报程序加强风险防范和改革监管方式的意见》等法律法规及规范性文件的相关要求，按照行业公认的业务标准、道德规范和勤勉尽责的精神，已对本期债券发行材料的真实性、准确性、完整性进行了核查。

在以上核查的基础上，__________证券现就本次推荐情况说明如下：

（一）发行人业务情况及分析

近三年，发行人营业收入构成如下表所示：

发行人近三年营业收入构成情况表

单位：万元，%

业务板块	2015 年度		2014 年度		2013 年度	
	业务收入	比例	业务收入	比例	业务收入	比例
主营业务收入合计						
其他业务收入						
营业收入合计		100.00		100.00		100.00

2013~2015 年度，发行人营业收入分别为_______万元、_______万元和_______万元，发行人主营业务收入来源广泛，主要来自于_______收入、_______收入、_______收入等。

（介绍具体业务情况）

（二）发行人财务概况

根据发行人 2013~2015 年经审计的财务报告，发行人财务

D10954

状况如下表所示：

发行人近三年及一期的合并资产负债表主要数据

单位：万元

项目	2015 年末	2014 年末	2013 年末
资产总计			
其中：流动资产			
负债合计			
其中：流动负债			
所有者权益合计			

发行人近三年及一期的合并利润表主要数据

单位：万元

项目	2015 年度	2014 年度	2013 年度
营业总收入			
利润总额			
净利润			

发行人近三年的合并现金流量表主要数据

单位：万元

项目	2015 年度	2014 年度	2013 年度
经营活动产生的现金流量净额			
投资活动产生的现金流量净额			
筹资活动产生的现金流量净额			
现金及现金等价物净增加额			

发行人近三年及一期的主要财务指标

项目	2015 年度/末	2014 年度/末	2013 年度 / 末
流动比率（倍）			
速动比率（倍）			
EBIT 利息倍数（倍）			
资产负债率（%）			
存货周转率（次 / 年）			
总资产周转率(次/年)			
总资产收益率（%）			
净资产收益率（%）			

注：

1. 流动比率 = 流动资产 ÷ 流动负债；
2. 速动比率 =（流动资产 – 存货）÷ 流动负债；
3. EBIT 利息倍数 =EBIT÷ 利息支出，EBIT= 利润总额 + 利息支出；
4. 资产负债率 = 总负债 ÷ 总资产；
5. 存货周转率 = 营业总收入 ÷ 存货平均余额；
6. 总资产周转率 = 营业总收入 ÷ 总资产平均余额；
7. 总资产收益率 = 净利润 ÷ 总资产平均余额；
8. 净资产收益率 = 净利润 ÷ 净资产平均余额；
9. 2013 年度、2014 年度和 2015 年度总资产周转率、存货周转率、净资产收益率和净资产周转率以当年（期初 + 期末）÷2 的数值为依据。①

（三）增信措施

本期债券由__________有限公司（以下简称________担保）提供全额无条件不可撤销的连带责任保证担保。当公司自身偿债措施不能满足本期债券还本付息要求时，__________担保将为本期债券按期还本付息履行不可撤销的连带担保责任。

①依据发行人经注册会计师审计的财务报告。

D10954

关注法天使

1. 担保人基本情况

公司名称：______________有限公司①

法定代表人：____

注册资金：____

住所：____

经营范围：法律、法规、国务院决定规定禁止的不得经营；法律、法规、国务院决定规定应当许可（审批）的，经审批机关批准后凭许可（审批）文件经营；法律、法规、国务院决定规定无须许可（审批）的，市场主体自主选择经营。

股东情况：

截至2015年12月31日，______________有限公司总资产_______亿元，归属于母公司的所有者权益合计_______亿元，资产负债率为_______%；2015年度，______________担保实现营业收入_______亿元，利润总额_______亿元，经营活动现金流净流出_______亿元。

经_____________资信评估有限公司评定，____________有限公司主体长期信用等级为____________，评级展望稳定。综合分析，_________有限公司对本期债券提供全额无条件不可撤销的连带责任保证担保具有很强的保障能力。

2. 担保人业务情况

（略）

3. 担保人财务情况

根据______________会计师事务所审计并出具标准无保留意见的______________担保2014~2015年审计报告，截至2015年12月31日，______________有限公司总资产_______亿元，归属于母公司的所有者权益合计_______亿元，资产负债率为_______%；2015年度，______________有限公司实现营业收

①依担保人的工商登记信息、经注册会计师审计的担保人财务报告填写。

入______亿元，利润总额______亿元，净利润______亿元，经营活动现金流净流出______亿元。__________有限公司整体财务情况保持稳定。

具体情况如下：

（略）

截至2015年12月31日，__________有限公司对外担保金额累计约为______亿元，占2015年底净资产规模的______%。具体对外提供担保情况如下表所示：

对外提供担保情况表

单位：万元

被担保方	担保金额	担保到期日	是否有反担保
合计			

4. 担保函的主要内容

担保人为本期债券向债券持有人出具了担保函。担保函的主要内容包括：

（1）保证的方式：全额无条件不可撤销的连带责任保证担保。

（2）保证责任的承担：在本担保函项下债券存续期及到期时，如发行人不能全部兑付债券本息，担保人应主动承担担保责任，将兑付资金划入债券登记托管机构或主承销商制定的账户。债券持有人可分别或联合要求担保人承担保证责任。承销商有义务代理债券持有人要求担保人履行保证责任。

（3）保证的范围：担保人保证的范围包括债券本金及利息，以及违约金、损害赔偿金、实现债权的费用和其他应支付的费用。

D10954

（4）保证的期间：担保人承担保证责任的期间为债券存续期及债券到期之日起二年。债券持有人在此期间未要求担保人承担保证责任的，担保人免除保证责任。[①]

（四）发行人符合企业债券公开发行条件

主承销商依据《中华人民共和国公司法》《中华人民共和国证券法》《企业债券管理条例》《国家发展和改革委员会关于推进企业债券市场发展、简化发行核准程序有关事项的通知》等法律法规及规范性文件的相关规定，对发行人是否符合发行公司债券条件进行了逐项核查。根据截至目前所作的调查并基于其他中介机构现场核查及出具的意见，核查情况如下.：

1. 发行人的生产经营符合法律、行政法规和公司章程的规定，符合国家产业政策。

2. 发行人内部控制制度健全，内部控制制度的完整性、合理性、有效性不存在重大缺陷。

3.____________会计师事务所（特殊普通合伙）已对公司2013年末、2014年末、2015年末的资产负债表，2013年度、2014年度、2015年度的利润表和现金流量表进行了审计，并出具了标准无保留意见的审计报告（____________审会字〔2016〕第____________号）。截至2015年12月31日，公司净资产为______万元，符合国家法律、法规和国家发展和改革委员会的有关规定。

4. 发行人财务报表已经按照企业会计准则的规定编制，在所有重大方面公允反映了发行人的财务状况，财务会计制度符合国家规定。

5. 发行人经营业绩良好，符合发行企业债券前连续三年盈利的要求。根据发行人审计报告，2013年度、2014年度和2015年度，发行人归属于母公司股东的净利润分别为______万元、

①担保函的具体内容。

________万元和______万元，连续三个会计年度盈利，三年平均净利润为______万元，预计可以支付拟发行的20亿元公司债券一年的利息。①

6. 本次债券发行后，发行人累计债券余额 20 亿元，不超过最近一期末净资产（不包括少数股东权益）的 40%。

7. 本期债券面值 100 元，平价发行。本期债券将采取网上与网下相结合的发行方式，票面利率根据网下询价簿记结果，由发行人与主承销商按照国家有关规定协商一致，在利率询价区间内确定。

8. 本期债券募集资金投资项目业经有权部门批准，符合国家产业政策及发行审批机关批准的用途。②

本期债券募集资金总额为人民币 200,000 万元，其中 40,000 万元用于补充营运资金，占比 20%；剩余 80% 的募集资金即 160,000 万元拟用于____________项目建设，具体情况如下表所示：

募集资金使用情况表

单位：万元，%

项目名称	项目建设主体	项目总投资额	拟使用本期债券募集资金	债券资金占项目总投资比例	占本期债券募集资金的比例
________项目	______ ______有限责任公司				
补充营运资金					
合计			200,000.00		100.00

本期债券募集资金投向符合国家产业政策和行业发展方向，所需相关手续齐全，发债募集资金中用于项目的不超过项目总投资的 70%。

①依据发行人经注册会计师审计的财务报告。

②依据募集资金投资项目的可行性研究报告、有关批文。

D10954

9. 截至本推荐意见签署之日，发行人不存在下列情形：

（1）前一次公开发行的企业债券尚未募足；

（2）发行人已发行的债券及其他债务发生违约或者延迟支付本息的情况；

（3）违反《中华人民共和国证券法》规定，改变公开发行企业债券所募资金的用途。

10. 发行人已聘请____________资信评估有限公司担任本次公司债券发行的评级机构。经综合评定，本期债券信用等级为____________级，发行人长期主体信用等级为________级，__________资信评估有限公司将在债券有效存续期间内每年至少公告一次跟踪评级报告。①

11. 发行人最近三年没有重大违法违规行为。

综上，发行人符合公开发行公司债券的条件。

（五）主承销商的推荐意见

根据____________证券截至目前对发行人业务情况、财务情况、发行资质、偿债能力以及本期债券募集资金用途等方面的分析，____________证券认为：发行人经营业绩良好，具有较强的偿债能力，符合《中华人民共和国公司法》《中华人民共和国证券法》《企业债券管理条例》及《国家发展改革委办公厅关于进一步强化企业债券风险防范管理有关问题的通知》等法律法规及规范性文件中关于公开发行企业债券基本条件的规定。因此，____________证券愿意担任本期债券的主承销商推荐____________有限责任公司发行本期债券，请予核准。

____________证券股份有限公司

________年______月______日

①依据评级报告。

附件一：企业债券发行申请材料审核表

债券名称：2017 年____________有限责任公司公司债券主承销商（签章）：____________证券股份有限公司

审核内容			审核结果	备注
本期债券发行有关主体资质	发行人资质	1. 净资产规模是否符合《中华人民共和国证券法》规定	是	
		2. 企业财务会计制度符合国家规定	是	
		3. 累计债券余额是否超过发行人净资产（不包括少数股东权益）的 40%	否	
		4. 最近三年是否连续盈利	是	
		5. 最近三年平均可分配利润（净利润）是否足以支付本期债券一年的利息	是	
		6. 筹集资金投向是否符合国家产业政策和行业发展方向，所需手续是否齐全	是	
		7. 债券利率是否超过国务院限定的利率水平	否	
		8. 是否有前一次发行的债券尚未募足的情形	否	
		9. 对已发行的债券或其他债务是否有违约或延期支付本息的事实，且处于继续状态	否	
		10. 是否违法改变已发行债券所募资金用途	否	
		11. 最近三年是否有重大违法违规行为	否	

D10954

续表

<table>
<tr><th colspan="3">审核内容</th><th>审核结果</th><th>备注</th></tr>
<tr><td rowspan="11">本期债券发行有关主体资质</td><td rowspan="7">承销团资质</td><td>1. 主承销商是否具有资格</td><td>是</td><td></td></tr>
<tr><td>2. 副承销商是否具有资格</td><td>是</td><td></td></tr>
<tr><td>3. 分销商是否具有资格</td><td>是</td><td></td></tr>
<tr><td>4. 承销团规模是否符合规定</td><td>是</td><td></td></tr>
<tr><td>5. 承销团结构是否符合规定</td><td>是</td><td></td></tr>
<tr><td>6. 承销佣金收取是否符合有关规定标准</td><td>是</td><td></td></tr>
<tr><td>7. 承销商承销金额是否超过其上年末净资产的 1/3</td><td>是</td><td>见说明（附件二）</td></tr>
<tr><td>担保人资质</td><td>担保人是否符合《中华人民共和国担保法》规定（如有）</td><td>是</td><td></td></tr>
<tr><td>审计资质</td><td>会计师事务所是否具有证券从业资格</td><td>是</td><td></td></tr>
<tr><td>评级机构资质</td><td>评级机构是否具有企业债券评级资格</td><td>是</td><td></td></tr>
<tr><td>律师资质</td><td>律师事务所是否具有从业资格</td><td>是</td><td></td></tr>
</table>

续表

审核内容		是否符合要求	备注
本期债券发行申请材料	1. 国务院行业管理部门或省级发展改革部门转报发行企业债券申请材料的文件	符合	
	2. 发行人关于本次债券发行的申请报告	符合	
	3. 主承销商对发行本次债券的推荐意见	符合	
	4. 发行企业债券可行性研究报告	符合	
	5. 发债资金投向的有关原始合法文件（复印件需律师签注鉴证一致章）	符合	
	6. 发行人最近三年的财务报告和审计报告（连审）及最近一期的财务报告（复印件需律师签注签证一致章）	符合	
	7. 担保人最近一年财务报告和审计报告及最近一期的财务报告（如有）（复印件需律师签注签证一致章）	符合	
	8. 企业（公司）债券募集说明书	符合	
	9. 承销协议（非法定代表人签署需提供授权文件）	符合	
	10. 第三方担保函（如有）（分支机构签署需提供授权文件）	符合	
	11. 资产抵押有关文件（如有）	符合	
	12. 信用评级报告	符合	
	13. 法律意见书	符合	
	14. 发行人《企业法人营业执照》复印件（发行人签章）	符合	
	15. 中介机构从业资格证书复印件（各自盖章）	符合	
	16. 本期债券发行有关机构联系方式	符合	

D10954

附件二：关于____________证券股份有限公司

包销金额或超过净资产三分之一的说明

国家发展和改革委员会财政金融司：

____________证券股份责任公司（以下简称我公司）受____________有限责任公司（以下简称发行人）的委托，担任2017年____________有限责任公司公司债券的主承销商。发行人发行总额为20亿元，由我公司作为主承销商的承销团成员以余额包销的方式承销。根据贵委发改财金〔2004〕1134号文件的要求，“企业债券发行采用包销方式的，各承销商包销的企业债券金额原则上不得超过其上年末净资产的三分之一”。截至2016年12月31日，我公司经审计净资产为______亿元。基于以上规定和我公司实际情况，本期债券有可能产生我司包销金额超过净资产的1/3的情形。

本次承销额度的分配，主要基于各承销团成员的项目角色、承销经验、销售能力以及客户网络等因素。我公司作为本期债券的主承销商，在企业债券发行和销售方面积累了丰富的经验，特别是优秀的销售能力得到了市场和客户的一致认可。

作为本期债券的主承销商，我公司将进行详细的市场调查和分析，设计出贴近市场化的发行方案，并充分发挥我公司在债券承销领域的优势和经验，积极组织本期债券的宣传和推介，促使本期债券的顺利发行，将承销风险降低到最低的限度。

特此说明。

____________证券股份有限公司

______年______月______日

5.发行公司债券可行性研究报告

使用场景：

企业债券的发行应当由发行人对本次债券发行的可行性做出可行性研究报告，说明债券资金用途、发行风险说明、偿债能力分析等。

法律要点：

《国家发展改革委关于推进企业债券市场发展、简化发行核准程序有关事项的通知》（2008年1月2日发改财金〔2008〕7号）

附件一：……二、发行申请材料目录……

（四）发行企业债券可行性研究报告，包括债券资金用途、发行风险说明、偿债能力分析等；

……

文本正文：http://www.fatianshi.cn/D10958

2017年____________有限责任公司

公司债券发行可行性研究报告

________年________月

第一节　本期债券发行方案摘要

一、发行人：______________有限责任公司。

二、债券名称：2017年______________有限责任公司公司债券（以下简称______________债）。

三、发行总额：人民币20亿元。

D10958

四、债券期限与利率：本期债券为7年期固定利率债券，票面年利率为上海银行间同业拆放利率（ShanghaiInterbank Offered Rate，Shibor）基准利率加上基本利差确定，Shibor基准利率为发行公告日前5个工作日全国银行间同业拆借中心在上海银行间同业拆放利率网（www.shibor.org）上公布的一年期Shibor（1Y）利率的算术平均数，基准利率保留两位小数，第三位小数四舍五入。本期债券的最终基本利差和最终票面年利率将根据簿记建档结果，由发行人与簿记管理人按照国家有关规定协商一致确定，并报国家有关主管部门备案，在本期债券存续期内固定不变。本期债券采用单利按年计息，不计复利。

五、还本付息方式：本期债券采用单利按年计息，每年付息一次。本期债券设置本金提前偿还条款，即自第3年起分五年逐年偿还债券本金的20%；每年还本时按债权登记日日终在托管机构托管名册上登记的各债券持有人所持债券面值占当年债券存续余额的比例进行分配（每名债券持有人所受偿的本金金额计算取位到人民币分位，小于分的金额忽略不计）。利息随本金的兑付一起支付，每年付息时按债权登记日日终在托管机构托管名册上登记的各债券持有人所持债券面值所应获利息进行支付。年度付息款项自付息日起不另计利息，本金自兑付日起不另计利息。

六、发行价格：债券面值100元，平价发行，以1000元为一个认购单位，认购金额必须是人民币1000元的整数倍且不少于人民币1000元。

七、发行方式：本期债券以簿记建档、集中配售的方式，通过承销团成员设置的发行网点向机构投资者（国家法律、法规另有规定的除外）公开发行和通过上海证券交易所向机构投资者（国家法律、法规禁止购买者除外）发行。

八、发行对象：在承销团成员设置的发行网点发行对象为在中央国债登记结算有限责任公司开户的中国境内机构投资者（国家法律、法规另有规定除外）；在上海证券交易所市场的发行对象为在中国证券登记结算有限责任公司上海分公司开立合格基金证券账户或A股证券账户的机构投资者（国家法律、法规禁止购买者除外）。

九、发行期限：本期债券的发行期限为5个工作日，自发行首日至2017年______月______日。

十、认购与托管：通过承销团成员设置的发行网点公开发行的债券在中央国债登记结算有限责任公司登记托管；通过上海证券交易所公开发行的债券由中国证券登记结算有限责任公司上海分公司托管。

十一、簿记建档日：本期债券的簿记建档日为______年______月______日。

十二、发行首日：本期债券发行期限的第1日，即______年______月______日。

十三、起息日：自发行首日开始计息，本期债券存续期内每年的______月______日为该计息年度的起息日。

十四、计息期限：自______年______月______日起至______年______月______日止。

十五、付息日：本期债券的付息日为______年至______年每年的______月______日（如遇法定节假日或休息日，则顺延至其后的第1个工作日）。

十六、兑付日：本期债券的兑付日为______年至______年每年的______月______日（如遇法定节假日或休息日，则顺延至其后的第1个工作日）。

十七、本息兑付方式：通过本期债券的托管机构办理。

十八、承销方式：承销团余额包销。

D10958

十九、承销团成员：主承销商为______________证券股份有限公司，分销商为____________证券股份有限公司。

二十、监管银行 / 债权代理人：______________商业银行股份有限公司。

二十一、债券担保：本期债券由______________有限公司提供全额无条件不可撤销连带责任保证担保。

二十二、信用级别：经______________资信评估有限公司综合评定，本期债券信用等级为______________，发行人主体长期信用等级为______________。

二十三、上市安排：本期债券发行结束后，发行人将尽快向有关证券交易场所或其他主管部门提出本期债券上市或交易流通申请。

二十四、税务提示：根据国家有关税收法律、法规的规定，投资者投资本期债券所应缴纳的税款由投资者自行承担。①

①依据申报文件 8《募集说明书》填写。

第二节　本期债券发行人基本情况

一、发行人概况

发行人主体：______________有限责任公司

住所：____

法定代表人：____

公司类型：____

注册资本：____

成立日期：____

经营范围：法律、法规、国务院决定规定禁止的不得经营；法律、法规、国务院决定规定应当许可（审批）的，经审批机关批准后许可（审批）文件经营；法律、法规、国务院决定无须许可（审批），市场主体自主选择经营。

公司成立于______年______月______日，是依照《中华人民共和国公司法》设立的有限责任公司，股东为________，持股比例为100%。

截至2015年12月31日，公司经审计的合并资产总额为______万元，合并负债总额为______万元，合并所有者权益合计为______万元，资产负债率为______%。截至2016年9月30日，公司未经审计的合并资产总额为______万元，合并负债总额为______万元，合并所有者权益合计为______万元，资产负债率为______%。2015年度，公司实现合并营业总收入______万元，合并利润总额______万元，合并净利润______万元。2016年1~9月，公司实现合并营业总收入______万元，合并利润总额______万元，合并净利润______万元。

二、历史沿革

（略）（说明发行人的设立、法定代表人变更、公司名称变更、注册资本变更、股东变更、住所变更等情况。）

三、股东情况

发行人的唯一股东为____________。发行人股权结构如下表所示：

发行人股权结构表①

股东名称	实收资本（万元）	持股比例（%）
		100.00
合计		100.00

①依据发行人工商登记信息、经注册会计师审计的财务报告、发行人的具体情况填写。

四、公司治理与组织结构

（一）公司治理

发行人依照《中华人民共和国公司法》《中华人民共和国企业国有资产法》《中华人民共和国公司登记管理条例》的有关规

D10958

定，由股东出资筹集资本金，制定公司章程。根据章程规定，公司依法设立了董事会、监事会和经理层。章程对股东、董事会、监事会和经理层的权利和义务、人员组成、职责权限及议事规则做出了明确规定，建立了完善的法人治理结构。

1. 股东

公司不设股东会，由____________行使股东职权。股东以出资额为限承担责任；公司以其全部资产对公司的债务承担责任。公司享有由股东投资形成的全部法人财产权，并依法享有民事权利，承担民事责任，具有企业法人资格的有限责任公司。

2. 董事会

公司设立董事会，成员为______人，其中职工董事______人，由公司职工代表大会选举产生，其余成员由____________委派。董事会设立董事长1人，由____________从董事会成员中指定。董事长为公司法定代表人，董事会每届任期3年。

董事会对股东负责，行使以下职权：（1）决定公司的经营计划和对外投资；（2）审议公司的年度财产预、决算方案；（3）审批公司的利润分配方案和弥补亏损方案；（4）制定公司增加或减少注册资本的方案；（5）修订公司合并、分立、解散方案；（6）制定、修改公司章程及管理制度。

董事会由董事长召集并主持，董事长因特殊原因不能履行职务时，由董事长指定的其他董事召集和主持。1/3以上董事可以提议召开董事会会议。董事会会议召开应由1/2以上的董事出席方可进行。董事会作出决议必须经全体董事过半通过。

3. 总经理

公司设总经理1名，副总经理______名。由董事会聘任或者解聘。总经理可由董事会成员兼任，总经理对董事会负责，行使下列职权：（1）主持公司的经营管理工作，组织实施董事会决议；（2）组织实施公司年度经营计划和投资方案；（3）拟定公司内部管理机构设置方案；（4）拟定公司的基本管理制度；（5）制定公司的具体规章；（6）提请聘任或者解聘公司业务经理、财务负责人；（7）公司章程和董事会授予的其他职权；（8）总经理列席董事会会议。

4. 监事会

公司设监事会，监事会成员______名，其中职工代表监事______名。董事、总经理及财务负责人不得兼任监事。

监事会行使下列职权：（1）列席董事会议，检查公司财务；（2）对董事、总经理执行公司职务时违反法律、法规或者公司章程的行为进行监督；（3）当董事和总经理的行为损害公司的利益时，要求董事和总经理予以纠正；（4）提议召开临时董事会；（5）公司章程规定的其他职权。

（二）组织结构

公司组织结构设置以高效管理为原则，对下属部门和机构采取扁平化管理模式。截至本募集说明书签署之日，发行人下设综合管理部、财务部、人力资源部、市场管理部、资产管理部、投资开发部6个部门。

发行人组织结构图[①]

（略）

五、发行人控股和参股公司情况

（略）[②]

①依据发行人的公司章程以及发行人具体情况填写。

②说明发行人的控股和参股公司情况，成立时间，法定代表人，注册资本，主要经营范围，发行人持股比例。截至2016年9月30日的公司总资产，总负债，净资产。2016年1~9月实现营业收入，利润总额，净利润。

D10958

六、发行人董事、监事和高级管理人员情况

（一）董事会成员

（二）监事会成员

（三）高级管理人员

（四）董事、监事、高级管理人员兼职情况

七、公司最近三年及一期财务数据

（略）

发行人近三年及一期的合并资产负债表主要数据

单位：万元

项目	2016 年 9 月末	2015 年末	2014 年末	2013 年末
资产总计				
其中：流动资产				
负债合计				
其中：流动负债				
所有者权益合计				

发行人近三年及一期的合并利润表主要数据

单位：万元

项目	2016 年 1~9 月	2015 年度	2014 年度	2013 年度
营业总收入				
利润总额				
净利润				

发行人近三年及一期的合并现金流量表主要数据

单位：万元

项目	2016 年 1~9 月	2015 年度	2014 年度	2013 年度
经营活动产生的现金流量净额				
投资活动产生的现金流量净额				
筹资活动产生的现金流量净额				
现金及现金等价物净增加额				

发行人近三年及一期的主要财务指标

项目	2016 年 1~9 月 /9 月末	2015 年度 / 末	2014 年度 / 末	2013 年度 / 末
流动比率（倍）				
速动比率（倍）				
EBIT 利息倍数（倍）				
资产负债率（%）				
存货周转率（次 / 年）				
总资产周转率(次/年）				
总资产收益率（%）				
净资产收益率（%）				

D10958

注：

1. 流动比率 = 流动资产 ÷ 流动负债；

2. 速动比率 =（流动资产 – 存货）÷ 流动负债；

3.EBIT 利息倍数 =EBIT÷ 利息支出，EBIT= 利润总额 + 利息支出；

4. 资产负债率 = 总负债 ÷ 总资产；

5. 存货周转率 = 营业总收入 ÷ 存货平均余额；

6. 总资产周转率 = 营业总收入 ÷ 总资产平均余额；

7. 总资产收益率 = 净利润 ÷ 总资产平均余额；

8. 净资产收益率 = 净利润 ÷ 净资产平均余额；

9.2013 年度存货周转率、总资产周转率、总资产收益率以及净资产收益率以当期期末数据为依据；2014 年度、2015 年度和 2016 年 1-9 月存货周转率、总资产周转率、总资产收益率以及净资产收益率以当年（期初 + 期末）÷2 的数值为依据。①

八、已发行尚未兑付的债券

本次债券是发行人首次发行的公司债券。

截至募集说明书签署日，发行人通过融资租赁融资情况如下表所示：

融资租赁融资情况表

单位：万元

出租人	金额	利率	租赁期限

除此之外，发行人、发行人子公司及其控股子公司无已发行尚未兑付或逾期未兑付的企业（公司）债券、中期票据、短期融资券、资产证券化产品、信托计划、保险债权计划、理财产品，不存在代建回购、融资租赁、售后回租等方式融资情况。②

第三节　本期债券发行的必要性

（略）

①依据经注册会计师审计的发行人财务报告。

②总结说明发行人的债券、票据等金融产品融资情况。

第四节　本期债券发行的可行性

（略）

总体而言，目前我国企业债券市场需求持续增长，企业债券成为理想的投资品种。因此，__________有限责任公司发行企业债券的市场条件已经成熟。

第五节　本期债券募集资金投资项目

一、募集资金总量及用途

本期债券募集资金总额为人民币200,000万元，其中40,000万元用于补充营运资金，占比20%；剩余80%的募集资金即160,000万元拟用于__________项目建设，具体情况如下表所示：①

募集资金使用情况表

单位：万元，%

项目名称	项目建设主体	项目总投资额	拟使用本期债券募集资金	债券资金占项目总投资比例	占本期债券募集资金的比例
______项目	______有限责任公司				
补充营运资金	—	—		—	
合计			200,000.00		100.00

①依据募集资金投资项目的可行性研究报告及有关批文。

D10958

二、募集资金投资项目概况

（一）________________项目

1. 项目概况

2. 项目审批情况

___________项目已经获得相关主管部门的批准，具体批准文件情况如下表所示：

序号	批准文件	批准部门	文件编号	批准时间
1	《关于____________项目节能评估报告表的批复》	发改局	______ ______ 发改〔2015〕______号	2015年______ ____月____日
2	《建设项目选址意见书》	规划局	选字第______号	2015年______ ____月____日
3	《建设项目选址意见书》	规划局	选字第______号	2015年______ ____月____日

续表

序号	批准文件	批准部门	文件编号	批准时间
4	《关于______项目社会稳定风险评估报告的审查意见》	信访办	/	2015年______月____日
5	《关于______项目环境影响报告书的批复》	环保局	______环审〔2015〕______号	2015年______月____日
6	《关于对______项目用地预审的意见》	国土局	______国土资函〔2015〕______号	2015年______月____日
7	《建设用地规划许可证》	规划局	地字第______号	2015年______月____日
8	《建设用地规划许可证》	规划局	地字第______号	2015年______月____日
9	《关于2015年______项目可行性研究报告的批复》	发改局	______发改〔2015〕______号	2015年______月____日

3. 项目投资规模及资金来源

本项目总投资为______万元。项目建设资金由建设单位____________有限责任公司通过自有资金投入项目资本金______万

D10958

元，占项目总投资额的______%，项目资本金符合国家相关规定。剩余部分通过本期债券、银行借款等方式筹集。

4. 项目建设主体

____________项目的建设主体为本期债券发行人________________有限责任公司。

5. 项目进展情况

项目实施进度计划表

序号	项目名称	2015年	2016年				2017年			
		Ⅳ	Ⅰ	Ⅱ	Ⅲ	Ⅳ	Ⅰ	Ⅱ	Ⅲ	Ⅳ
1	前期申报审批工作									
2	工程地质勘察									
3	初步设计及审批									
4	施工图设计									
5	施工准备									
6	土建工程施工									
7	设备安装									
8	竣工验收									

（二）补充流动资金

公司拟将本期债券募集资金中的______亿元用于补充流动资金，以满足企业自身经营需要。

1. 补充流动资金的必要性

企业要进行生产经营活动，必须有足够的资金。流动资金作为经营活动的血液，是企业总资产中最具活力的组成部分，也是企业日常生产活动赖以进行的基本依托。

2015年度，发行人经营活动现金流入为______万元，经营活动现金流出为______万元，日常经营活动所需对流动资金的流量需求较大，目前银行信贷资金相对趋紧，资金使用成本较高的情况下，发行人拟申请使用______亿元本期债券募集资金来解决发行人流动资金不断增长的需求是非常必要的。

2. 补充流动资金使用计划

发行人计划将本期企业债券募集资金中的______亿元用于：（1）基础设施管理业务；（2）支付工程款项，预计 2017 年公司有大量应付及预提工程款项；（3）补充日常营运所需流动资金。

三、募投项目建设必要性及盈利性分析

（一）项目建设的背景及必要性

（二）项目盈利性分析

综上，项目具有较好的经济效益，完全可以覆盖项目总投资。同时，发行人承诺上述募投项目的收入将优先用于偿还本期债券本息。

四、本期债券募集资金使用计划及管理制度

（一）募集资金使用计划

发行人将严格按照国家发改委批准的本期债券募集资金的用途对资金进行支配，并保证用于工程项目的募集资金占项目总投资的比例不超过限定水平。

（二）募集资金管理制度

发行人将按照国家发改委的相关制度和要求对募集资金进行严格的管理和使用。发行人将加强业务规划和内部管理，提高整体经济效益，严格控制成本支出。本期债券的募集资金将严格按照本募集说明书承诺的投资项目安排使用，实行专款专用。

发行人已按照国家相关法律、法规的要求和《公司章程》的规定制定了完善的资金管理制度，并建立了募集资金使用专项账户对本期债券募集资金进行集中管理和统一调配。发行人

D10958

财务部负责对募集资金使用情况及时做好相关会计记录，并将不定期对募集资金使用项目的资金使用情况进行现场检查核实，确保资金做到专款专用，并在经营过程中严格执行上述规定。

同时，根据发行人与____________商业银行股份有限公司签订的《账户及资金监管协议》，____________商业银行股份有限公司作为本期债券募集资金监管银行，将负责监督募集资金使用专项账户的情况，保证募集资金做到专款专用。如果出现发行人未按募集说明书约定和国家发展和改革委员会批复使用募集资金的情况，____________商业银行股份有限公司须拒绝发行人的提款要求。

发行人承诺按相关要求披露债券资金使用情况、下一步资金使用计划、募集资金投资项目进展情况（包括项目前期工作和施工进展情况）等，如果变更募集资金用途，发行人将按照相关规定履行变更手续。

第六节　本期债券偿债能力分析

本期债券募集人民币20亿元，为7年期固定利率债券，同时设置提前偿还条款，在债券存续期第3、4、5、6、7年末分别按债券发行总额20%、20%、20%、20%、20%的比例偿还债券本金。设置提前偿还条款有利于发行人提前安排偿债资金，将债券还本压力在债券存续期内进行合理分摊，避免因到期一次还本而累积过大的偿付压力和风险。

发行人以公司的经营性收入和募投项目本身收益为基础偿还本期债券本金及利息，同时由____________有限公司提供全额无条件不可撤销连带责任保证担保。发行人在充分分析未来财务状况的基础上，对本期债券的本息支付作了充分可行的偿债安排，并将严格按照计划完成偿债安排，保证本息按时足额兑付。

此外，本期债券设置偿债专户，确保本期债券按期偿付。

一、发行人自身的偿付能力

（略）

二、募投项目自身收益

本期债券募集资金共20亿元，其中______亿元拟用于__________________项目；______亿元用于补充营运资金。项目的实施有利于有效改善区域内居民的居住条件和提高居民生活质量，具有良好的经济和社会效益。本期债券募集资金投向良好，预期将产生稳定的收益，对本息的偿付具有较强的保障。

（一）募投项目收益匡算

（略）

整体上，本项目具有财务生存能力以及偿债能力，项目盈利能力良好，投资资金回收有保障。是本期债券本息偿付的坚实基础。

（二）募投项目销售低于预期的风险控制措施

1. 尽早做好销售准备，预防销售风险

为降低募投项目销售风险，公司将项目销售规划工作提前，在项目销售启动时，提高项目签约率。

2. 提高售后服务水平，应对价格下跌风险

为提升项目品质，增加项目吸引力，公司计划从增加产品附加值着手，提供较好的售后服务，从而应对价格下跌风险。

3. 做好还本付息工作，避免偿债风险

发行人财务状况良好，若项目销售不及预期，公司可以目前账面尚未抵押的大量土地资产进行融资，作为未来偿债资金来源的重要保障。

三、担保人

本期债券由____________有限公司（以下简称____________

D10958

担保）提供全额无条件不可撤销的连带责任保证担保。当公司自身偿债措施不能满足本期债券还本付息要求时，____________担保将为本期债券按期还本付息履行不可撤销的连带担保责任。

（一）担保人基本情况

公司名称：____________有限公司

法定代表人：____

注册资金：____

住所：____

经营范围：法律、法规、国务院决定规定禁止的不得经营；法律、法规、国务院决定规定应当许可（审批）的，经审批机关批准后凭许可（审批）文件经营；法律、法规、国务院决定规定无须许可（审批）的，市场主体自主选择经营。

（担保人具体情况略）

经____________资信评估有限公司评定，____________担保主体长期信用等级为____________，评级展望稳定。综合分析，____________担保对本期债券提供全额无条件不可撤销的连带责任保证担保具有很强的保障能力。

（二）担保人业务情况

（略）

（三）担保人财务状况

根据____________会计师事务所（特殊普通合伙）审计并出具标准无保留意见的____________担保2014~2015年审计报告，截至2015年12月31日，____________担保总资产______亿元，归属于母公司的所有者权益合计______亿元，资产负债率为______%；2015年度，____________担保实现营业收入______亿元，利润总额______亿元，净利润______亿元，经营活动现金流净流出______亿元。截至2016年6月末，____________担保未经审计的总资产为______亿元，归属于母公司的所有者权益合计______亿元，资产负债率为______%；2016 年 1~6 月，____________担保实现营业收入______亿元，利润总额______亿元，净利润______亿元，经营活动现金流净流出______亿元。____________担保整体财务情况保持稳定。

具体情况如下表所示：

担保人财务情况表

单位：万元

项目	2016 年 1～6 月 /6 月末	2015 年末 / 度	2014 年末 / 度	2013 年末 / 度
总资产				
总负债				
股东权益				
营业收入				
营业成本				
营业利润				
利润总额				
净利润				
经营活动产生的现金流量净额				
投资活动产生的现金流量净额				
筹资活动产生的现金流量净额				
现金及现金等价物净增加额				

截至 2015 年 12 月 31 日，____________担保主要财务指标情况如下表所示：

D10958

担保主要财务指标表

项目	2015 年	2014 年	2013 年
资产负债率			
流动比率			
速动比率			
综合毛利率			
期间费用率			
总资产回报率			
EBITDA			
EBITDA 利息保障倍数			
负债与所有者权益比率			

截至 2015 年 12 月 31 日，____________担保对外担保金额累计约为亿元，占 2015 年底净资产规模的______%。具体对外提供担保情况如下：

（略）

截至 2015 年末，____________担保不存在重大诉讼、仲裁等事项。

（四）担保函主要内容

担保人为本期债券向债券持有人出具了担保函。担保函的主要内容包括：

（1）保证的方式：全额无条件不可撤销的连带责任保证担保。

（2）保证责任的承担：在本担保函项下债券存续期及到期时，如发行人不能全部兑付债券本息，担保人应主动承担担保责任，将兑付资金划入债券登记托管机构或主承销商制定的账户。债券持有人可分别或联合要求担保人承担保证责任。承销商有义务代理债券持有人要求担保人履行保证责任。

（3）保证的范围：担保人保证的范围包括债券本金及利息，以及违约金、损害赔偿金、实现债权的费用和其他应支付的费用。

（4）保证的期间：担保人承担保证责任的期间为债券存续期及债券到期之日起 2 年。债券持有人在此期间未要求担保人承担保证责任的，担保人免除保证责任。①

四、其他偿债保障措施

本期债券发行规模为 20 亿元，为 7 年期固定利率债券，每年付息一次，自债券发行后第 3 年起，分 5 年等额偿还债券本金，即后 5 年每年偿还债券本金的 20%，后 5 年利息随本金的兑付一起支付。

为充分、有效地维护债券投资者的利益，发行人为本期债券的按时、足额偿付制订了一系列工作计划，包括确定专门部门与人员、设计工作流程、安排偿债资金、制定管理措施、做好组织协调等，以形成确保债券本息偿付安全的内部机制。

（一）本期债券设置了本金提前偿还条款，有效减轻债券到期偿付压力

本期债券设置了提前偿还条款，即自本期债券存续期的第 3 至第 7 个计息年度末每年按照本期债券发行总额的 20% 偿还债券本金，到期利息随本金一起支付。通过提前偿还条款的设置，将显著降低发行人到期偿还本金时的财务压力，并将有利于促进发行人更好地进行财务管理，提高发行人整体运营效率，有效地保护本期债券投资者的权益，为本期债券的按期还本付息提供进一步支持。同时，针对未来的财务状况、本期债券自身的特征、募集资金使用项目的特点，发行人将进行统一的内部资金规划，有效提高资金使用效率，控制财务风险，以提供充分、可靠的资金来源用于还本付息。

①依据担保人的工商登记信息、经注册会计师审计的担保人财务报告、担保函内容等填写。

D10958

（二）建立债权代理人和债券持有人会议规则制度，并设立偿债资金专项账户归集债券本息

为保证本期债券按时足额还本付息，发行人与__________商业银行股份有限公司签订了《_____年__________有限责任公司公司债券偿债资金专户监管协议》，将在该行开立唯一的偿债资金专项账户专项用于本期债券的本金兑付和支付利息以及银行结算费用，并聘请该行担任本期债券偿债资金专项账户监管人。发行人和偿债资金专项账户监管人将严格按照监管协议的要求，落实对偿债资金专项账户资金存入、使用支取等运作情况的监管安排。同时，发行人还与该行签订了《_____年__________有限责任公司公司债券债权代理协议》，聘请其担任本期债券债权代理人，在本期债券存续期内债权代理人代表全体债券持有人，依照债权代理协议及债券持有人会议规则的约定，维护债券持有人的最大利益。

（三）设立偿债资金专户

根据发行人与__________商业银行股份有限公司签订的《_____年__________有限责任公司公司债券偿债资金专户监管协议》，发行人在监管银行处开设偿债账户，由监管银行对发行人偿债账户的资金存放及使用进行监管；发行人不可撤销的授权监管银行将偿债账户的资金根据公司债券本息偿付资金划付的要求进行划付，在发行人本期债券募集说明书中规定的偿付本息到期日前第10个工作日，发行人应书面通知监管银行资金划付的金额及时间要求，以保证按期支付本期债券本息；发行人应保证在本期债券本息偿付前10个工作日账户内有足够的资金支付当期债券本息；偿债账户内资金仅能划付至本期债券募集说明书规定的债券托管机构的指定银行账户，不得用于其他用途。

（四）偿债计划的财务及人员安排

发行人将持续改善资产质量，特别是提高流动资产的变现能力，保持良好的财务流动性，为本期债券偿债资金的筹集创造良好的条件。同时，发行人将加强现金流动性管理，在充分分析未来资金流动状况的基础上确定其他债务筹资的规模和期限，控制财务风险，增强偿债能力，保障本期债券本息兑付的可靠性。

本期债券发行完成后，发行人将每年按照约定的还本付息金额提前做好偿债资金的归集工作，并建立专门账户对偿债资金进行管理，以确保按期兑付本期债券的本息，保障投资者的利益。

另外，发行人将安排财务部牵头成立专门工作小组负责管理本期债券的还本付息工作。该小组工作成员将全面负责本期债券的利息支付和本金兑付，并在需要的情况下继续处理付息日或兑付日后的有关事宜。

（五）与金融机构良好的合作关系为本期债券偿付本息提供进一步保障

发行人与各大金融机构建立起了良好的合作关系。截至报告日，发行人未发生过任何形式的违约行为，市场声誉较好，间接融资能力较强。因此，即使在本期债券兑付时遇到突发性的资金周转问题，公司也可以凭借自身良好的资信状况以及与金融机构良好的合作关系，通过间接融资补充本期债券还本付息所需资金。

综上所述，发行人制订了具体、切实可行的偿债计划，采取了多项有效的偿债保障措施，为本期债券本息的按时足额偿付提供了充分保障，能够有效地保护本期债券持有人的利益。

D10958

第七节　本期债券风险及对策分析

投资者在评价和购买本期债券时，除本募集说明书提供的各项资料外，应特别认真地考虑下述各项风险因素：

一、与本期债券相关的风险与对策

（一）利率风险与对策

受国民经济运行状况、货币政策、国际环境变化及债券市场供求关系的变化等因素影响，市场利率存在波动的可能性。由于本期债券采用固定利率结构并且可能跨越多个经济周期，在本期债券期限内，利率的波动将使投资者投资本期债券的投资收益和价值具有一定的不确定性。

对策：本期债券利率水平的确定已充分考虑了宏观经济走势及国家宏观调控政策的可能变动对债券市场利率水平的影响，投资者可以根据自己对利率风险的判断，有选择地做出投资。另外，本期债券拟在发行结束后申请上市和交易流通，如获得批准上市或交易流通，本期债券流动性的增强将在一定程度上给投资者提供管理利率风险的便利。

（二）偿付风险与对策

在本期债券存续期内，受国家政策法规、发行人所处的行业状况和资本市场状况等外部环境和发行人本身的生产经营状况的不可控因素影响，可能导致发行人不能从预期的还款来源中获得足够的资金按期支付本息，可能影响本期债券的按期偿付。

对策：发行人经营情况良好、财务状况稳健，现金流充裕，并已为本期债券偿付制订了切实可行的偿付计划。发行人将进一步提高管理与经营效率，不断提升公司的持续发展能力。

同时，发行人还将加强对本期债券募集资金使用的监控，严格控制成本支出，积极预测并应对投资项目所面临的各种风险，确保募集资金投资项目的正常建设和运营，提高建设项目的现金流和收益水平，尽可能地降低本期债券的兑付风险。

（三）流动性风险与对策

发行人计划本期债券发行结束后申请在国家批准的证券交易场所上市或交易流通。但由于具体上市审批事宜需要在本期债券发行结束后方能进行，发行人目前无法保证本期债券一定能够按照预期的时间在相关证券交易场所上市交易，亦无法保证本期债券会在债券二级市场有活跃的交易。

对策：本期债券发行结束一个月内，主承销商将协助发行人向经批准的证券交易场所或其主管部门提出债券上市申请，力争本期债券早日获准上市流通。此外，随着债券市场的发展，债券流通和交易的环境将持续改善，未来债券的流动性风险将会有所降低。

（四）募投项目投资风险与对策

（略）

（五）违规使用债券资金的风险与对策

虽然本期债券募集资金投向做了严格限定，而募投项目也经过了可行性论证，履行了相关的审批手续，但由于项目投资规模较大，建设过程复杂，因此，可能存在因为施工进度、不可抗力等因素致使募投项目更改的情况。

对策：发行人聘请了__________商业银行股份有限公司为本期债券的监管银行，并签订了相应的《账户监管协议》，可确保发行人合规使用本期债券资金。另外，若确实因施工进度、不可抗力等因素致使募投项目需要更改，发行人将按照政策要求，严格履行变更程序并及时披露。

（六）信用评级变化风险

在本期债券存续期间内，资信评级机构每年将对本期债券信用进行一次跟踪评级。发行人目前的资信状况良好，偿债能

D10958

力较强，但在本期债券存续期间内，若出现任何影响发行人信用等级或债券信用等级的事项，评级机构调低发行主体信用等级或债券信用等级，都将会对投资者利益产生一定的不利影响。

对策：本期债券存续期内，__________资信评估有限公司将对发行人进行持续跟踪评级，动态地反映债项评级的信用状况。针对可能影响信用等级的重大事件，发行人将密切关注企业外部经营环境的变化，对于影响公司经营和财务状况的重大事项制定积极的应对措施；严格按照本募集说明书及相关协议的约定按时、足额提取偿债基金；保证偿债基金账户有足够资金满足本期债券本息的到期偿还，确保发行人良好的资信评级水平。

（七）偿债保障措施相关的风险与对策

（略）

二、与发行人相关的风险与对策

（一）工程风险与对策

（略）

（二）运营风险及对策

（略）

（三）与发行人经营及其模式相关的风险与对策

（略）

（四）未来资本性支出规模较大的风险及对策

（略）

（五）环境污染的风险与对策

环境保护是债券募集资金投资项目过程中面临的突出问题。虽然本期债券募投项目采用先进的生产工艺，对环境的影响得到了很大改善，但突发事故出现的可能性依然存在。一旦防范措施不完善或执行不到位，将有可能对周边环境产生一定的污染，影响发行人正常的生产经营。

对策：公司配置相应环保工程，将切实有效地保障污染物排放符合环保标准。发行人将进一步强化企业环保意识，完善废弃物排放监控体系，做好隐患排查和持续监督工作，杜绝环境污染隐患。同时，发行人将进一步完善应急管理体系，提高应急管理水平，增强防范和处置突发事故能力，有效降低环境污染风险。

三、政策风险及对策

（一）国家产业政策风险与对策

（略）

（二）宏观经济周期的风险与对策

（略）

第八节　结　　论

根据上述对本期债券发行的必要性及可行性、公司基本情况及偿债能力、募集资金用途、风险与对策等有关方面的分析可以看出：

1. 公司具备发行本期债券的资格及能力；

2. 债券发行筹集资金的用途符合国家法律法规的规定；

3. 债券的发行具有现实的必要性和市场可行性，有关发行的技术和组织合理，发行风险较低；

4. 公司有较高的信誉、足够的偿债资金来源，具备按时、足额偿还债务的能力。

综上所述，公司本次申请发行企业债券符合国家有关规定，募集资金用途符合国家相关政策，具有良好的偿付能力。因此，公司发行本期债券具备必要的条件，且切实可行。

__________有限责任公司

_____年_____月_____日

D10958

6.发债资金投向的有关原始合法文件

6-1 （募集资金投向）项目批文（略）

6-2 发行人对于募投项目收益优先用于债券偿还本息的承诺函（略）

6-3 发行人关于募投项目资本金落实情况的说明（略）

6-4 发行人关于募投项目收益测算的说明（略）

6-5 （募集资金投向）项目可行性研究报告（略）

7.发行人财务报告

7-1　发行人最近三年财务报表和审计报告（连审）

使用场景：

企业债券的申请材料应当包括发行人最近三年的财务报告和审计报告（连审）及最近一期的财务报告。

法律要点：

1.《国家发展改革委关于推进企业债券市场发展、简化发行核准程序有关事项的通知》（2008 年 1 月 2 日发改财金〔2008〕7 号）

附件一　公开发行企业（公司）债券申请材料目录……二、发行申请材料目录

……

（六）发行人最近三年的财务报告和审计报告（连审）及最近一期的财务报告；

2.《中国注册会计师审计准则第 1501 号——对财务报表形成审计意见和出具审计报告》（2016 年 12 月 23 日修订）

第二十条　审计报告应当采用书面形式。

第二十一条　审计报告应当包括下列要素：

（一）标题；

（二）收件人；

（三）审计意见；

（四）形成审计意见的基础；

D10959

（五）管理层对财务报表的责任；

（六）注册会计师对财务报表审计的责任；

（七）按照相关法律法规的要求报告的事项（如适用）；

（八）注册会计师的签名和盖章；

（九）会计师事务所的名称、地址和盖章；

（十）报告日期。

文本正文：http://www.fatianshi.cn/D10959

______________有限责任公司

审计报告

______________审会字（2016）第_______号

______________有限责任公司：

我们审计了后附的______________有限责任公司（以下简称______________）的财务报表，包括2013年12月31日、2014年12月31日、2015年12月31日的合并及母公司资产负债表，2013年度、2014年度、2015年度的合并及母公司利润表、合并及母公司现金流量表和合并及母公司股东权益变动表以及财务报表附注。

一、管理层对财务报表的责任

编制和公允列报财务报表是______________管理层的责任。这种责任包括：（1）按照企业会计准则的规定编制财务报表，并使其实现公允反映；（2）设计、执行和维护必要的内部控制，以使财务报表不存在由于舞弊或错误而导致的重大错报。

二、注册会计师的责任

我们的责任是在执行审计工作的基础上对财务报表发表审计意见。我们按照中国注册会计师审计准则的规定执行了审计工作。中国注册会计师审计准则要求我们遵守中国注册会计师职业道德守则，计划和执行审计工作以对财务报表是否不存在重大错报获取合理保证。

审计工作涉及实施审计程序，以获取有关财务报表金额和披露的审计证据。选择的审计程序取决于注册会计师的判断，包括对由于舞弊或错误导致的财务报表重大错报风险的评估。在进行风险评估时，注册会计师考虑与财务报表编制和公允列报相关的内部控制，以设计恰当的审计程序，但目的并非对内部控制的有效性发表意见。审计工作还包括评价管理层选用会计政策的恰当性和作出会计估计的合理性，以及评价财务报表的总体列报。

我们相信，我们获取的审计证据是充分、适当的，为发表审计意见提供了基础。

三、审计意见

我们认为，______________财务报表在所有重大方面按照企业会计准则的规定编制，公允反映了______________2014 年 12 月 31 日、2015 年 12 月 31 日、2016 年 12 月 31 日合并及母公司财务状况以及 2014 年度、2015 年度、2016 年度的合并及母公司经营成果和现金流量。

____________会计师事务所（特殊普通合伙）

中国注册会计师：____________________________________

中国注册会计师：____________________________________

2016 年______月______日

附：2013 年 12 月 31 日、2014 年 12 月 31 日、2015 年 12

D10959

关注法天使

月 31 日的合并及母公司资产负债表，2013 年度、2014 年度、2015 年度的合并及母公司利润表、合并及母公司现金流量表和合并及母公司股东权益变动表以及财务报表附注。①

7-2　发行人最近一期财务报表

使用场景：

企业债券的申请材料应当包括发行人最近三年的财务报告和审计报告（连审）及最近一期的财务报告。

法律要点：

《国家发展改革委关于推进企业债券市场发展、简化发行核准程序有关事项的通知》（发改财金〔2008〕7 号）

附件一　公开发行企业（公司）债券申请材料目录

……二、发行申请材料目录

……

（六）发行人最近三年的财务报告和审计报告（连审）及最近一期的财务报告……

文本正文（略）②

①发行人合并及母公司资产负债表，合并及母公司利润表、合并及母公司现金流量表和合并及母公司股东权益变动表以及财务报表附注。本处略，参见募集说明书附件。

②“最近一期的财务报告”是指申报日之前的最近的季度财务报告，或者半年度财务报告。此处略。

8.债券募集说明书

使用场景：

企业债券的申请材料应当包由发行人编写企业（公司）债券募集说明书。

法律要点：

《国家发展改革委关于推进企业债券市场发展、简化发行核准程序有关事项的通知》（2018 年 1 月 2 日发改财金〔2008〕7 号）

附件二 “____________企业（公司）债券募集说明书”：

________企业（公司）债券募集说明书基本格式

募集说明书应包括封面、扉页、目录、释义和正文内容等部分。

募集说明书扉页应包括以下内容：①发行人或发行人董事会声明；如“发行人或发行人董事会已批准本期债券募集说明书及其摘要，发行人领导成员或全体董事承诺其中不存在虚假记载、误导性陈述或重大遗漏，并对其真实性、准确性、完整性承担个别和连带的法律责任”。②企业负责人和主管会计工作的负责人、会计机构负责人声明；如“企业负责人和主管会计工作的负责人、会计部门负责人保证本期债券募集说明书及其摘要中财务报告真实、完整”。③主承销商勤勉尽责声明。④投资提示；如“凡欲认购本期债券的投资者，请认真阅读本募集说明书及其有关的信息披露文件，并进行独立投资判断。主管部门对本期债券发行所作出的任何决定，均不表明其对债券风险作出

D10962

实质性判断。”“凡认购、受让并持有本期债券的投资者，均视同自愿接受本募集说明书对本期债券各项权利义务的约定”。“债券依法发行后，发行人经营变化引致的投资风险，投资者自行负责”。⑤其他重大事项或风险提示。⑥本期债券基本要素：债券名称、发行总额、期限、利率、发行方式、发行对象、信用级别、担保等。

募集说明书释义应在目录次页排印，对募集说明书中的有关机构简称、代称、专有名词、专业名词进行准确、简要定义。

募集说明书的主要内容目录如下：

第一条　债券发行依据

本次发行的审批文件文号

第二条　本次债券发行的有关机构

主要包括：本次发行涉及的机构的名称、法定代表人、经办人员、办公地址、联系电话、传真、邮政编码等。

第三条　发行概要

主要包括：债券名称、发行总额、期限、利率、还本付息、发行价格、发行方式、发行对象、发行期、认购托管、承销方式、信用级别、担保、重要提示等。

第四条　承销方式

第五条　认购与托管

第六条　债券发行网点

第七条　认购人承诺

第八条　债券本息兑付办法

第九条　发行人基本情况

主要包括：发行人概况；历史沿革；股东情况；公司治理和组织结构；发行人与母公司、子公司等投资关系；主要控股子公司情况；发行人领导成员或董事、监事及高级管理人员情况等。

第十条　发行人业务情况

主要包括：发行人所在行业现状和前景；发行人在行业中的地位和竞争优势；发行人主营业务模式、状况及发展规划。

第十一条　发行人财务情况

主要包括：发行人最近三年及最近一期主要财务数据及资产负债表、利润及利润分配表、现金流量表；发行人财务分析（包括营运能力分析、盈利能力分析、偿债能力分析和现金流量分析等）。

第十二条　已发行尚未兑付的债券

第十三条　筹集资金用途

主要包括：发债资金投向概况，如项目审批、核准或备案情况、收购合同或意向书签订情况、以债还贷情况、补充营运资金情况等。发债募集资金使用计划及管理制度。

第十四条　偿债保证措施

主要包括：担保人基本情况、财务情况（主要财务数据及财务报表）、资信情况、担保函主要内容。采用资产抵押担保的，应提供抵押资产的评估、登记、保管和相关法律手续、保障投资者履行权利的有关制度安排等情况。

发行人制订的偿债计划及保障措施，包括偿债专户、偿债基金以及违约时拟采取的具体偿债措施和赔偿方式。

第十五条　风险与对策

主要包括：与本期债券有关的风险与对策；与行业相关的风险与对策；与发行人有关的风险与对策。

第十六条　信用评级

主要包括信用评级报告的内容概要以及跟踪评级安排等。

第十七条　法律意见

主要包括法律事务所对本期债券的合法合规性及信息披露

D10962

文件的真实性、完整性等出具的法律意见的概要。

第十八条　其他应说明的事项

第十九条　备查文件

包括备查文件清单、查阅地点、方式、联系人等。

注：募集说明书摘要的格式原则上仍为上述十九条，各条内容进行简化。

文本正文：http://www.fatianshi.cn/D10962

2017年____________有限责任公司

公司债券募集说明书

声明与提示

一、发行人声明

发行人董事会已批准本募集说明书，发行人全体董事承诺其中不存在虚假记载、误导性陈述或重大遗漏，并对其真实性、准确性、完整性承担个别和连带的法律责任。

二、发行人相关负责人和主管会计工作的负责人、会计机构负责人声明

发行人负责人和主管会计工作的负责人、会计机构负责人保证本期债券募集说明书中财务报告真实、准确、完整。

三、主承销商勤勉尽责声明

主承销商按照《中华人民共和国公司法》《中华人民共和国证券法》《企业债券管理条例》及其他相关法律法规的有关规定、有关要求及行业惯例，遵循勤勉尽责、诚实信用的原则，独立地对发行人进行了尽职调查，对本期债券募集说明书进行了核查，确认其中不存在虚假记载、误导性陈述或重大遗漏，并对其真实性、准确性和完整性承担相应的法律责任。

四、投资提示

凡欲认购本期债券的投资者，请认真阅读本募集说明书及其有关的信息披露文件，并进行独立投资判断。主管部门对本期债券发行所做出的任何决定，均不表明其对债券风险做出实质性判断。

凡认购、受让并持有本期债券的投资者，均视同自愿接受本募集说明书对本期债券各项权利义务的约定。

债券依法发行后，发行人经营变化引致的投资风险，由投资者自行承担。

凡认购、受让并持有本期债券的投资者，均视为同意本期债券代理协议、本期债券持有人会议规则、本期债券账户及资金监管协议及其补充协议中的安排。

五、其他重大事项或风险提示

凡认购、受让并持有本期债券的投资者，均视为同意《2017年____________投资有限责任公司公司债券持有人会议规则》《2017年____________有限责任公司公司债券债权代理协议》《2017年____________有限责任公司公司债券募集资金使用专户监管协议》《2017年____________公司债券偿债资金专户监管协议》等协议的安排。

为维护本期债券投资者的权益，发行人及本期债券债权代理人已订立了《2017年____________有限责任公司公司债券债权代理协议》。协议约定，若发行人未按本募集说明书的规定履行其在本期债券项下的还本付息义务，本期债券债权代理人将代理债券持有人向发行人追偿，勤勉尽责地依法采取一切正当合理的措施，维护债券持有人的合法权益。

投资者在评价本期债券时，应认真考虑在募集说明书中列明的各种风险。除发行人和主承销商外，发行人没有委托或授

D10962

权任何其他人或实体提供未在本募集说明书中列明的信息和对本募集说明书作任何说明。

投资者若对本募集说明书存在任何疑问，应咨询自己的证券经纪人、律师、专业会计师或其他专业顾问。

六、本期债券基本要素

（一）债券名称：2017年____________有限责任公司公司债券（以下简称17____________债）。

（二）发行总额：人民币20亿元整（RMB1200,000,000.00）。

（三）债券期限与利率：本期债券为7年期固定利率债券，票面年利率为上海银行间同业拆放利率（Shanghai Interbank Offered Rate，Shibor）基准利率加上基本利差确定，Shibor基准利率为发行公告日前5个工作日全国银行间同业拆借中心在上海银行间同业拆放利率网（www.shibor.org）上公布的一年期Shibor（1Y）利率的算术平均数，基准利率保留两位小数，第三位小数四舍五入。本期债券的最终基本利差和最终票面年利率将根据簿记建档结果，由发行人与簿记管理人按照国家有关规定协商一致确定，并报国家有关主管部门备案，在本期债券存续期内固定不变。本期债券采用单利按年计息，不计复利。

（四）还本付息方式：本期债券每年付息一次，自债券发行后第3年起，分5年等额偿还债券本金，即后5年每年偿还债券本金的20%，后5年利息随本金的兑付一起支付，每年付息时按债权登记日日终在托管机构托管名册上登记的各债券持有人所持债券面值所应获利息进行支付。年度付息款项自付息日起不另计利息，本金自兑付日起不另计利息。

（五）发行方式：本期债券以簿记建档、集中配售的方式，通过承销团成员设置的发行网点向在中央国债登记公司开户的中华人民共和国境内机构投资者（国家法律、法规另有规定除外）公开发行。

（六）发行对象：本期债券通过承销团成员设置的发行网点发行对象为在中央国债登记公司开户的境内机构投资者（国家法律、法规另有规定除外）。

（七）承销方式：承销团余额包销。

（八）信用级别：经____________资信评估有限公司综合评定，发行人长期主体信用等级为____________，本期债券信用等级为____________。

（九）增信安排：本期债券由____________有限公司提供全额无条件不可撤销连带责任保证担保。

（十）税务提示：根据国家税收法律法规，投资者投资本期债券所获利息收入应缴纳的所得税由投资者承担。

释　义

本募集说明书中，除非文义另有规定，下列词汇具有以下特定含义：

发行人 / 公司 / ____________	指	____________有限责任公司
一级子公司	指	发行人下属子公司
二级子公司	指	发行人一级子公司的下属子公司
市人民政府 / 市政府	指	____________市人民政府
本期债券	指	发行人发行的总额为人民币20亿元的“2017年____________有限责任公司公司债券”，简称“17____________债”
本次发行	指	本期债券在中国境内的公开发行

D10962

续表

募集说明书	指	发行人根据有关法律、法规为发行本期债券而制作的《2017 年____________有限责任公司公司债券募集说明书》
募集说明书	指	发行人根据有关法律、法规为发行本期债券而制作的《2017 年____________有限责任公司公司债券募集说明书》
法律意见书	指	《____________律师事务所关于 2017 年____________有限责任公司公司债券之法律意见书》
主承销商 / ____________证券 / 簿记管理人	指	____________证券股份有限公司
簿记建档	指	由发行人与簿记管理人确定本期债券的票面利率簿记建档区间，投资者向簿记管理人发出申购订单，簿记管理人负责记录申购订单，最终由发行人与簿记管理人根据申购情况确定本期债券的最终发行利率的过程
监管人 / 监管银行 / 债权代理人 / ______商行	指	____________商业银行股份有限公司
债券持有人	指	本期债券的投资者
承销团	指	主承销商为本次发行组织的，由主承销商和分销商成员组成的承销团
申购和配售办法说明	指	簿记管理人为本次发行而制作《2017 年____________有限责任公司公司债券申购和配售办法说明》

续表

余额包销	指	承销团成员按承销团协议所约定的各自承销本期债券的份额，承担债券发行的风险，在发行期结束后，将各自未售出的债券全部自行购入，并按时、足额划拨本期债券各自承销份额对应的款项
《债权代理协议》	指	发行人与债权代理人根据有关法律、法规签订的《2017年__________有限责任公司公司债券债权代理协议》
《债券持有人会议规则》	指	发行人与债权代理人根据有关法律、法规签订的《2017年__________有限责任公司公司债券债券持有人会议规则》
国家发改委	指	中华人民共和国国家发展和改革委员会
__________省发改委	指	__________省发展和改革委员会
__________市发改委	指	__________市发展和改革委员会
中央国债登记公司	指	中央国债登记结算有限责任公司
中国证券登记公司	指	中国证券登记结算有限责任公司
__________资信	指	__________资信评估有限公司
计息年度	指	本期债券存续期内每一个起息日至下一个起息日的前一个自然日止
年度付息款项	指	本期债券存续期内用于支付本期债券每个计息年度利息的款项
当年债券存续余额	指	债权登记日日终在中央国债登记公司登记的全部债券面值总和
T日	指	本期债券的付息日和/或兑付日

D10962

续表

《公司法》	指	《中华人民共和国公司法》
《证券法》	指	《中华人民共和国证券法》
《管理条例》	指	《企业债券管理条例》
工作日	指	北京市的商业银行对公营业日（不包括法定节假日或休息日）
法定节假日或休息日	指	中华人民共和国的法定及政府指定节假日或休息日（不包括香港特别行政区、澳门特别行政区和我国台湾地区的法定节假日或休息日）
基点	指	每一基点为 0.01%
元	指	人民币元
________ 担保 / 担保人	指	________有限公司
担保函	指	指担保人以书面方式为本期债券出具的债券偿付保函

注：本募集说明书中，若出现各分项数值之和与总数尾数不符的情况，均为四舍五入原因造成。

第一条　债券发行依据

本期债券经国家发展和改革委员会发改财金______号文件批准公开发行。

本期债券业经____________省发展和改革委员会“__________发改财金〔2017〕______号”文件同意转报国家发展和改革委员会。

本期债券经发行人唯一股东__________出具《__________关于同意__________有限责任公司发行企业债券的股东决定》批准同意发行本期债券。

发行人于 2016 年_____月_____日召开董事会会议，审议通过了关于本期债券发行的决议。

第二条　本次债券发行的有关机构

一、发行人：__________有限责任公司

住所：______________________________

法定代表人：______________________________

联系人：______________________________

联系地址：______________________________

联系电话：______________________________

传真：______________________________

邮编：______________________________

二、承销团

（一）主承销商、簿记管理人：__________证券股份有限公司

住所：______________________________

法定代表人：______________________________

经办人：______________________________

联系地址：______________________________

联系电话：______________________________

传真：______________________________

邮编：______________________________

（二）分销商

__________证券股份有限公司

住所：______________________________

法定代表人：______________________________

联系人：______________________________

联系地址：______________________________

联系电话：______________________________

传真：______________________________

D10962

邮编：______________________

三、托管机构

1. 中央国债登记结算有限责任公司

住所：北京市西城区金融大街 10 号[①]

法定代表人：______________________

经办人：______________________

联系电话：______________________

传真：______________________

邮政编码：100033

2. 中国证券登记结算有限责任公司上海分公司

住所：上海市浦东新区陆家嘴东路 166 号中国保险大厦 3 楼[②]

总经理：______________________

经办人：______________________

联系电话：______________________

传真：______________________

邮政编码：200120

四、交易所发行场所：上海证券交易所

住所：上海市浦东南路 528 号[③]

负责人：______________________

经办人：______________________

联系电话：______________________

传真：______________________

邮政编码：200120

五、审计机构：____________会计师事务所（特殊普通合伙）

主要经营场所：______________________

执行事务合伙人：______________________

经办人：______________________

①应当在中央国债登记结算有限责任公司托管。

②是否在中国证券登记结算有限责任公司上海分公司或者深圳分公司托管由发行人与主承销商协商确定。

③是否在上海证券交易所或者深圳证券交易所上市交易由发行人与主承销商协商确定。

联系地址：____

联系电话：____

传真：____

邮政编码：____

六、信用评级机构：__________资信评估有限公司

住所：____

法定代表人：______________________________________

经办人：____

联系地址：____

联系电话：____

传真：____

邮政编码：____

七、发行人律师：__________律师事务所

住所：____

负责人：____

经办人：____

联系地址：____

联系电话：____

传真：____

邮政编码：____

八、债权代理人、监管银行：__________商业银行股份有限公司

住所：____

负责人：____

经办人：____

联系地址：____

联系电话：____

D10962

传真：________________________________

邮政编码：______________________________

九、担保人：__________有限公司

住所：________________________________

法定代表人：____________________________

联系人：______________________________

联系地址：______________________________

联系电话：______________________________

传真：________________________________

邮编：________________________________

第三条　发行概要

一、发行人：__________有限责任公司。

二、债券名称：2017年__________有限责任公司公司债券（以下简称17__________债）。

三、发行总额：人民币20亿元。

四、债券利率：本期债券为7年期固定利率债券，票面年利率为上海银行间同业拆放利率（Shanghai Interbank Offered Rate，Shibor）基准利率加上基本利差确定，Shibor基准利率为发行公告日前5个工作日全国银行间同业拆借中心在上海银行间同业拆放利率网（www.shibor.org）上公布的一年期Shibor（1Y）利率的算术平均数，基准利率保留两位小数，第三位小数四舍五入。本期债券的最终基本利差和最终票面年利率将根据簿记建档结果，由发行人与簿记管理人按照国家有关规定协商一致确定，并报国家有关主管部门备案，在本期债券存续期内固定不变。本期债券采用单利按年计息，不计复利。

五、还本付息方式：本期债券每年付息一次，同时设置本金提前偿付条款，在本期债券存续期的第3、4、5、6、7个计息

年度末分别按照债券发行总额20%、20%、20%、20%、20%的比例偿还债券本金。最后五年每年的应付利息随当年兑付的本金部分一起支付。年度付息款项自付息日起不另计利息，本金自兑付日起不另计利息。

六、发行价格：本期债券面值100元，平价发行，以1000元为一个认购单位，认购金额必须是1000元的整数倍且不少于1000元。

七、发行方式：本期债券采用簿记建档、集中配售的方式，通过承销团成员设置的发行网点向中华人民共和国境内机构投资者（国家法律、法规另有规定除外）公开发行和通过上海证券交易所向机构投资者（国家法律、法规禁止购买者除外）公开发行。

八、发行对象：在承销团成员设置的发行网点发行对象为在中央国债登记结算有限责任公司开户的中国境内机构投资者（国家法律、法规另有规定的除外）；在上海证券交易所发行对象为在中国证券登记结算有限责任公司上海分公司开立合格基金证券账户或A股证券账户的机构投资者（国家法律、法规禁止购买者除外）。

九、发行期限：本期债券的发行期限为5个工作日，自发行首日起至______年______月______日止。①

十、认购与托管：通过承销团成员设置的发行网点公开发行的债券在中央国债登记结算有限责任公司登记托管；通过上海证券交易所公开发行的债券由中国证券登记公司上海分公司托管。

十一、承销方式：承销团余额包销。

十二、信用等级：经____________资信评估有限公司综合评定，发行人主体长期信用等级为____________，本期债券信用等级为____________。

十三、簿记建档日：本期债券的簿记建档日为______年______月______日。②

①发行首日后第五个工作日。

②发行首日的前一个工作日。

D10962

十四、发行首日：本期债券发行期限的第 1 日，即______年______月______日。①

十五、起息日：本期债券自发行首日开始计息，本期债券存续期限内每年的______月______日②为该计息年度的起息日。

十六、计息期限：本期债券的计息期限为自______③年______月______日④至______⑤年______月______日⑥止。

十七、付息日：本期债券的付息日为______⑦年至______⑧年每年的______月______日⑨（如遇法定节假日或休息日，则顺延至其后的第 1 个工作日）。

十八、兑付日：本期债券的兑付日为______⑩年至______⑪年每年的______月______日⑫（如遇法定节假日或休息日，则顺延至其后的第 1 个工作日）。

十九、本息兑付方式：通过本期债券登记托管机构办理。

二十、承销团成员：本期债券主承销商为____________证券股份有限公司，分销商为____________证券股份有限公司。

二十一、监管银行 / 债权代理人：____________商业银行股份有限公司。

二十二、增信安排：本期债券由____________有限公司提供全额无条件不可撤销连带责任保证担保。

二十三、上市或交易流通安排：本期债券发行结束后 1 个月内，发行人将向有关证券交易场所或其他主管部门提出上市或交易流通申请。

二十四、税务提示：根据国家有关税收法律、法规的规定，投资者投资本期债券所应缴纳的有关税款由投资者承担。

第四条　认购与托管

一、本期债券通过承销团成员设置的发行网点向中国境内机构投资者（国家法律、法规另有规定者除外）公开发行。

①核心重要日期。起息日、付息日、兑付日都是在存续期中每一年对应的这一天。

②每年对应的发行首日。

③发行首日当年。

④每年对应的发行首日。

⑤存续期最后一年。

⑥每年对应的发行首日。

⑦发行首日的次一年。

⑧存续期最后一年。

⑨每年对应的发行首日。

⑩发行首日的次一年。

⑪存续期最后一年。

⑫每年对应的发行首日。

本期债券采用簿记建档、集中配售的方式发行，投资者参与本期债券的簿记、配售的具体办法和要求已在主承销商公告的《2017 年____________有限责任公司公司债券申购和配售办法说明》中规定。

二、本期债券承销团成员设置的发行网点公开发行，由中央国债登记公司登记托管，具体手续按中央国债登记公司的《实名制记账式企业债券登记和托管业务规则》的要求办理，该规则可在中国债券信息网（http：//www.chinabond.com.cn）查阅或在本期债券承销团成员设置的发行网点索取。

三、境内法人凭加盖其公章的营业执照（副本）或其他法人资格证明复印件、经办人身份证及授权委托书认购本期债券；境内非法人机构凭加盖其公章的有效证明复印件、经办人身份证及授权委托书认购本期债券。如法律法规对本条所述另有规定，按照相关规定执行。

四、投资者办理认购手续时，不须缴纳任何附加费用；在办理登记和托管手续时，须遵循债券托管机构的有关规定。

五、本期债券发行结束后，投资者可按照国家有关法律、法规进行债券的转让和质押。

第五条　债券发行网点[①]

一、本期债券通过承销团成员设置的发行网点向境内机构投资者（国家法律、法规另有规定除外）公开发行，具体发行网点见附表一。

二、本期债券通过上海证券交易所协议发行的具体发行网点见附表一中标注“★”的发行网点。

第六条　认购人承诺

购买本期债券的投资者（包括本期债券的初始购买人和二级市场的购买人，下同）被视为作出以下承诺：

①按照主承销商确定的发行网点填写。

D10962

一、接受本募集说明书有关本期债券项下权利义务的所有规定并受其约束。

二、本期债券的发行人依据有关法律、法规的规定发生合法变更，在经有关主管部门批准后并依法就该等变更进行信息披露时，投资者同意并接受这种变更。

三、本期债券的债权代理人、监管银行依据有关法律法规的规定发生合法变更，在经有关主管部门批准后并依法就该等变更进行信息披露时，投资者同意并接受这种变更。

四、投资者同意____________商业银行股份有限公司作为债权代理人和监管银行，与发行人签订与本期债券相关的《债权代理协议》《债券持有人会议规则》《偿债资金专户监管协议》《募集资金使用专户监管协议》。投资者认购本期债券即被视为接受上述协议之权利及义务安排。

五、本期债券发行结束后，发行人将申请本期债券在经批准的证券交易场所上市或交易流通，并由主承销商代为办理相关手续，投资者同意并接受这种安排。

六、对于本期债券债券持有人会议依据《债券持有人会议规则》的规定做出的有效决议，所有投资者（包括所有出席会议、未出席会议、反对决议或放弃投票权，以及在相关决议通过后受让本期债券的投资者）均接受该决议。

七、在本期债券的存续期限内，若发行人依据相关法律法规将其在本期债券项下的债务转让给新债务人承继时，则在下列各项条件全部满足的前提下，投资者在此不可撤销地事先同意并接受这种债务转让：

（一）本期债券发行与上市交易（如已上市交易）的批准部门对本期债券项下的债务转让承继无异议；

（二）就新债务人承继本期债券项下的债务，有资格的评级机构对本期债券出具不次于原债券信用级别的评级报告；

（三）原债务人与新债务人取得必要的内部授权后正式签署债务转让承继协议，新债务人承诺将按照本期债券原定条款和条件履行债务；

（四）担保人同意债务转让，并承诺将按照担保函原定条款和条件履行担保义务，或新债务人取得经主管部门认可的由新担保人出具的与原担保函条件相当的担保函；

（五）原债务人与新债务人按照有关主管部门的要求就债务转让承继进行充分的信息披露。

第七条　债券本息兑付办法①

一、利息的支付

（一）本期债券在存续期内每年付息 1 次，最后 5 个计息年度每年的应付利息随本金一起兑付。本期债券的付息日为 2018 年至 2024 年每年的______月______日②（如遇法定节假日或休息日，则顺延至其后的第 1 个工作日）。

（二）本期债券利息的支付通过债券托管机构和其他有关机构办理。利息支付的具体事项将按照国家有关规定，由发行人在相关媒体上发布的付息公告中加以说明。

（三）根据国家税收法律、法规，投资者投资本期债券应缴纳的有关税金由投资者自行承担。

二、本金的兑付

（一）本期债券设置本金提前偿还条款。发行人在 2020 年至 2024 年每年的______月______日③（如遇法定节假日或休息日，则顺延至其后的第 1 个工作日）分别偿还本期债券本金的 20%。每次还本时按债权登记日日终在债券登记托管机构托管名册上登记的各债券持有人所持债券面值占当年债券存续余额的比例进行分配（每名债券持有人所受偿的本金金额计算取位

---

①本条根据主承销商与发行人商榷的具体债券品种结合债券实际发行日期填写。

②债券存续期的每一年，对应发行日的那一天。

③债券存续期的每一年，对应发行日的那一天。

D10962

到人民币分位，小于分的金额忽略不计）。当期利息随本金一起支付，年度付息款项自付息日起不另计利息，到期兑付款项自兑付日起不另计利息。

（二）本期债券本金的兑付通过债券托管机构和其他有关机构办理。本金兑付的具体事项将按照国家有关规定，由发行人在相关媒体上发布的兑付公告中加以说明。

第八条　发行人基本情况[①]

一、发行人概况

发行人主体：___________有限责任公司

住所：____

法定代表人：____

公司类型：____

注册资本：____

成立日期：____

经营范围：法律、法规、国务院决定规定禁止的不得经营；法律、法规、国务院决定规定应当许可（审批）的，经审批机关批准后许可（审批）文件经营；法律、法规、国务院决定无须许可（审批），市场主体自主选择经营。[②]

公司成立于______年______月______日，是依照《公司法》设立的有限责任公司，股东为___________，持股比例为100%。

截至2015年12月31日，公司经审计的合并资产总额为______万元，合并负债总额为______万元，合并所有者权益合计为______万元，资产负债率为______%。截至2016年9月30日，公司未经审计的合并资产总额为______万元，合并负债总额为______万元，合并所有者权益合计为______万元，资产负债率为______%。2015年度，公司实现合并营业总收入______万

关注法天使

①本条由发行人根据自身情况具体填写。

②依据发行人工商登记信息填报。

元，合并利润总额______万元，合并净利润______万元。2016年1～9月，公司实现合并营业总收入______万元，合并利润总额______万元，合并净利润______万元。[1]

①按照经注册会计师审计的财务报告填列。

二、历史沿革

（略）（说明发行人的设立、法定代表人变更、公司名称变更、注册资本变更、股东变更、住所变更等情况）

三、股东情况

发行人的唯一股东为____________。发行人股权结构如下所示：

股东名称	实收资本（万元）	持股比例
______________		100.00%
合计		100.00%

发行人股权结构图：（略）

四、公司治理与组织结构

（一）公司治理

发行人依照《中华人民共和国公司法》《中华人民共和国企业国有资产法》《中华人民共和国公司登记管理条例》的有关规定，由股东出资筹集资本金，制定公司章程。根据《章程》规定，公司依法设立了董事会、监事会和经理层。《章程》对股东、董事会、监事会和经理层的权利和义务、人员组成、职责权限及议事规则做出了明确规定，建立了完善的法人治理结构。

1. 股东

公司不设股东会，由____________行使股东职权。股东以出资额为限承担责任；公司以其全部资产对公司的债务承担责任。公司享有由股东投资形成的全部法人财产权，并依法享有

D10962

民事权利，承担民事责任，具有企业法人资格的有限责任公司。

2. 董事会

公司设立董事会，成员为______人，其中职工董事______人，由公司职工代表大会选举产生，其余成员由___________委派。董事会设立董事长一人，由___________从董事会成员中指定。董事长为公司法定代表人，董事会每届任期三年。

董事会对股东负责，行使以下职权：（1）决定公司的经营计划和对外投资；（2）审议公司的年度财产预、决算方案；（3）审批公司的利润分配方案和弥补亏损方案；（4）制定公司增加或减少注册资本的方案；（5）修订公司合并、分立、解散方案；（6）制定、修改公司章程及管理制度。

董事会由董事长召集并主持，董事长因特殊原因不能履行职务时，由董事长指定的其他董事召集和主持。1/3 以上董事可以提议召开董事会会议。董事会会议召开应由 1/2 以上的董事出席方可进行。董事会作出决议必须经全体董事过半通过。

3. 总经理

公司设总经理 1 名，副总经理______名。由董事会聘任或者解聘。总经理可由董事会成员兼任，总经理对董事会负责，行使下列职权：（1）主持公司的经营管理工作，组织实施董事会决议；（2）组织实施公司年度经营计划和投资方案；（3）拟定公司内部管理机构设置方案；（4）拟定公司的基本管理制度；（5）制定公司的具体规章；（6）提请聘任或者解聘公司业务经理、财务负责人；（7）公司章程和董事会授予的其他职权；（8）总经理列席董事会会议。

4. 监事会

公司设监事会，监事会成员______名，其中职工代表监事

______名。董事、总经理及财务负责人不得兼任监事。

监事会行使下列职权：（1）列席董事会议，检查公司财务；（2）对董事、总经理执行公司职务时违反法律、法规或者公司章程的行为进行监督；（3）当董事和总经理的行为损害公司的利益时，要求董事和总经理予以纠正；（4）提议召开临时董事会；（5）公司章程规定的其他职权。

（二）组织结构

公司组织结构设置以高效管理为原则，对下属部门和机构采取扁平化管理模式。截至本募集说明书签署之日，发行人下设综合管理部、财务部、人力资源部、市场管理部、资产管理部、投资开发部6个部门。

五、发行人控股和参股公司情况

（略）（说明发行人的控股和参股公司情况，成立时间，法定代表人，注册资本，主要经营范围，发行人持股比例。截至2016年9月30日的公司总资产，总负债，净资产。2016年1~9月实现营业收入，利润总额，净利润。）

六、发行人董事、监事和高级管理人员情况

（一）董事会成员

（二）监事会成员

（三）高级管理人员

（四）董事、监事、高级管理人员兼职情况

第九条　发行人业务情况[①]

一、发行人主营业务模式、经营状况及发展规划

（一）发行人的主营业务情况

（略）（说明发行人近三年营业收入构成情况、2015年发行人2015年营业收入、成本和利润构成情况。）

①本条由发行人根据自身情况具体填写。

D10962

（二）发行人主营业务经营模式及其他业务

（略）（说明发行人主营业务经营模式及其他业务。）

（三）发行人发展规划

（略）

二、发行人所在行业情况

（略）

三、发行人行业中的地位和竞争优势

（一）行业地位（略）

（二）竞争优势（略）

四、发行人地域经济情况

第十条　发行人财务情况[①]

____________会计师事务所（特殊普通合伙）对发行人2013～2015年的合并财务报表进行了审计，并出具了____________审会字（2016）第号标准无保留意见的审计报告。发行人2016年1～9月份财务数据未经审计。本募集说明书中的财务数据均来源于发行人上述会计报表。在阅读下文的相关财务报表中的信息时，应当参照发行人的财务报表、注释以及本募集说明书中其他部分对发行人的历史财务数据的注释。

一、发行人财务总体情况

（一）发行人最近三年及一期主要财务数据及资产负债表、利润表、现金流量表

发行人近三年及一期的合并资产负债表主要数据

单位：万元

项目	2016年9月末	2015年末	2014年末	2013年末
资产总计				

①本条主要依据经审计的财务报告填写。

续表

项目	2016年9月末	2015年末	2014年末	2013年末
其中：流动资产				
负债合计				
其中：流动负债				
所有者权益合计				

发行人近三年及一期的合并利润表主要数据

单位：万元

项目	2016年1~9月	2015年度	2014年度	2013年度
营业总收入				
利润总额				
净利润				

发行人近三年及一期的合并现金流量表主要数据

单位：万元

项目	2016年1~9月	2015年度	2014年度	2013年度
经营活动产生的现金流量净额				
投资活动产生的现金流量净额				
筹资活动产生的现金流量净额				
现金及现金等价物净增加额				

D10962

发行人近三年及一期的主要财务指标

项目	2016 年 1~9 月 /9 月末	2015 年度 / 末	2014 年度 / 末	2013 年度 / 末
流动比率（倍）				
速动比率（倍）				
EBIT 利息倍数（倍）				
资产负债率（%）				
存货周转率（次 / 年）				
总资产周转率（次 / 年）				
总资产收益率（%）				
净资产收益率（%）				

注释：

1. 流动比率 = 流动资产 ÷ 流动负债；

2. 速动比率 =（流动资产 – 存货）÷ 流动负债；

3.EBIT 利息倍数 =EBIT÷ 利息支出，EBIT= 利润总额 + 利息支出；

4. 资产负债率 = 总负债 ÷ 总资产；

5. 存货周转率 = 营业总收入 ÷ 存货平均余额；

6. 总资产周转率 = 营业总收入 ÷ 总资产平均余额；

7. 总资产收益率 = 净利润 ÷ 总资产平均余额；

8. 净资产收益率 = 净利润 ÷ 净资产平均余额；

9.2013 年度存货周转率、总资产周转率、总资产收益率以及净资产收益率以当期期末数据为依据；2014 年度、2015 年度和 2016 年 1~9 月存货周转率、总资产周转率、总资产收益率以及净资产收益率以当年（期初 + 期末）/2 的数值为依据。

（二）发行人财务分析

截至2015年12月31日，发行人经审计的合并资产总额为______万元，合并负债总额为______万元，合并所有者权益合计为______万元，资产负债率为______%。

2013~2015年度及2016年1~9月，发行人营业收入分别为______万元、______万元、______万元和______万元；2014年度发行人营业收入较2013年度增长了______%，2015年度发行人营业收入较2014年度增长了______%。发行人2013~2015年度平均营业收入为______万元，平均营业外收入为______万元。

2013~2015年度及2016年1~9月，发行人净利润分别为______万元、______万元、______万元和______万元。2014年度发行人净利润较2013年度增加______%；2015年度发行人净利润较2014年度增加______%。

1. 偿债能力分析

发行人近三年及一期的主要偿债能力指标

项目	2016年1~9月/9月末	2015年末/度	2014年末/度	2013年末/度
流动比率（倍）				
速动比率（倍）				
资产负债（%）				
EBIT（万元）				
EBIT利息保障倍数				

从短期偿债能力来看，2016年第三季度末，发行人流动比率远大于2，速动比率大于1，表明公司当前短期偿债能力较强。

D10962

从长期偿债能力来看，2013 年末、2014 年末、2015 年末和 2016 年 9 月末，发行人的 EBIT 利息保障倍数分别为______、______、______和______，一直保持在较高水平，公司的长期偿债保障程度较高。

总体看来，公司资产质量较好，债务水平合理，抗风险能力、资产变现能力及偿债能力较强。

2. 营运能力分析

发行人近三年及一期的主要营运能力指标

单位：次/年

项目	2016 年 1~9 月	2015 年度	2014 年度	2013 年度
存货周转率				
总资产周转率				

（具体分析略）

3. 盈利能力分析

发行人近三年及一期的主要盈利能力指标

单位：万元，%

项目	2016 年 1~9 月	2015 年度	2014 年度	2013 年度
营业收入				
营业外收入				
利润总额				
净利润				
总资产收益率				
净资产收益率				

（具体分析略）

4. 现金流量分析

发行人近三年及一期的现金流量表主要数据

单位：万元

项目	2016 年 1~9 月	2015 年度	2014 年度	2013 年度
经营活动产生的现金流量净额				
投资活动产生的现金流量净额				
筹资活动产生的现金流量净额				
现金及现金等价物净增加额				

（具体分析略）

综上所述，发行人目前资产负债水平比较合理，运营状况较好，盈利能力较强，经营活动现金流量充足，投资活动与筹资活动具有较好的匹配性，偿债能力较强。

（二）资产负债结构分析

1. 资产结构分析

发行人近三年及一期的主要资产项目

单位：万元，%

项目	2016 年 9 月 30 日		2015 年 12 月 31 日		2014 年 12 月 31 日		2013 年 12 月 31 日	
	金额	比例	金额	比例	金额	比例	金额	比例
货币资金								
应收账款								

D10962

续表

项目	2016年9月30日		2015年12月31日		2014年12月31日		2013年12月31日	
	金额	比例	金额	比例	金额	比例	金额	比例
预付款项								
其他应收款								
存货								
流动资产合计								
可供出售金融资产								
投资性房地产								
固定资产								
在建工程								
生产性生物资产								
无形资产								
长期待摊费用								
递延所得税资产								
非流动资产合计								
资产总计								

（具体分析略）

2. 负债结构分析

发行人近三年及一期的主要负债项目

单位：万元，%

项目	2016 年 9 月 30 日		2015 年 12 月 31 日		2014 年 12 月 31 日		2013 年 12 月 31 日	
	金额	比例	金额	比例	金额	比例	金额	比例
短期借款								
应付账款								
预收款项								
应付职工薪酬								
应交税费								
其他应付款								
一年内到期的非流动负债								
流动负债合计								
长期借款								
长期应付款								
专项应付款								
非流动负债合计								
负债合计								

D10962

（具体分析略）

二、发行人对外担保情况

截至 2015 年 12 月 31 日，公司对外提供担保总金额______万元，对外担保明细如下：

单位：万元

序号	被担保方	担保金额	担保类型	担保方式	期限
1			贷款	信用担保	
2			贷款	信用担保	
3			贷款	抵押担保	
4					
5					
合计					

三、受限资产情况

截至 2015 年 12 月 31 日，公司使用权受限的资产情况如下：

单位：万元

项目	账面价值	受限原因
存货		抵押
固定资产		抵押
无形资产		抵押
投资性房地产		抵押
合计		

四、关联方及关联交易

（一）关联方

1. 发行人的实际控制人情况：

2. 发行人的子公司情况：

3. 发行人的其他关联方情况：

（二）关联交易

（略）

五、本期债券发行后发行人的财务结构变化

本期债券发行完成后，将引起发行人资本结构的变化。下表模拟了发行人的资产负债结构在以下假设的基础上产生的变动：

（1）财务数据的基准日为2016年9月30日；

（2）假设本期债券（发行总额20亿元）在2016年9月30日完成发行并且清算结束。

发行人发行前后资产负债率指标如下表所示：

单位：万元，%

项目	2016年9月30日（发行前）	2016年9月30日（发行后）
负债总额		
资产总额		
资产负债率		

由此可见，发行人若发行本期债券，资产负债率仍能保持在较为合理的范围之内。

六、发行人2013~2015年经审计的合并资产负债表（见附表二）

七、发行人2013~2015年经审计的合并利润表（见附表三）

八、发行人2013~2015年经审计的合并现金流量表（见附表四）

第十一条 已发行尚未兑付的债券[①]

本次债券是发行人首次发行的公司债券。

截至募集说明书签署日，发行人、发行人子公司及其控股子公司无已发行尚未兑付或逾期未兑付的企业（公司）债券、

①本条由发行人根据自己的具体债券、票据等融资情况填写。

D10962

中期票据、短期融资券、资产证券化产品、信托计划、保险债权计划、理财产品，不存在代建回购、融资租赁、售后回租等方式融资情况。

第十二条　募集资金用途[①]

一、募集资金总量及用途

本期债券募集资金总额为人民币200,000万元，其中40,000万元用于补充营运资金，占比20%；剩余80%的募集资金即160,000万元拟用于＿＿＿＿＿＿项目建设，具体情况如下：

募集资金使用情况表

单位：万元

项目名称	项目建设主体	项目总投资额	拟使用本期债券募集资金	债券资金占项目总投资比例	占本期债券募集资金的比例
＿＿＿＿＿＿项目	＿＿＿＿＿＿有限责任公司				
补充营运资金					
合计			200,000.00		100%

二、募集资金投资项目概况

（一）＿＿＿＿＿＿项目

1. 项目概况（略）

2. 项目审批情况

＿＿＿＿＿＿项目已经获得相关主管部门的批准，具体批准文件情况如下表所示：

①本条主要依据募集资金投向的有关批文填写。

序号	批准文件	批准部门	文件编号	批准时间
1	《关于______ 项目节能评估报告表的批复》	发改局	______ 发改〔2015〕 ______号	2015 年 ______月 ______日
2	《建设项目选址意见书》	规划局	选字第 ______号	2015 年 ______月 ______日
3	《建设项目选址意见书》	规划局	选字第 ______号	2015 年 ______月 ______日
4	《关于______ 项目社会稳定风险评估报告的审查意见》	信访办	—	2015 年 ______月 ______日
5	《关于______ 项目环境影响报告书的批复》	环保局	______ 环审〔2015〕 ______号	2015 年 ______月 ______日
6	《关于对______ 项目用地预审的意见》	国土局	______ 国土资函〔2015〕 ______号	2015 年 ______月 ______日
7	《建设用地规划许可证》	规划局	地字第 ______号	2015 年 ______月 ______日
8	《建设用地规划许可证》	规划局	地字第 ______号	2015 年 ______月 ______日
9	《关于 2015 年______ ______项目可行性研究报告的批复》	发改局	______ 发改〔2015〕 ______号	2015 年 ______月 ______日

3. 项目投资规模及资金来源

本项目总投资为______万元。项目建设资金由建设单位____

D10962

________有限责任公司通过自有资金投入项目资本金______万元，占项目总投资额的______%，项目资本金符合国家相关规定。剩余部分通过本期债券、银行借款等方式筹集。

4. 项目建设主体

___________项目的建设主体为本期债券发行人__________有限责任公司。

5. 项目进展情况

项目实施进度计划表：

序号	项目名称	2015 年	2016 年				2017 年			
		Ⅳ	Ⅰ	Ⅱ	Ⅲ	Ⅳ	Ⅰ	Ⅱ	Ⅲ	Ⅳ
1	前期申报审批工作									
2	工程地质勘察									
3	初步设计及审批									
4	施工图设计									
5	施工准备									
6	土建工程施工									
7	设备安装									
8	竣工验收									

（二）补充流动资金

公司拟将本期债券募集资金中的 4 亿元用于补充流动资金，以满足企业自身经营需要。

1. 补充流动资金的必要性

企业要进行生产经营活动，必须有足够的资金。流动资金作为经营活动的血液，是企业总资产中最具活力的组成部分，也是企业日常生产活动赖以进行的基本依托。

2015 年度，发行人经营活动现金流入为______万元，经营活动现金流出为______万元，日常经营活动所需对流动资金的流量需求较大，目前银行信贷资金相对趋紧，资金使用成本较高的情况下，发行人拟申请使用 4 亿元本期债券募集资金来解决发行人流动资金不断增长的需求是非常必要的。

2. 补充流动资金使用计划

发行人计划将本期企业债券募集资金中的 4 亿元用于：（1）基础设施管理业务；（2）支付工程款项，预计 2017 年公司有大量应付及预提工程款项；（3）补充日常营运所需流动资金。

三、募投项目建设必要性及营利性分析

（一）项目建设的背景及必要性

（略）

（二）项目营利性分析

（略）

综上，项目具有较好的经济效益，完全可以覆盖项目总投资。同时，发行人承诺上述募投项目的收入将优先用于偿还本期债券本息。

四、本期债券募集资金使用计划及管理制度

（一）募集资金使用计划

发行人将严格按照国家发改委批准的本期债券募集资金的用途对资金进行支配，并保证用于工程项目的募集资金占项目总投资的比例不超过限定水平。

（二）募集资金管理制度

发行人将按照国家发改委的相关制度和要求对募集资金进行严格的管理和使用。发行人将加强业务规划和内部管理，提

D10962

高整体经济效益，严格控制成本支出。本期债券的募集资金将严格按照本募集说明书承诺的投资项目安排使用，实行专款专用。

发行人已按照国家相关法律、法规的要求和《公司章程》的规定制定了完善的资金管理制度，并建立了募集资金使用专项账户对本期债券募集资金进行集中管理和统一调配。发行人财务部负责对募集资金使用情况及时做好相关会计记录，并将不定期对募集资金使用项目的资金使用情况进行现场检查核实，确保资金做到专款专用。并在经营过程中严格执行上述规定。

同时，根据发行人与____________商业银行股份有限公司签订的《账户及资金监管协议》，____________商业银行股份有限公司作为本期债券募集资金监管银行，将负责监督募集资金使用专项账户的情况，保证募集资金做到专款专用。如果出现发行人未按募集说明书约定和国家发展和改革委员会批复使用募集资金的情况，____________商业银行股份有限公司须拒绝发行人的提款要求。

发行人承诺按相关要求披露债券资金使用情况、下一步资金使用计划、募集资金投资项目进展情况（包括项目前期工作和施工进展情况）等，如果变更募集资金用途，发行人将按照相关规定履行变更手续。

第十三条　偿债保障措施

本期债券募集人民币20亿元，为7年期固定利率债券，同时设置提前偿还条款，在债券存续期第3、第4、第5、第6、第7年年末分别按债券发行总额20%、20%、20%、20%、20%的比例偿还债券本金。设置提前偿还条款有利于发行人提前安排偿债资金，将债券还本压力在债券存续期内进行合理分摊，避免因到期一次还本而累积过大的偿付压力和风险。

发行人以公司的经营性收入和募投项目本身收益为基础偿

还本期债券本金及利息，同时由____________有限公司提供全额无条件不可撤销连带责任保证担保。发行人在充分分析未来财务状况的基础上，对本期债券的本息支付作了充分可行的偿债安排，并将严格按照计划完成偿债安排，保证本息按时足额兑付。

此外，本期债券设置偿债专户，确保本期债券按期偿付。

一、发行人自身的偿付能力

（略）

二、募投项目自身收益

本期债券募集资金共20亿元，其中16亿元拟用于____________项目；4亿元用于补充营运资金。项目的实施有利于有效改善区域内居民的居住条件和提高居民生活质量，具有良好的经济和社会效益。本期债券募集资金投向良好，预期将产生稳定的收益，对本息的偿付具有较强的保障。

（一）募投项目收益匡算

（略）

整体上，本项目具有财务生存能力以及偿债能力，项目盈利能力良好，投资资金回收有保障。是本期债券本息偿付的坚实基础。

（二）募投项目销售低于预期的风险控制措施

1. 尽早做好销售准备，预防销售风险

为降低募投项目销售风险，公司将项目销售规划工作提前，在项目销售启动时，提高项目签约率。

2. 提高售后服务水平，应对价格下跌风险

为提升项目品质，增加项目吸引力，公司计划从增加产品附加值着手，提供较好的售后服务，从而应对价格下跌风险。

3. 做好还本付息工作，避免偿债风险

发行人财务状况良好，若项目销售不及预期，公司可以目

D10962

关注法天使

①以下担保人有关情况依据担保人的工商登记情况、财务报告等填写。

前账面尚未抵押的大量土地资产进行融资，作为未来偿债资金来源的重要保障。

三、担保人[①]

本期债券由____________有限公司提供全额无条件不可撤销的连带责任保证担保。当公司自身偿债措施不能满足本期债券还本付息要求时，____________有限公司将为本期债券按期还本付息履行不可撤销的连带担保责任。

（一）担保人基本情况

公司名称：____________有限公司

法定代表人：____

注册资金：____

住所：____

经营范围：法律、法规、国务院决定规定禁止的不得经营；法律、法规、国务院决定规定应当许可（审批）的，经审批机关批准后凭许可（审批）文件经营；法律、法规、国务院决定规定无须许可（审批）的，市场主体自主选择经营。

（担保人具体情况，略）

经____________资信评估有限公司评定，____________有限公司主体长期信用等级为____________，评级展望稳定。综合分析，____________有限公司对本期债券提供全额无条件不可撤销的连带责任保证担保具有很强的保障能力。

（二）担保人业务情况

（略）

（三）担保人财务状况

根据____________会计师事务所（特殊普通合伙）审计并出具标准无保留意见的____________担保2014~2015年审计报告，截至2015年12月31日，____________担保总资产______

亿元，归属于母公司的所有者权益合计______亿元，资产负债率为______%；2015年度，____________担保实现营业收入______亿元，利润总额______亿元，净利润______亿元，经营活动现金流净流出______亿元。截至2016年6月末，____________担保未经审计的总资产为______亿元，归属于母公司的所有者权益合计______亿元，资产负债率为______%；2016年1~6月，____________担保实现营业收入______亿元，利润总额______亿元，净利润______亿元，经营活动现金流净流出______亿元。____________担保整体财务情况保持稳定。

具体情况如下：

单位：万元

项目	2016 年 1~6 月 / 6 月末	2015 年末 / 度	2014 年末 / 度	2013 年末 / 度
总资产				
总负债				
股东权益				
营业收入				
营业成本				
营业利润				
利润总额				
净利润				
经营活动产生的现金流量净额				
投资活动产生的现金流量净额				
筹资活动产生的现金流量净额				
现金及现金等价物净增加额				

D10962

截至2015年12月31日，___________担保主要财务指标情况如下：

单位：万元

项目	2015年	2014年	2013年
资产负债率			
流动比率			
速动比率			
综合毛利率			
期间费用率			
总资产回报率			
EBITDA			
EBITDA利息保障倍数			
负债与所有者权益比率			

截至2015年12月31日，___________担保对外担保金额累计约为______亿元，占2015年底净资产规模的______%。具体对外提供担保情况如下：

（略）

截至2015年末，___________担保不存在重大诉讼、仲裁等事项。

（四）担保函主要内容

担保人为本期债券向债券持有人出具了担保函。担保函的主要内容包括：

(1)保证的方式：全额无条件不可撤销的连带责任保证担保。

(2)保证责任的承担：在本担保函项下债券存续期及到期时，如发行人不能全部兑付债券本息，担保人应主动承担担保责任，将兑付资金划入债券登记托管机构或主承销商制定的账户。债券持有人可分别或联合要求担保人承担保证责任。承销商有义务代理债券持有人要求担保人履行保证责任。

（3）保证的范围：担保人保证的范围包括债券本金及利息，以及违约金、损害赔偿金、实现债权的费用和其他应支付的费用。

（4）保证的期间：担保人承担保证责任的期间为债券存续期及债券到期之日起 2 年。债券持有人在此期间未要求担保人承担保证责任的，担保人免除保证责任。

四、其他偿债保障措施

本期债券发行规模为 20 亿元，为 7 年期固定利率债券，每年付息一次，自债券发行后第 3 年起，分 5 年等额偿还债券本金，即后 5 年每年偿还债券本金的 20%，后 5 年利息随本金的兑付一起支付。

为充分、有效地维护债券投资者的利益，发行人为本期债券的按时、足额偿付制订了一系列工作计划，包括确定专门部门与人员、设计工作流程、安排偿债资金、制定管理措施、做好组织协调等，以形成确保债券本息偿付安全的内部机制。

（一）本期债券设置了本金提前偿还条款，有效减轻债券到期偿付压力

本期债券设置了提前偿还条款，即自本期债券存续期的第 3 个至第 7 个计息年度末每年按照本期债券发行总额的 20% 偿还债券本金，到期利息随本金一起支付。通过提前偿还条款的设置，将显著降低发行人到期偿还本金时的财务压力，并将有利于促进发行人更好地进行财务管理，提高发行人整体运营效率，有效地保护本期债券投资者的权益，为本期债券的按期还本付息提供进一步支持。同时，针对未来的财务状况、本期债券自身的特征、募集资金使用项目的特点，发行人将进行统一的内

D10962

部资金规划，有效提高资金使用效率，控制财务风险，以提供充分、可靠的资金来源用于还本付息。

（二）建立债权代理人和债券持有人会议规则制度，并设立偿债资金专项账户归集债券本息

为保证本期债券按时足额还本付息，发行人与__________商业银行股份有限公司签订了《2017年__________有限责任公司公司债券偿债资金专户监管协议》，将在该行开立唯一的偿债资金专项账户专项用于本期债券的本金兑付和支付利息以及银行结算费用，并聘请该行担任本期债券偿债资金专项账户监管人。发行人和偿债资金专项账户监管人将严格按照监管协议的要求，落实对偿债资金专项账户资金存入、使用支取等运作情况的监管安排。同时，发行人还与该行签订了《2017年__________有限责任公司公司债券债权代理协议》，聘请其担任本期债券债权代理人，在本期债券存续期内债权代理人代表全体债券持有人，依照债权代理协议及债券持有人会议规则的约定，维护债券持有人的最大利益。

（三）设立偿债资金专户

根据发行人与__________商业银行股份有限公司签订的《2017年__________有限责任公司公司债券偿债资金专户监管协议》，发行人在监管银行处开设偿债账户，由监管银行对发行人偿债账户的资金存放及使用进行监管；发行人不可撤销的授权监管银行将偿债账户的资金根据公司债券本息偿付资金划付的要求进行划付，在发行人本期债券募集说明书中规定的偿付本息到期日前第10个工作日，发行人应书面通知监管银行资金划付的金额及时间要求，以保证按期支付本期债券本息；发行人应保证在本期债券本息偿付前10个工作日账户内有足够的资金支付当期债券本息；偿债账户内资金仅能划付至本期债券募集说明

书规定的债券托管机构的指定银行账户，不得用于其他用途。

（四）偿债计划的财务及人员安排

发行人将持续改善资产质量，特别是提高流动资产的变现能力，保持良好的财务流动性，为本期债券偿债资金的筹集创造良好的条件。同时，发行人将加强现金流动性管理，在充分分析未来资金流动状况的基础上确定其他债务筹资的规模和期限，控制财务风险，增强偿债能力，保障本期债券本息兑付的可靠性。

本期债券发行完成后，发行人将每年按照约定的还本付息金额提前做好偿债资金的归集工作，并建立专门账户对偿债资金进行管理，以确保按期兑付本期债券的本息，保障投资者的利益。

另外，发行人将安排财务部牵头成立专门工作小组负责管理本期债券的还本付息工作。该小组工作成员将全面负责本期债券的利息支付和本金兑付，并在需要的情况下继续处理付息日或兑付日后的有关事宜。

（五）与金融机构良好的合作关系为本期债券偿付本息提供进一步保障

发行人与各大金融机构建立起了良好的合作关系。截至报告日，发行人未发生过任何形式的违约行为，市场声誉较好，间接融资能力较强。因此，即使在本期债券兑付时遇到突发性的资金周转问题，公司也可以凭借自身良好的资信状况以及与金融机构良好的合作关系，通过间接融资补充本期债券还本付息所需资金。

综上所述，发行人制订了具体、切实可行的偿债计划，采取了多项有效的偿债保障措施，为本期债券本息的按时足额偿付提供了充分保障，能够有效地保护本期债券持有人的利益。

D10962

第十四条　投资者保护机制

凡欲认购本期债券的投资者，请认真阅读本募集说明书及其有关的信息披露文件，并进行独立投资判断。主管部门对本期债券发行所作出的任何决定，均不表明其对债券风险作出实质性判断。

凡认购、受让并持有本期债券的投资者，均视同自愿接受本募集说明书对本期债券各项权利义务的约定。

债券依法发行后，发行人经营变化引致的投资风险，由投资者自行承担。

一、风险告知

凡认购、受让并持有本期债券的投资者，均视为同意《2017年___________有限责任公司公司债券持有人会议规则》《2017年___________有限责任公司公司债券债权代理协议》《2017年___________有限责任公司公司债券募集资金使用专户监管协议》《2017年___________有限责任公司公司债券偿债资金专户监管协议》。

为维护本期债券投资者的权益，发行人及本期债券债权代理人已订立了《2017年___________有限责任公司公司债券债权代理协议》。协议约定，若发行人未按本募集说明书的规定履行其在本期债券项下的还本付息义务，本期债券债权代理人将代理债券持有人向发行人追偿，勤勉尽责地依法采取一切正当合理的措施，维护债券持有人的合法权益。

投资者在评价本期债券时，应认真考虑在募集说明书中列明的各种风险。除发行人和主承销商外，发行人没有委托或授权任何其他人或实体提供未在本募集说明书中列明的信息和对本募集说明书作任何说明。

投资者若对本募集说明书存在任何疑问，应咨询自己的证券经纪人、律师、专业会计师或其他专业顾问。

此外，请投资者关注本募集说明书第 15 条风险揭示部分的内容。

二、信息披露事务及投资者关系管理

（一）信息披露

发行人将遵循真实、准确、完整、及时的信息披露原则，按国家发展和改革委员会的有关规定进行重大事项信息披露，使发行人偿债能力、募集资金使用等情况受到债券持有人和债权代理人的监督，防范偿债风险。发行人指定信息披露事务负责人具体负责信息披露管理工作及投资者关系，信息披露事务负责人联系信息如下：

公司中文名称	____________有限责任公司
住所	
信息披露事务负责人	
联系地址	
联系电话	
传真	
邮政编码	

进一步加强公司与投资者之间的信息沟通，完善公司法人治理结构，切实保护投资者、特别是中小投资者的合法权益。根据《中华人民共和国公司法》《中华人民共和国证券法》《企业债券管理条例》等相关法律、法规以及《公司章程》的相关规定，公司为投资者关系管理工作设置必要的信息交流渠道，建立与投资者之间良好的双向沟通机制和平台，增进投资者对公司的了解，以实现公司整体利益最大化。

D10962

（二）跟踪审计

根据《中华人民共和国公司法》《中华人民共和国证券法》《企业债券管理条例》等相关法律、法规以及审计业务约定书的约定，本期债券存续期内将由发行人通过年度报告的形式披露公司上一年度经审计的财务报表。

（三）跟踪评级

根据监管部门规定及评级机构跟踪评级制度，评级机构在初次评级结束后，将在受评债券存续期间对受评对象开展定期以及不定期跟踪评级，评级机构将持续关注受评对象外部经营环境变化、经营或财务状况变化以及偿债保障情况等因素，以对受评对象的信用风险进行持续跟踪。在跟踪评级过程中，评级机构将维持评级标准的一致性。

定期跟踪评级每年进行一次。届时，发行主体须向评级机构提供最新的财务报告及相关资料，评级机构将依据受评对象信用状况的变化决定是否调整信用评级。

如发行主体不配合完成跟踪评级尽职调查工作或不提供跟踪评级资料，评级机构有权根据受评对象公开信息进行分析并调整信用评级，必要时，可公布信用评级暂时失效或终止评级。

评级机构将及时在公司网站公布跟踪评级结果与跟踪评级报告。

三、偿债履约

本期债券每年付息一次，自债券发行后第 3 年起，分 5 年等额偿还债券本金，即后 5 年每年偿还债券本金的 20%，后 5 年利息随本金的兑付一起支付，每年付息时按债权登记日日终在托管机构托管名册上登记的各债券持有人所持债券面值所应获利息进行支付。年度付息款项自付息日起不另计利息，本金自兑付日起不另计利息。

为维护本期债券投资者的权益，发行人及本期债券债权代理人已订立了《2017年__________有限责任公司公司债券债权代理协议》。协议约定，若发行人未按本募集说明书的规定履行其在本期债券项下的还本付息义务，本期债券债权代理人将代理债券持有人向发行人追偿，勤勉尽责地依法采取一切正当合理的措施，维护债券持有人的合法权益。

四、募集资金规范使用及资金监管

（一）募集资金总量和用途

本期债券募集资金总额为200,000万元，其中160,000万元用于__________改造项目；40,000万元用于补充流动资金。

（二）募集资金使用计划

发行人将严格按照国家发改委批准的本期债券募集资金的用途对资金进行支配，并保证用于工程项目的募集资金占项目总投资的比例不超过限定水平。

（三）募集资金管理制度

发行人将按照国家发改委的相关制度和要求对募集资金进行严格的管理和使用。发行人将加强业务规划和内部管理，提高整体经济效益，严格控制成本支出。本期债券的募集资金将严格按照本募集说明书承诺的投资项目安排使用，实行专款专用。

发行人已按照国家相关法律、法规的要求和《公司章程》的规定制定了包括《对外投资管理办法》《业务外包管理制度》《筹资管理制度》《财务报告编制与披露》等在内的财务管理规定，并在经营过程中严格执行上述规定。

本期债券所募集资金将统一实行专款专用、专户存储。发行人所属的财务部，负责对募集资金的归集、投放和结算进行专门管理，并负责偿付资金安排、偿债专户管理、信息披露等

D10962

工作，同时公司的内部审计部门将对募集资金使用情况进行日常监察。

发行人承诺按相关要求披露债券资金使用情况，下一步资金使用计划、募集资金投资项目进展情况（包括项目前期工作和施工进展情况）等，如果变更募集资金用途，发行人将按照相关规定履行变更手续。

（四）持有人会议规则主要内容

此处仅列示《持有人会议规则》主要内容，投资者在作出相关决策时，请查阅《持有人会议规则》全文。《持有人会议规则》的全文置备于发行人的办公场所。

第一条　根据国家发改委的要求，并为保证___________有限责任公司（以下简称发行人）发行的2017年___________有限责任公司公司债券（以下简称本期债券或债券）的债券持有人（以下简称债券持有人）的合法权益，规范本期债券的债券持有人会议（以下简称债券持有人会议）的组织和行为，界定债券持有人会议的职权、义务，保障债券持有人的合法权益，根据《企业债券管理条例》《国家发展改革委关于推进企业债券市场发展、简化发行核准程序有关事项的通知》《国家发展改革委办公厅关于进一步加强企业债券存续期监管工作有关问题的通知》的规定，制定本规则。

第二条　债券持有人会议由全体债券持有人组成，债券持有人会议依据本规则规定的程序召集和召开，并对本规则规定的权限范围内的事项依法进行审议和表决。

第三条　债券持有人为通过认购或购买或其他合法方式取得本期债券之投资者。债券持有人认购或购买或以其他合法方式取得本期债券之行为视为同意并接受本规则，受本规则之约束。

第四条　债券持有人进行表决时，以每一张未偿还的本期债券为一表决权，但发行人、持有发行人10%以上股份的发行人股东或发行人及上述发行人股东的关联企业持有的未偿还本期债券无表决权。

第七条　债券持有人会议有权就下列事项进行审议并作出决议：

（一）当发行人提出变更本次债券募集说明书约定的方案时，对是否同意发行人的建议作出决议；

（二）变更本次债权代理人；

（三）发行人不能按期支付本次债券的本息时，是否通过诉讼等程序强制发行人偿还本次债券本息；

（四）发行人作出减资、合并、分立、解散及申请破产决定等对本期债券持有人权利有重大影响的事项；

（五）变更本规则；

（六）发行人、债权代理人、单独或合并持有有表决权的本期未偿付债券本金总额30%以上面值的债券持有人提出的议案（发行人和债券持有人提出的议案，应向债权代理人书面提出）；

（七）根据法律、行政法规、国家发改委及本规则的规定其他应当由债券持有人会议审议并决定的事项。

第八条　本规则第七条规定的事项发生之日起5个工作日内，债权代理人应以公告方式发出召开债券持有人会议的通知。

本规则第七条规定的事项发生之日起5个工作日内，债权代理人未发出召开债券持有人会议通知的，单独和/或合并代表30%以上有表决权的本期债券的持有人可以公告方式发出召开债券持有人会议的通知。

就债券持有人会议权限范围内的事项，发行人向债权代理人书面提议召开债券持有人会议之日起5个工作日内，债权代

D10962

理人未发出召开债券持有人会议通知的，发行人可以公告方式发出召开债券持有人会议的通知。

第九条　会议召集人应依法、及时发出召开债券持有人会议的通知，及时组织、召开债券持有人会议。

债权代理人发出召开债券持有人会议通知的，债权代理人是债券持有人会议召集人。

单独代表30%以上有表决权的本期债券的持有人发出召开债券持有人会议通知的，该债券持有人为召集人。合并代表30%以上有表决权的本期债券的多个持有人发出召开债券持有人会议通知的，则合并发出会议通知的债券持有人推举的1名债券持有人为会议召集人。

发行人根据第八条规定发出召开债券持有人会议通知的，发行人为会议召集人。

第二十一条　债券持有人会议应采取现场方式召开。投票采用无记名方式。

第三十四条　债券持有人会议作出的决议，须经代表本期债券二分之一以上表决权的债券持有人或其代理人同意方为有效。但对于免除或减少发行人在本期债券项下义务的决议以及变更本规则的决议，须经代表本期债券2/3以上表决权的债券持有人或代理人同意才能生效。

（五）债权代理协议主要内容

此处仅列示《债权代理协议》主要内容，投资者在作出相关决策时，请查阅《债权代理协议》全文。《债权代理协议》的全文置备于发行人的办公场所。

债权代理人名称：__________商业银行股份有限公司

住所：____

法定代表人：______________________________________

发行人在此向债权代理人承诺，只要本期债券尚未偿付完毕，其将严格遵守法律法规、规则、募集说明书、本期债券有关协议和本协议的规定，履行如下义务：

1. 募集资金的使用。

（1）严格遵守相关法律法规、监管规定以及募集说明书和账户监管协议的约定开立和使用监管账户。

（2）严格按照法律法规、监管规定及募集说明书约定的用途和程序使用募集资金，不得擅自挪作他用；未履行法律法规、监管规定及募集说明书规定的程序，不得擅自变更募集资金用途。

2. 重大事项通知。出现下列情形之一时，发行人应立即通知债权代理人，并应在该等情形出现之日起 5 个工作日内书面通知全体债券持有人、债权代理人、担保人（如有），同时附带发行人高级管理人员就该等事项签署的证明文件，详述有关情况，并说明拟采取的建议措施：

（1）发行人的资产或业务发生重大不利事项；

（2）主体或债项评级下降；

（3）发行人现金流恶化、预计到期难以偿付利息或本金；

（4）本期债券发生违约；

（5）发行人未按照规定使用募集资金，存储和使用偿债资金；

（6）发行人当年累计新增借款或者对外提供担保超过上年末净资产的 20%；

（7）发行人发生重大亏损或者遭受超过上年末净资产 10% 以上的重大损失；

（8）发行人放弃债权或财产超过上年末净资产 10%；

（9）发行人减资、合并、分立、解散及申请破产；

（10）发行人发生重大仲裁、诉讼可能对发行人还本付息能

D10962

力产生重大影响；

（11）发行人主要资产被查封、扣押、冻结；

（12）发行人发生未能清偿到期债务的违约情形；

（13）发行人申请发行新的债券；

（14）发行人经营方针和经营范围发生重大变化，生产经营外部条件发生重大变化；

（15）本期债券被暂停或终止转让交易；

（16）发行人涉嫌违法犯罪被司法机关立案调查，发行人董事、监事、高级管理人员涉嫌违法犯罪被司法机关采取强制措施；

（17）拟变更募集说明书的约定；

（18）拟变更监管银行或者变更账户监管协议的约定；

（19）拟变更担保协议或其他本期债券相关协议的约定；

（20）发生对全体债券持有人的权益产生重大不利影响的其他情形。

3. 加速到期。发生以下情形时，由债权代理人召集债券持有人会议，经债券持有人会议讨论通过后，可要求发行人提前清偿部分或全部债券本金：

（1）在本期债券到期或回购时，发行人未能偿付到期应付本息、且担保人（如有）未能履行担保责任持续一段时间、情况没有改善的；

（2）发行人丧失清偿能力、被法院指定接管人或已开始相关的诉讼程序或发行人破产，需对项目有关的财产和权益进行清算的；

（3）发行人违反账户监管协议，违规使用募集资金或不按约定存储和使用偿债资金，对本期债券的偿付产生重大不利影响的；

（4）在债券存续期间内，发生的其他对本期债券的按期兑付产生重大不利影响的情形。

4. 取消加速到期。在债券持有人会议通过加速到期决议后，发生以下情形的，债券持有人会议可决议取消加速到期：

（1）发行人向债券受托管理人提供了保证金，且保证金数额足以支付以下各项金额的总和：①债券受托管理人及其代理人和顾问的合理赔偿、费用和开支；②所有迟付的利息；③所有到期应付的本金；④适用法律允许范围内就迟延支付的债券本息计算的违约金。

（2）发行人采取了债券持有人会议同意的其他措施。

（3）债券持有人会议同意豁免发行人的加速清偿责任。

5. 违约救济。如发行人、担保人（如有）违反法律、法规、规则的规定和募集说明书、本协议的约定或发生本协议第 3.8 款所述的重大事项，对本期债券的兑付造成重大不利影响，且持续一段时间仍未改善的，债权代理人应当召集债券持有人会议，会议有权决议依法采取任何可行的救济方式回收本期未偿还债券的本金和利息，包括但不限于要求发行人追加担保、不向股东分配利润、暂缓重大对外投资、收购兼并等资本性支出项目的实施、调减或停发董事和高级管理人员的工资和奖金、主要责任人不得调离、申请财产保全、提起诉讼或仲裁等。债权代理人及债券持有人采取违约救济发生的相关费用全部由发行人承担，包括但不限于保全费用、诉讼仲裁费用、差旅费用、会议费用、聘请律师等顾问费用。

6. 更换债权代理人。债权代理人的更换必须按照债券持有人会议规则经债券持有人会议批准且新的债权代理人被正式、有效地聘任后方可生效。发行人应在债券持有人会议通过更换债权代理人的决议之日起 90 日内聘任新的债权代理人，并通知债券持有人。

D10962

五、发行人内部控制及公司治理

发行人依据《中华人民共和国公司法》及有关法律、法规的规定，制定了《____________有限责任公司章程》。根据《章程》规定，公司依法设立了股东会、董事会和监事会。《章程》对股东会、董事会和监事会的权利和义务、人员组成、职责权限及议事规则做出了明确规定，建立了完善的法人治理结构。

第十五条　风险揭示

投资者在评价和购买本期债券时，除本募集说明书提供的各项资料外，应特别认真地考虑下述各项风险因素：

一、与本期债券相关的风险与对策

（一）利率风险与对策

受国民经济运行状况、货币政策、国际环境变化及债券市场供求关系的变化等因素影响，市场利率存在波动的可能性。由于本期债券采用固定利率结构并且可能跨越多个经济周期，在本期债券期限内，利率的波动将使投资者投资本期债券的投资收益和价值具有一定的不确定性。

对策：本期债券利率水平的确定已充分考虑了宏观经济走势及国家宏观调控政策的可能变动对债券市场利率水平的影响，投资者可以根据自己对利率风险的判断，有选择地做出投资。另外，本期债券拟在发行结束后申请上市和交易流通，如获得批准上市或交易流通，本期债券流动性的增强将在一定程度上给投资者提供管理利率风险的便利。

（二）偿付风险与对策

在本期债券存续期内，受国家政策法规、发行人所处的行业状况和资本市场状况等外部环境和发行人本身的生产经营状况的不可控因素影响，可能导致发行人不能从预期的还款来源中获得足够的资金按期支付本息，可能影响本期债券的按期偿付。

对策：发行人经营情况良好、财务状况稳健，现金流充裕，并已为本期债券偿付制订了切实可行的偿付计划。发行人将进一步提高管理与经营效率，不断提升公司的持续发展能力。

同时，发行人还将加强对本期债券募集资金使用的监控，严格控制成本支出，积极预测并应对投资项目所面临的各种风险，确保募集资金投资项目的正常建设和运营，提高建设项目的现金流和收益水平，尽可能地降低本期债券的兑付风险。

（三）流动性风险与对策

发行人计划本期债券发行结束后申请在国家批准的证券交易场所上市或交易流通。但由于具体上市审批事宜需要在本期债券发行结束后方能进行，发行人目前无法保证本期债券一定能够按照预期的时间在相关证券交易场所上市交易，亦无法保证本期债券会在债券二级市场有活跃的交易。

对策：本期债券发行结束1个月内，主承销商将协助发行人向经批准的证券交易场所或其主管部门提出债券上市申请，力争本期债券早日获准上市流通。此外，随着债券市场的发展，债券流通和交易的环境将持续改善，未来债券的流动性风险将会有所降低。

（四）募投项目投资风险与对策

（略）

（五）违规使用债券资金的风险与对策

虽然本期债券募集资金投向做了严格限定，而募投项目也经过了可行性论证，履行了相关的审批手续，但由于项目投资规模较大，建设过程复杂，因此，可能存在因为施工进度、不可抗力等因素致使募投项目更改的情况。

对策：发行人聘请了____________商业银行股份有限公司为本期债券的监管银行，并签订了相应的《账户监管协议》，可

D10962

确保发行人合规使用本期债券资金。另外，若确实因施工进度、不可抗力等因素致使募投项目需要更改，发行人将按照政策要求，严格履行变更程序并及时披露。

（六）信用评级变化风险

在本期债券存续期间内，资信评级机构每年将对本期债券信用进行一次跟踪评级。发行人目前的资信状况良好，偿债能力较强，但在本期债券存续期间内，若出现任何影响发行人信用等级或债券信用等级的事项，评级机构调低发行主体信用等级或债券信用等级，都将会对投资者利益产生一定的不利影响。

对策：本期债券存续期内，____________资信评估有限公司将对发行人进行持续跟踪评级，动态地反映债项评级的信用状况。针对可能影响信用等级的重大事件，发行人将密切关注企业外部经营环境的变化，对于影响公司经营和财务状况的重大事项制定积极的应对措施；严格按照本募集说明书及相关协议的约定按时、足额提取偿债基金；保证偿债基金账户有足够资金满足本期债券本息的到期偿还，确保发行人良好的资信评级水平。

（七）偿债保障措施相关的风险与对策

（略）

二、与发行人相关的风险与对策

（一）工程风险与对策

（略）

（二）运营风险及对策

（略）

（三）与发行人经营及其模式相关的风险与对策

（略）

（四）未来资本性支出规模较大的风险及对策

（略）

（五）环境污染的风险与对策

环境保护是债券募集资金投资项目过程中面临的突出问题。虽然本期债券募投项目采用先进的生产工艺，对环境的影响得到了很大改善，但突发事故出现的可能性依然存在。一旦防范措施不完善或执行不到位，将有可能对周边环境产生一定的污染，影响发行人正常的生产经营。

对策：公司配置相应环保工程，将切实有效地保障污染物排放符合环保标准。发行人将进一步强化企业环保意识，完善废弃物排放监控体系，做好隐患排查和持续监督工作，杜绝环境污染隐患。同时，发行人将进一步完善应急管理体系，提高应急管理水平，增强防范和处置突发事故能力，有效降低环境污染风险。

三、政策风险及对策

（一）国家产业政策风险与对策

（略）

（二）宏观经济周期的风险与对策

（略）

第十六条　信用评级[①]

一、信用级别

经__________资信评估有限公司综合评定，发行人的主体长期信用级别为__________，本期债券的信用级别为__________。

二、评级结论

____________资信评估有限公司（以下简称____________资信）对____________有限责任公司本次拟发行的20亿元公司债券（以下简称本期债券）的评级结果为____________，发行人的主体长期信用等级为____________。该级别反映了本期债券安全性很高，违约风险很低。该等级是____________资信基于对公司的外部运营环境、经营状况、财务实力及本期债券的增

①本条依据信用评级报告填写。

D10962

信方式等因素综合评估确定的。

正面

1.（略）

2.（略）

3.____________有限公司提供的全额无条件不可撤销连带责任保证担保进一步提升了本期债券的信用水平。____________主体长期信用等级为____________，其为本期债券提供的保证担保进一步提升了本期债券的信用水平。

关注

1.（略）

2.（略）

3. 存在一定或有负债风险。截至2015年末，公司及其下属子公司合计对外担保余额为______亿元，占净资产比重为______%，其中对民营企业的担保规模为______亿元，存在一定或有负债风险。

三、跟踪评级安排

根据监管部门规定及____________资信跟踪评级制度，____________资信在初次评级结束后，将在受评债券存续期间对受评对象开展定期以及不定期跟踪评级。在跟踪评级过程中，____________资信将维持评级标准的一致性。

定期跟踪评级每年进行一次。届时，发行主体须向____________资信提供最新的财务报告及相关资料，____________资信将依据受评对象信用状况的变化决定是否调整信用等级。

自本次评级报告出具之日起，当发生可能影响本次评级报告结论的重大事项时，发行主体应及时告知评级机构并提供评级所需相关资料。____________资信亦将持续关注与发行主体有关的信息，在认为必要时及时启动不定期跟踪评级。____________

资信将对相关事项进行分析，并决定是否调整受评对象信用等级。

如发行主体不配合完成跟踪评级尽职调查工作或不提供跟踪评级资料，__________资信有权根据受评对象公开信息进行分析并调整信用等级，必要时，可公布信用等级暂时失效或终止评级。

__________资信将及时在网站公布跟踪评级结果与跟踪评级报告。

四、发行人银行授信情况

公司在各大银行的资信情况良好。截至2016年9月30日，发行人共获得________银行、________银行、________银行及__________商业银行股份有限公司给予的授信额度_____万元，已使用授信额度_____万元。报告期内，公司各项借款均已按时还本付息，不存在任何违约事项，不存在逾期未偿还债项。

五、发行人信用记录

根据从中国人民银行征信系统中调取的《企业基本信用信息报告》、查询全国企业信用信息公式系统以及全国法院失信被执行人名单信息公布系统，发行人不存在不良类贷款记录。最近三年，发行人不存在违约情况，信用记录良好。

第十七条　法律意见[①]

发行人为本期债券的发行而聘请的__________律师事务所已出具法律意见书。__________律师事务所认为：

（一）除尚需取得国家发改委的核准外，发行人已取得发行本期债券现阶段所必需的批准和授权，符合《中华人民共和国公司法》《中华人民共和国证券法》《企业债券管理条例》及公司章程的相关规定。

（二）发行人系依法设立且有效存续的有限责任公司（国有独资），具有独立的法人资格；发行人不存在根据法律、法规、规

①本条依据法律意见书内容填写。

D10962

范性文件及公司章程规定需要终止的情形，具备《中华人民共和国公司法》《中华人民共和国证券法》《企业债券管理条例》《债券管理工作的通知》规定的发行公司债券的主体资格。

（三）发行人申请发行本期债券符合《中华人民共和国证券法》《企业债券管理条例》《债券管理工作的通知》和《推进、简化有关事项的通知》等法律、法规及规范性文件规定的发行公司债券的实质条件。

（四）发行人设立、变更的程序、资格、条件、方式等符合当时法律、法规和规范性文件的规定，履行了批准、验资等必要手续，并获得政府有权部门及工商管理部门的核准，符合《中华人民共和国公司法》及其他规范性文件的规定。

（五）发行人建立了健全的公司法人治理机构；发行人董事、监事和高级管理人员的选聘履行了必要的程序，符合相关法律、法规和公司章程的规定。

（六）发行人资产完整，在人员、财务、业务、机构等方面均独立于发行人股东、实际控制人及其控制的其他企业，具有直接面向市场独立经营的能力。

（七）发行人在其经核准的经营范围内从事业务，发行人的经营范围和经营方式符合有关法律、法规和规范性文件的规定。根据《审计报告》、发行人访谈并经本所律师适当核查，发行人未在中国大陆以外从事经营活动。根据《审计报告》、《募集说明书》、工商登记资料并本所律师适当核查，发行人的主营业务突出，其经营范围自设立至今未发生过重大变更。根据发行人说明、发行人工商登记资料及《审计报告》等相关文件，并经本所律师核查，发行人自设立之日起合法有效存续，能够依法开展各项经营活动，不存在持续经营的法律障碍。根据核查发行人《企业信用报告》，发行人不存在关注类及不良类信贷情况，亦不存在关注类及不良类对外担保情况，且历年贷款卡年审均合格。

（八）发行人本期债券的信用等级为____________级，主体长期信用等级为____________级。发行人本期发行的信用评级符合《债券管理通知》的规定。

（九）根据《审计报告》并经本所律师核查，发行人与其关联方之间不存在关联担保情况。关联方其他应收款项均系因正常经营活动产生，具有合理性。发行人的关联交易决策程序为发行人关联交易的公允性提供了决策程序上的保障，合法有效。发行人与其唯一股东及实际控制人____________之间不存在经营同种或类似业务的同业竞争情况。

（十）发行人拥有的主要资产，均系通过划拨、购买、自建等方式取得，均已取得相关权属证书。除部分土地使用权及房屋所有权予以抵押外，发行人拥有的其他土地使用权、房屋所有权、办公设备、运输设备等财产未设定抵押等权利限制，发行人对上述主要财产的所有权或使用权的行使不存在限制。

（十一）根据发行人近3年《审计报告》及发行人确认，发行人自设立至今未发生过其他合并、分立、增资扩股、减少注册资本、重大资产收购或出售等事项。根据发行人确认，截至本法律意见书出具之日，发行人不存在进行资产置换、资产剥离、资产出售或收购等行为的计划。

（十二）发行人均能较好地遵守相关的法律、法规，在工商、税务、环保等方面不存在违法违规的行为。不存在因违反相关规定而受到行政处罚的情形。发行人近3年享受的财政补贴/补助均得到了有关政府部门的批准，均合法、合规、真实、有效。

（十三）发行人发行本期债券募集资金20亿元拟用于____________项目，且该项目均取得了有权部门的批准或备案，手续齐备，募集资金的用途符合国家产业政策和行业发展规划。

D10962

剩余4亿元拟用于补充营运资金。发行人上述募集资金拟投资项目均不涉及与他人合作的情形。

（十四）发行人不存在尚未了结或可预见的重大诉讼（含劳动争议诉讼）、仲裁或行政处罚案件。发行人董事及高级管理人员不存在尚未了结或可预见的重大诉讼（含劳动争议诉讼）、仲裁或行政处罚案件。

（十五）____________有限公司系依法设立并合法存续的企业法人，具有为本期债券的债券持有人提供无条件不可撤销连带责任保证担保的资格，担保人财务状况良好。其所出具的《担保函》合法有效，符合《中华人民共和国担保法》《企业债券管理条例》等法律、法规的规定。

（十六）发行人聘请了____________商业银行股份有限公司担任本期债券的募集资金及偿债资金专项账户监管人、债权代理人，并签署了《债权代理协议》、《账户监管协议》及《债券持有人会议规则》。经律师核查，相关协议及规则的内容符合法律规定，合法有效。

（十七）发行人本期债券发行的《募集说明书》及其摘要中引用法律意见书的有关本期债券发行的信息披露真实、准确、完整，不存在因虚假记载、误导性陈述或重大遗漏而可能引致的法律风险。且内容符合《中华人民共和国公司法》《中华人民共和国证券法》《企业债券管理条例》《债券管理通知》等有关法律、法规及规范性文件的要求。

（十八）参与本期债券发行的中介机构均合法设立并有效存续，具备从事公司债券发行的相关业务资质。

综上所述，____________律师事务所认为，发行人系依法设立且有效存续的有限责任公司，具有独立的法人资格，具备发行本期债券的主体资格；发行人已取得发行本期债券现阶段所需合法、有效的批准和授权；发行人符合《中华人民共和国公司法》《中华人民共和国证券法》《企业债券管理条例》《债券管理工作的通知》《推进、简化有关事项的通知》等法律、法规及规范性文件规定的有关公司债券发行的各项实质条件，申请发行本期债券不存在法律障碍；发行人最近三年不存在违法及重大违规行为；发行人编制的《募集说明书》及其摘要对本法律意见书的内容引用适当，不存在虚假记载、误导性陈述或重大遗漏。

第十八条　其他需要说明的事项

一、上市安排

本期债券发行结束 1 个月内，发行人将尽快就本期债券向国家有关主管部门提出在经批准的证券交易场所上市或交易流通申请。

二、税务说明

根据国家有关税收法律、法规的规定，投资者投资本期债券所应缴纳的税款由投资者承担。

第十九条　备查文件

一、备查文件

本期债券募集说明书的备查文件如下：

（一）国家发展和改革委员会对本期债券公开发行的批准文件；

（二）《2017 年____________有限责任公司公司债券募集说明书》；

（三）____________有限责任公司 2013~2015 年度审计报告（连审）及 2016 年 1~9 月财务报表；

（四）《2017 年____________有限责任公司公司债券债权代理协议》；

（五）《2017 年____________有限责任公司公司债券债券持有人会议规则》；

D10962

（六）《2017 年____________有限责任公司公司债券偿债资金专户监管协议》；

（七）《2017 年____________有限责任公司公司债券募集资金使用专户监管协议》；

（八）____________资信评估有限公司为本期债券出具的《信用评级报告》和《征信报告》；

（九）____________有限公司 2014 年和 2015 年度审计报告及 2016 年 1~6 月财务报表；

（十）____________有限公司对本次债券出具的担保函及担保协议；

（十一）____________律师事务所为本期债券出具的法律意见书。

（十二）其他有关文件

二、查询地址

投资者可以在本期债券发行期限内到下列地点查阅上述备查文件：

（一）____________有限责任公司

住所：____

法定代表人：______________________________________

联系人：____

联系地址：____

联系电话：____

传真：____

邮编：____

（二）____________证券股份有限公司

住所：____

法定代表人：______________________________________

联系人：______________________________

联系地址：____________________________

联系电话：____________________________

传真：________________________________

邮编：________________________________

如对本募集说明书或上述备查文件有任何疑问，可以咨询发行人或主承销商。

附表一：2017年__________有限责任公司公司债券

发行网点一览表

序号	职责	承销商及发行网点	发行网点名称	地址	联系人	联系电话
1	主承销商	★__________证券股份有限公司	债券销售部			
2	分销商	__________证券股份有限公司	债券销售部			

附表二：发行人2013~2015年及2016年9月30日合并资产负债表

单位：元

项目	2016 年 9 月 30 日	2015 年 12 月 31 日	2014 年 12 月 31 日	2013 年 12 月 31 日
流动资产				
货币资金				
以公允价值计量且其变动计入当期损益的金融资产				

D10962

续表

项目	2016年9月30日	2015年12月31日	2014年12月31日	2013年12月31日
衍生金融资产				
应收票据				
应收账款				
预付款项				
应收利息				
应收股利				
其他应收款				
存货				
划分为持有待售的资产				
一年内到期的非流动资产				
其他流动资产				
流动资产合计				
非流动资产				
可供出售金融资产				
持有至到期投资				
长期应收款				
长期股权投资				
投资性房地产				
固定资产				
在建工程				
工程物资				
固定资产清理				

续表

项目	2016年9月30日	2015年12月31日	2014年12月31日	2013年12月31日
生产性生物资产				
油气资产				
无形资产				
开发支出				
商誉				
长期待摊费用				
递延所得税资产				
其他非流动资产				
非流动资产合计				
资产总计				
流动负债				
短期借款				
应付票据				
应付账款				
预收款项				
应付职工薪酬				
应交税费				
应付利息				
应付股利				
其他应付款				
划分为持有待售的负债				

D10962

续表

项目	2016 年 9 月 30 日	2015 年 12 月 31 日	2014 年 12 月 31 日	2013 年 12 月 31 日
一年内到期的非流动负债				
其他流动负债				
流动负债合计				
非流动负债				
长期借款				
应付债券				
长期应付款				
长期应付职工薪酬				
专项应付款				
预计负债				
递延收益				
递延所得税负债				
其他非流动负债				
非流动负债合计				
负债合计				
所有者权益				
实收资本（或股本）				
其他权益工具				
资本公积				
减：库存股				

续表

项目	2016年9月30日	2015年12月31日	2014年12月31日	2013年12月31日
其他综合收益				
专项储备				
盈余公积				
未分配利润				
归属于母公司所有者权益合计				
少数股东权益				
所有者权益合计				
负债和所有者权益总计				

附表三：发行人2013~2015年及2016年1~9月合并利润表

单位：元

项目	2016年1~9月	2015年度	2014年度	2013年度
一、营业收入				
减：营业成本				
营业税金及附加				
销售费用				
管理费用				
财务费用				
资产减值损失				

D10962

续表

项目	2016年1~9月	2015年度	2014年度	2013年度
加：公允价值变动收益				
投资收益				
其中：对联营企业和合营企业的投资收益				
二、营业利润（亏损以“－”号填列）				
加：营业外收入				
其中：非流动资产处置利得				
减：营业外支出				
其中：非流动资产处置损失				
三、利润总额（亏损总额以“－”号填列）				
减：所得税费用				
四、净利润（净亏损以“－”号填列）				
其中：归属于母公司所有者的净利润				
少数股东损益				
五、其他综合收益的税后净额				

续表

项目	2016年1~9月	2015年度	2014年度	2013年度
归属母公司所有者的其他综合收益的税后净额				
（一）以后不能重分类进损益的其他综合收益				
1. 重新计量设定受益计划净负债或净资产的变动				
2. 权益法下在被投资单位不能重分类进损益的其他综合收益中享有的份额				
（二）以后将重分类进损益的其他综合收益				
1. 权益法核算的在被投资单位以后将重分类进损益的其他综合收益中所享有的份额				
2. 可供出售金融资产公允价值变动损益				

D10962

续表

项目	2016 年 1~9 月	2015 年度	2014 年度	2013 年度
3. 持有至到期投资重分类为可供出售金融资产损益				
4. 现金流量套期损益的有效部分				
5. 外币财务报表折算差额				
6. 其他				
归属于少数股东的其他综合收益的税后净额				
六、综合收益总额				
归属于母公司所有者的综合收益总额				
归属于少数股东的综合收益总额				
七、每股收益				
（一）基本每股收益				
（二）稀释每股收益				

附表四：发行人2013~2015年及2016年1~9月合并现金流量表

单位：元

项目	2016 年 1~9 月	2015 年度	2014 年度	2013 年度
一、经营活动产生的现金流量：				
销售商品、提供劳务收到的现金				
收到的税费返还				
收到其他与经营活动有关的现金				
经营活动现金流入小计				
购买商品、接受劳务支付的现金				
支付给职工以及为职工支付的现金				
支付的各项税费				
支付其他与经营活动有关的现金				
经营活动现金流出小计				
经营活动产生的现金流量净额				
二、投资活动产生的现金流量：				
收回投资收到的现金				

D10962

续表

项目	2016年1~9月	2015年度	2014年度	2013年度
取得投资收益收到的现金				
处置固定资产、无形资产和其他长期资产收回的现金净额				
处置子公司及其他营业单位收到的现金净额				
收到其他与投资活动有关的现金				
投资活动现金流入小计				
购建固定资产、无形资产和其他长期资产支付的现金				
投资支付的现金				
取得子公司及其他营业单位支付的现金净额				
支付其他与投资活动有关的现金				
投资活动现金流出小计				
投资活动产生的现金流量净额				
三、筹资活动产生的现金流量				

续表

项目	2016年1~9月	2015年度	2014年度	2013年度
吸收投资收到的现金				
其中：子公司吸收少数股东投资收到的现金				
取得借款收到的现金				
收到其他与筹资活动有关的现金				
筹资活动现金流入小计				
偿还债务支付的现金				
分配股利、利润或偿付利息支付的现金				
其中：子公司支付给少数股东的股利、利润				
支付其他与筹资活动有关的现金				
筹资活动现金流出小计				
筹资活动产生的现金流量净额				
四、汇率变动对现金及现金等价物的影响				

D10962

续表

项目	2016 年 1~9 月	2015 年度	2014 年度	2013 年度
五、现金及现金等价物净增加额				
加：期初现金及现金等价物余额				
六、期末现金及现金等价物余额				

附表五：担保人2014~2015年及2016年6月30日合并资产负债表

单位：万元

项目	2016 年 6 月 30 日	2015 年 12 月 31 日	2014 年 12 月 31 日
货币资金			
应收账款			
预付款项			
其他应收款			
存货			
其他流动资产			
流动资产合计			
可供出售金融资产			
长期股权投资			
固定资产			
在建工程			
工程物资			

续表

项目	2016 年 6 月 30 日	2015 年 12 月 31 日	2014 年 12 月 31 日
无形资产			
开发支出			
长期待摊费用			
递延所得税资产			
其他非流动资产			
非流动资产合计			
资产总计			
短期借款			
应付票据			
应付账款			
预收款项			
应付职工薪酬			
应交税费			
应付利息			
其他应付款			
一年内到期的非流动负债			
其他流动负债			
流动负债合计			
长期借款			
应付债券			
长期应付款			
专项应付款			
其他非流动负债			
非流动负债合计			

D10962

续表

项目	2016 年 6 月 30 日	2015 年 12 月 31 日	2014 年 12 月 31 日
负债合计			
实收资本（或股本）			
资本公积金			
盈余公积金			
未分配利润			
归属于母公司所有者权益合计			
少数股东权益			
所有者权益合计			
负债和所有者权益总计			

担保人2014~2015年及2016年1~6月合并利润表

单位：万元

项目	2016 年 1~6 月	2015 年度	2014 年度
营业总收入			
营业收入			
营业总成本			
营业成本			
营业税金及附加			
销售费用			
管理费用			
财务费用			
资产减值损失			

续表

项目	2016 年 1~6 月	2015 年度	2014 年度
其他经营收益			
投资净收益			
营业利润			
加：营业外收入			
减：营业外支出			
利润总额			
减：所得税			
净利润			
归属于母公司所有者的净利润			

担保人2014~2015年及2016年1~6月合并现金流量表

单位：万元

项目	2016 年 1~6 月	2015 年度	2014 年度
销售商品、提供劳务收到的现金			
收到其他与经营活动有关的现金			
经营活动现金流入小计			
购买商品、接受劳务支付的现金			
支付给职工以及为职工支付的现金			
支付的各项税费			
支付其他与经营活动有关的现金			

D10962

续表

项目	2016 年 1~6 月	2015 年度	2014 年度
经营活动现金流出小计			
经营活动产生的现金流量净额			
收回投资收到的现金			
取得投资收益收到的现金			
处置固定资产、无形资产和其他长期资产收回的现金净额			
处置子公司及其他营业单位收到的现金净额			
投资活动现金流入小计			
购建固定资产、无形资产和其他长期资产支付的现金			
投资支付的现金			
投资活动现金流出小计			
投资活动产生的现金流量净额			
吸收投资收到的现金			
取得借款收到的现金			
发行债券收到的现金			
收到其他与筹资活动有关的现金			
筹资活动现金流入小计			
偿还债务支付的现金			
分配股利、利润或偿付利息支付的现金			

续表

项目	2016 年 1~6 月	2015 年度	2014 年度
支付其他与筹资活动有关的现金			
筹资活动现金流出小计			
筹资活动产生的现金流量净额			
现金及现金等价物净增加额			

________有限责任公司

_____年_____月_____日

D10962

9.承销协议

（略，范本格式见《公开发行企业债聘请中介机构合同—1承销协议》）

10.评级资料

10-1　信用评级报告

使用场景：

申报发行企业债需要聘请主承销商、会计师事务所、律师事务所、评级机构等。其中应聘请具有企业债券评级从业资格的信用评级机构出具信用评级报告，评级机构应在报告中同时公示债券信用等级和发行人长期主体信用等级。

法律要点：

1.《企业债券管理条例》

第十五条　企业发行企业债券应当公布经审批机关批准的发行章程。企业发行企业债券，可以向经认可的债券评信机构申请信用评级。

2.《国家发展改革委关于下达 2007 年第一批企业债券发行规模及发行核准有关问题的通知》（2007 年 3 月 19 日发改财金〔2007〕602 号）

……

二、……将审计报告、信用评级报告、法律意见书全文登载于发行人、主承销商及相应中介机构网站。

三、……发债企业应聘请具有企业债券评级从业资格的信用评级机构出具信用评级报告，评级机构应在报告中同时公示债券信用等级和发行人长期主体信用等级。评级机构在开展评级业务过程中，应诚信尽责，严禁承诺评级级别、恶意价格竞争等不正当行为。发行人聘请评级机构后，原则上不得更换，如认为评级结果不公允，可以再聘请另一家评级机构进行评级，但两个评级机构的评级报告全文均应披露。

在债券存续期内，评级机构至少应于每年企业年报公布后的一个月内开展一次跟踪评级，并公告评级结果。

3.《国家发展改革委办公厅关于公布2015年度企业债券信用评级机构信用评价结果的通知》（2016年10月21日 发改办财金〔2016〕2221号）

中诚信国际信用评级有限责任公司、联合资信评估有限公司、大公国际资信评估有限公司、鹏元资信评估有限公司、上海新世纪资信评估投资服务有限公司、东方金诚国际信用评估有限公司、各市场机构：

为规范信用评级机构（以下简称评级机构）企业债券评级业务行为，提高信用评级服务质量，加强企业债券市场信用体系建设和事中事后监管，推进企业债券市场健康、可持续发展，近日，我委委托中国银行间市场交易商协会组织开展了2015年度企业债券信用评级机构信用评价工作，现将有关情况和评价结果公布如下：

一、信用评价工作开展情况

本次信用评价对象为中诚信国际信用评级有限责任公司、联合资信评估有限公司、大公国际资信评估有限公司、鹏元资信评估有限公司、上海新世纪资信评估投资服务有限公司和东方金诚国际信用评估有限公司6家从事企业债券信用评级的评级机构。

本次评价包括实绩评价与综合评价两大部分。实绩评价以案例评价为依据，综合评价包括社会信用评价、主管部门评价、发行人评价、技术评估和登记托管机构评价、市场评价和专家评价六方面。具体开展过程中，采取全市场参与的方式，由国家发展改革委、省级发展改革部门（36家，含计划单列市）、技术评估机构（1 家）、登记托管机构（3 家）、发行人（30 家）、市场机构（包括投资人 18 家、主承销商 10 家、会计师事务所 7 家、律师事务所 10 家）、各业务领域专家（9 位）共同参与，对受评机构的信用情况、业务素质、业务行为合规性、评级结果质量、评级服务质量等各个方面进行评价。

二、评价结果

对六家评级机构的评价结果如下：

机构名称	总分
中诚信国际信用评级有限责任公司	85.78
联合资信评估有限公司	82.39
大公国际资信评估有限公司	82.03
上海新世纪资信评估投资服务有限公司	80.19
东方金诚国际信用评估有限公司	79.57
鹏元资信评估有限公司	78.18
平均分	81.36

整体来看，受评机构信用情况和勤勉尽责情况较好，在企业债券申报及存续期内业务行为合规度较高，评级结果质量和评级服务质量在一定程度上得到了市场机构及各业务领域专家的认可。但在评价过程中，也发现企业债券信用评级业务存在信用级别区分度不高、跟踪评级不够及时、内部治理水平和业务流程合规性有待提升等问题。各评级机构要采取切实有效的措施进行整改，进一步提高企业债券评级服务质量。

文本正文：

（略，由评级机构出具）

10-2　征信报告

使用场景：

企业债券的发行需在申请之前向征信服务机构调取申请发债企业的征信记录或信用报告。

法律要点：

《国家发展改革委办公厅关于简化企业债券审报程序加强风险防范和改革监管方式的意见》（2015 年 11 月 30 日发改办财金〔2015〕3127 号）

（十六）发行人是信息披露的第一责任人。发行人对信息披露内容负有诚信责任，必须确保信息披露真实、准确、完整、及时。发行人应全面配合中介机构开展尽职调查，按要求提供财务会计资料和其他资料；在存续期内定期披露财务数据、债券资金使用情况等相关信息，并及时依法依规披露募投项目变更等存续期内可能影响偿债能力的重大事项。

《国家发展改革委办公厅关于加强企业发债过程中信用建设的通知》（2012 年 10 月 9 日发改办财金〔2012〕2804 号）

一、审核企业发债申请时重视对企业征信记录的使用

近年来，我国信用体系建设积极推进，征信服务机构快速发展，一些征信服务机构积累了一定量的企业信用信息。这些信用信息对审核企业债券发行申请，具有重要参考价值，有必要在今后工作中加以使用。今后，各省、自治区、直辖市及计划单列市发展改革部门（以下简称省级发展改革部门）向我委转报企业发债申请前，需向征信服务机构调取申请发债企业的征信记录或信用报告。调取工作须由省级发展改革部门负责企业债券工作的人员直接完成，可以请发债企业协助办理，但不

得委托发债企业或主承销商等独自代为办理。调取信用记录的征信服务机构应当是依法设立并规范运行的征信服务机构，并逐步过渡到以信用体系建设主管部门推荐的征信服务机构。省级发展改革部门向我委转报企业发债申请时，一并转报征信服务机构提供的企业征信记录或信用报告。今后，企业征信记录或信用报告将作为我委审核企业发债申请的重要参考材料。

二、已向我委转报发债申请但尚未核准的，需及时补报征信记录

2017年以来随着债券审批和发行速度的加快，申请发行债券的企业数量也在增加。目前，尚有一批债券发行申请正在我委审核。为保证这批债券的审核质量，防范潜在信用风险，请省级发展改革部门尽快调取这些企业的信用记录或信用报告，并报送我委。我委将参考企业信用记录或信用报告的情况，加快对企业发债申请的审核。

三、逐步加强对发债企业多方面征信采集

我国征信服务机构目前可以做到对企业信贷信用记录的较充分采集，为审核企业发债提供了重要信息参考，但仅掌握和分析这些信息尚不能满足债券审核需要。各级发展改革部门在推动社会信用体系建设过程中，应组织力量加快对企业各方面信用信息的采集，对企业过去是否有弄虚作假、恶意拖欠等违法违规和不诚信行为，进行重点采集，尽快形成比较完善的信用信息采集制度。在此基础上，尽快实现在转报企业发债申请时同时报送企业更全面的信用信息，为债券审核工作提供更全面的信息支持。

D10979

____________有限责任公司征信报告

一、工商记录

根据全国企业信用信息公示系统（http：//gsxt.saic.gov.cn/）公开信息，截至2017年______月______日，____________有限责任公司（以下简称公司）的工商登记信息如下所示：

企业名称	____________有限责任公司		
注册地址			
注册号码 / 统一社会信用代码		企业类型	有限责任公司
法定代表人		成立日期	
注册资本		营业期限至	
登记机关	____________市工商局		
经营范围			

二、税务记录

经____________市国家税务局于2017年______月______日出具的说明显示，自公司成立以来，公司均能够较好地贯彻执行国家有关税务的法律法规及规范性文件，已经按时申报并足额缴付全部应付税款，不存在漏缴、欠缴或拖欠税款的情形，也不存在因违反任何税收法律法规及规范性文件而被本机构处罚的情形。

经____________市地方税务局于2017年______月______日出具的说明显示，自公司成立以来，公司均能够较好地贯彻执行国家有关税务的法律法规及规范性文件，已经按时申报并足额缴付全部应付税款，不存在漏缴、欠缴或拖欠税款的情形，也不存在因违反任何税收法律法规及规范性文件而被本机构处罚的情形。

三、信贷记录

根据公司提供的企业信用报告（银行版），截至2017年______月______日，公司的信贷情况如下所示：

1. 公司______年首次有信贷交易记录。报告期内，共在______家金融机构办理过信贷业务，目前在______家金融机构的业务仍未结清，当前负债余额为______万元，不良和违约负债余额为0.00万元。

2. 未结清信贷信息

单位：万元

	正常类汇总		关注类汇总		不良类汇总		合计	
	笔数	金额	笔数	金额	笔数	金额	笔数	金额
贷款			0	0.00	0	0.00		
合计			0	0.00	0	0.00		

3. 已结清信贷信息

	贷款	贸易融资	保理	票据贴现	银行承兑汇票	信用证	保函
不良关注类笔数							
正常类笔数							

4. 正常类贷款明细

单位：万元

授信机构	种类	币种	借据金额	借据余额	放款日期	到期日期	贷款形式	担保	展期

D10979

四、商业往来记录

（一）调查基础

为了解公司商业往来信用情况，选取近一年内采购及销售交易额最大的供应商和客户，根据公司提供的主要商业往来和客户名单，共有供应商________家，客户________家。

	单位名称	联系人	职务	联系电话
客户				
供应商				

（二）调查方法及记录结果

通过发放询证函和电话沟通的形式对________家目标企业（单位）进行调查，截至报告日，共发出有效询证函________份，回收________份，经回函确认，公司商业往来信用良好。

五、土地使用权情况

根据________________市国土资源局提供的公司及下属子公司土地使用权情况的说明，截至2017年________月________日，公司合法拥有土地使用权________宗：

序号	土地证编号	坐落	土地面积（平方米）	是否抵押	是否缴纳土地出让金
1					
2					
3					
4					
5					
合计					

六、社会保障记录

根据______________市人力资源和社会保障局于 2017 年______月______日出具的证明，公司自参保以来每月能够按时正常缴纳人员社会保险费，无拖缴、欠缴等违法失信情况；遵守劳动保障法律法规，未发生劳动违法行为。

七、社会责任记录

根据公司提供的《关于______________有限责任公司社会责任情况的说明》，公司履行的社会责任如下：

（一）就业与劳动合同情况

截至 2017 年______月底，公司在册员工______人，其中本科以上______人，本科以下______人；部门以上管理人员______人，基层员工______人。

职工劳动合同完备，劳动合同签订率达到 100%；公司能按时足额发放员工工资，最低工资水平符合政府制定的最低工资标准，且每年公司根据实际运营情况适当调整员工工资水平。公司依法足额为正式员工缴纳社会保险，2013~2016 年 9 月底，公司为员工缴纳的养老、医疗、工伤、生育、失业城镇和大病救助等社保费用总计______万元，劳动保障工作实施情况较好。

（二）组织活动

公司工会组织结构齐全且运行情况良好，定期开展活动，并对生病、困难员工进行慰问补助。公司积极发挥工会组织在各项重大决策中的作用，定期召开职代会，审议与员工切实相关的事项，切实维护了员工的权益，民主管理工作较好。

公司重视员工培训，每年制订培训计划，鼓励员工参加各类培训活动，针对不同岗位定制岗位技能培训、安全培训和新员工上岗培训等，并将培训费用纳入相应的财务预算，为员工提供较为宽松的培训费用支持。

D10979

（三）环保责任

自公司成立以来，公司适当投入资金费用，妥善处理废气、噪声、污水和固体废弃物。截至2016年9月底，公司未发生重大生产事故、设备事故，未受到有关环境方面投诉。

（四）诚信责任

公司履行的诚信责任主要体现为：公司建立有较为完备的内控体系，对公司业务涉及的问题均进行了及时处理，建立了明确、有限的责任追究机制，各项程序实施良好。

公司建立了合同管理制度，严格监控经济合同的签订、履行、变更及解除情况，合同执行率为100%。公司依法诚信纳税，未出现欠缴税款现象。商业往来中，公司无侵犯他人知识产权、不正当竞争、商业欺诈和合同违约等行为。

（五）政府关系与社会事业

公司组织结构完善，内控体系健全，公司足额缴纳各项税款。2013~2015年，公司共计缴纳税款________万元。公司依法缴纳残疾人保障金，并通过网站与公众进行信息沟通，在政府关系方面较好的落实了和谐责任。

公司在慈善及支持教育事业发展上做出了较多的实际工作，如组织志愿者参加社会活动，组织公司职工走访地方困难群体，并提供必要的帮助。

八、环保记录

根据________________市环境保护局于2017年________月________日出具的说明显示，公司自成立之日起未发生环境污染事故和环境违法行为，严格遵守国家和地方规定的各项环保要求，未受行政处罚。

九、安监记录

根据________________市安全生产监督管理局于2017年_____

__月______日出具的说明显示，公司自成立之日起至证明出具之日未发生安全生产事故，工程项目建设具备相应的安全生产条件，遵守国家和地方规定的各项安全生产要求，未受行政处罚。

十、质监信息

根据__________市工商局于2017年______月______日出具的说明显示，公司自成立之日起至证明出具之日未发生工程质量不合格问题，能够遵守国家和地方规定的各项工程质量要求，未受行政处罚。

十一、政府其他信用公示

根据公司于2017年______月______日出具的说明，公司无其他信用公示情况。

十二、司法记录

截至2017年______月______日，经最高人民法院网“全国法院被执行人信息”查询，公司未列入被执行人名单。

根据公司于2017年______月______日出具的承诺书显示，公司自成立之日起至该说明出具之日不存在尚未了结或可预见的、影响公司持续经营的重大诉讼、仲裁或行政处罚；不存在资产冻结、查封等情况；公司及高级管理人员最近36个月内未因违法违规而受到行政、刑事处罚及其他处罚；公司最近36个月内不存在违反工商、税收、土地、环保、海关等方面的法规而受处罚情形；不存在其他对公司信用水平产生负面影响的重大事项。

十三、企业排名和奖惩信息

根据公司于2017年______月______日出具的说明，公司未参加任何形式的企业排名，未收到任何组织的公开排名情况；未受到政府及其他社会组织的奖励和惩罚。

D10979

十四、对外担保记录

根据公司于 2017 年_______月_______日出具的对外担保情况说明，截至年末，公司对外担保余额共计_______万元。

被担保方	担保类型	担保方式	担保金额	担保期限
合计				

10-3. 评级自查报告（略）

11.法律意见书

使用场景：

申请企业债券的发行应当由具有从业资格的律师事务所对发行人发行企业债券的合法合规性、募集说明书及其摘要的真实完整性出具法律意见书。

法律要点：

国家发展改革委《关于下达2007年第一批企业债券发行规模及发行核准有关问题的通知》（2007年3月19日发改财金〔2007〕602号）

三、充分发挥市场中介机构作用，加强企业债券信用评级工作

本次企业债券应由具备从事企业债券承销业务资格的金融机构代理发行；由具有证券业务从业资格的会计师事务所对发行人最近三年的财务状况进行审计；由具有从业资格的律师事务所对发行人发行企业债券的合法合规性、募集说明书及其摘要的真实完整性出具法律意见书。

文本正文：http://www.fatianshi.cn/D10980

____________律师事务所
关于______年____________有限责任公司
公司债券发行的法律意见书

致：____________有限责任公司

____________律师事务所（以下简称本所）接受_____

D10980

__________有限责任公司（以下简称______________或发行人）委托，担任发行人2017年公司债券（以下简称本期债券）发行的专项法律顾问。

本所律师依据《中华人民共和国公司法》《中华人民共和国证券法》《企业债券管理条例》《国家发展和改革委员会关于进一步改进和加强企业债券管理工作的通知》《国家发展和改革委员会关于推进企业债券市场发展、简化发行核准程序有关事项的通知》《国家发展改革委办公厅关于进一步强化企业债券风险防范管理有关问题的通知》（发改办财金〔2012〕3451 号）等法律、法规和规范性文件的相关规定，按照《公开发行企业债券的法律意见书编报规则》的要求及律师行业公认的业务标准、道德规范和勤勉尽责精神，就本期债券发行的相关事宜，出具本法律意见书。

声　明

本所及经办律师依据《中华人民共和国公司法》《中华人民共和国证券法》和《公开发行企业债券的法律意见书编报规则》等规定及本法律意见书出具日之前已发生或存在的与发行人发行本期债券有关的事实，严格履行了法定职责，遵循了勤勉尽责和诚实信用原则，对发行人的行为以及发行本期债券的合法、合规、真实、有效情况进行了充分的核查验证，并基于对有关事实的了解和对我国现行有效的法律、法规和国家发展和改革委员会的有关规定的理解发表法律意见，保证本法律意见书所认定的事实真实、准确、完整，所发表的结论性意见合法、准确，不存在虚假记载、误导性陈述或者重大遗漏，并承担相应法律责任。

本所律师已经审阅了本所律师认为出具本法律意见书所需

的有关文件和资料，并据此发表法律意见。本法律意见书中涉及的会计审计、资信评估等内容均严格引述自有关机构出具的报告，且该等引述并不意味着本所律师对其内容的真实性和准确性作出任何明示或默示的保证。

发行人已作出保证，其已向本所律师提供了为出具本法律意见书所必需的真实、准确和完整的原始书面材料、副本材料或者口头证言，不存在重大隐瞒和遗漏；有关材料上的签字和/或印章均真实，有关副本材料或复印件均与正本材料或原件一致。对于本法律意见书至关重要而又无法得到独立的证据支持的事实，本所律师依赖于有关政府部门、发行人或其他有关机构出具的证明文件出具本法律意见书。

本所律师同意发行人将本法律意见书作为其发行本期债券的申报文件之一，随同其他材料一起申报或披露，并依法对本法律意见书的意见承担法律责任。

本法律意见书阅读时应将所有章节作为一个整体，不应单独使用。本所律师未授权任何单位或个人对本法律意见书作任何解释或说明。

本所律师同意发行人在募集说明书中部分或全部地自行引用或按照国家发展和改革委员会的审核要求引用本法律意见书的相关内容，但发行人作上述引用时，不得因引用导致法律上的歧义或曲解。

本法律意见书仅供发行人发行本期债券之目的使用，未经本所书面许可，不得用于其他任何目的。

释　　义

除非另有说明，本法律意见书中相关词语具有如下特定含义：

D10980

本期债券	指	总额为20亿元的2017年____________有限责任公司公司债券
本所	指	____________律师事务所
报告期	指	2013年度、2014年度、2015年度
发行人/____________	指	____________有限责任公司
____________市政府	指	____________市人民政府
____________市工商局	指	____________市工商行政管理局
____________证券	指	____________证券股份有限公司，发行人发行本期债券的牵头主承销商
____________	指	____________会计师事务所（特殊普通合伙），发行人发行本期债券的审计机构
____________评估	指	____________资信评估有限公司，发行人发行本期债券的评级机构
《募集说明书》	指	《2017年____________有限责任公司公司债券募集说明书》
《审计报告》	指	____________于2017年________月________日出具的________审会字（2016）第________号《审计报告》
《评级报告》	指	____________评估于______年______月______日出具的________评估债评______号《______有限责任公司2017年公司债券信用评级报告》
《公司法》	指	《中华人民共和国公司法》

续表

《证券法》	指	《中华人民共和国证券法》
《管理条例》	指	《企业债券管理条例》
《推进、简化有关事项的通知》	指	《国家发展和改革委员会关于推进企业债券市场发展、简化发行核准程序有关事项的通知》
《债券管理工作的通知》	指	《国家发展和改革委员会关于进一步改进和加强企业债券管理工作的通知》
国家发改委	指	中华人民共和国国家发展和改革委员会
工商局	指	工商行政管理局
元 / 万元 / 亿元	指	人民币元 / 人民币万元 / 人民币亿元

正　文

一、发行人发行本期债券的批准和授权

（一）已取得的批准

2016 年______月______日，发行人依法召开董事会会议并作出决议，同意发行本期债券。

2016 年______月______日，发行人唯一股东____________作出股东决定，同意发行人发行本期债券。

本所律师经核查后认为，发行人上述董事会的召集、召开、表决程序及决议内容和____________关于同意本期债券发行的股东决定的作出程序和决定内容均符合有关法律、法规、规范性文件及公司章程的规定，合法、有效；发行人已取得____________政府出具的关于同意发行本期债券的报告。

D10980

（二）发行人唯一股东就本期债券发行相关事宜对董事会的授权

经本所律师核查，____________作出的股东决定授权发行人董事会全权办理本期债券发行事宜，具体授权包括但不限于：

1. 在法律、法规允许范围内，根据发行人和市场的具体情况，制定本次发行公司债券的具体发行方案以及修订、调整本次发行公司债券的发行条款，包括但不限于具体发行数量、债券期限、债券利率或其确定方式、发行时机、是否设置回售条款和赎回条款、担保事项（如有）、还本付息的期限和方式、具体配售安排、上市地点、募集资金用途等与发行条款有关的一切事宜；

2. 聘请____________证券股份有限公司担任本期债券的主承销商，办理本次公司债券发行申报事宜；

3. 签署与本次发行公司债券有关的合同、协议和文件，并进行适当的信息披露；

4. 办理与本次发行公司债券有关的其他事项。

上述授权有效期为自股东决定作出之日起至上述授权事项办理完毕之日止。

本所律师经核查后认为，____________作出的股东决定就本期债券发行相关事宜对发行人董事会作出的上述授权符合有关法律、法规、规范性文件及公司章程的有关规定，授权范围、程序合法有效。

（三）待取得的核准

发行人发行本期债券尚需取得国家发改委的核准。

本所律师经核查后认为，发行人已取得发行本期债券现阶段所必需的批准和授权，符合《公司法》《证券法》《管理条例》及公司章程的相关规定；同时，根据《管理条例》《推进、简化有关事项的通知》的相关规定，发行人发行本期债券尚需取得国家发改委的核准。

二、发行人发行本期债券的主体资格

（一）经本所律师核查，发行人系依法设立的有限责任公司，具备发行本期债券的主体资格。

经本所律师核查发行人工商登记资料等相关文件，发行人成立于20______年______月______日，目前持有____________市市场监督管理局核发的注册号为____________的《企业法人营业执照》；根据上述《企业法人营业执照》，发行人工商登记基本信息如下：

名称：____________有限责任公司

住所：____

法定代表人：____________________________________

注册资本：______________________________________

公司类型：______________________________________

营业期限：______________________________________

经营范围：法律、法规、国务院决定规定禁止的不得经营；法律、法规、国务院决定规定应当许可（审批）的，经审批机关批准后凭许可（审批）文件经营；法律、法规、国务院决定规定无须许可（审批）的，市场主体自主选择经营。

本所律师经核查后认为，发行人具有独立的法人资格，具备《公司法》《证券法》《管理条例》《债券管理工作的通知》规定的发行本期债券的主体资格。

（二）经本所律师核查，发行人系依法有效存续的有限责任公司；截至本法律意见书出具之日止，发行人不存在根据法律、法规、规范性文件及公司章程规定需要终止的情形，即不存在下列情形：

1. 公司章程规定的营业期限届满或者公司章程规定的其他

关注法天使

解散事由出现；

2. 股东会或者股东大会决议解散；

3. 因公司合并或者分立需要解散；

4. 依法被吊销营业执照、责令关闭或者被撤销；

5. 公司经营管理发生严重困难，继续存续会使股东利益受到重大损失，通过其他途径不能解决的，持有公司全部股东表决权 10% 以上的股东请求人民法院解散公司。

综上，本所律师经核查后认为，发行人系依法设立且有效存续的有限责任公司（国有独资），具有独立的法人资格；截至本法律意见书出具之日止，发行人不存在根据法律、法规、规范性文件及公司章程规定需要终止的情形，具备《公司法》《证券法》《管理条例》《债券管理工作的通知》规定的发行公司债券的主体资格。

三、发行人发行本期债券的实质条件

（一）发行人净资产额规模已达到要求

根据《审计报告》，截至 2015 年 12 月 31 日止，发行人的净资产额（不包含少数股东权益）为______元，不低于 6000.00 万元，符合《证券法》第 16 条第 1 款第（1）项[①]、《管理条例》第 12 条第 1 款第（1）项[②]、《债券管理工作的通知》第 3 条第 1 款第（2）项[③]和《推进、简化有关事项的通知》第 2 条第（1）[④] 项 的规定。

（二）发行人财务会计制度符合国家规定

根据《审计报告》及发行人承诺，发行人财务报表在所有重大方面按照企业会计准则的规定编制，公允反映了发行人 2013 年 12 月 31 日、2014 年 12 月 31 日、2015 年 12 月 31 日合并及母公司的财务状况以及 2013 年度、2014 年度、2015 年度的合并及母公司经营成果和现金流量，发行人的财务会计制

① （一）股份有限公司的净资产不低于人民币 3000 万元，有限责任公司的净资产不低于人民币 6000 万元。

②（一）企业规模达到国家规定的要求。

③净资产规模达到规定的要求。

④（一）股份有限公司的净资产不低于人民币 3000 万元，有限责任公司和其他类型企业的净资产不低于人民币 6000 万元。

度符合国家规定，符合《管理条例》第 12 条第 1 款第（2）项①的规定。

（三）发行人最近三年连续盈利

根据《审计报告》，发行人 2013 年、2014 年、2015 年 3 个会计年度归属于母公司所有者的净利润分别为______元、______元、______元，连续三年盈利，符合《管理条例》第12条第1款第（4）项②和《债券管理工作的通知》第3条第（1）款第3项③的规定。

（四）发行人最近三年平均可分配利润足以支付本期债券一年的利息

根据《审计报告》，发行人 2013 年、2014 年、2015 年 3 个会计年度归属于母公司所有者的净利润分别为______元、______元、______元，其平均可分配利润足以支付本期债券一年的利息，符合《证券法》第16条第1款第（3）项④和《推进、简化有关事项的通知》第2条第（3）项⑤的规定。

（五）发行人具备偿债能力

根据《募集说明书》，为了充分、有效地维护债券持有人的利益，发行人为本期债券的按时、足额偿付制订了相应的工作计划，并为本期债券的偿债保证作出了制度性安排，同时，发行人良好的盈利能力及资信状况、募投项目可产生的收益、政府对发行人的大力支持等均系本期债券到期兑付本息的有效保障措施。根据____________评估出具的《评级报告》，发行人的主体信用等级为____________，评级展望为稳定，本期债券信用等级为____________，具有良好的资信条件。

本所律师经核查后认为，发行人财务状况良好，对债务有较强的偿付能力，符合《管理条例》第 12 条第 1 款第（3）项⑥和《债券管理工作的通知》第 3 条第 1 款第（4）项⑦的

---

①（二）企业财务会计制度符合国家规定。

②（四）企业经济效益良好，发行企业债券前连续三年盈利。

③经济效益良好，近 3 个会计年度连续盈利。

④（三）最近 3 年平均可分配利润足以支付公司债券 1 年的利息。

⑤（三）最近 3 年可分配利润（净利润）足以支付企业债券一年的利息。

⑥（三）具有偿债能力。

⑦现金流状况良好，具有较强的到期偿债能力。

D10980

规定。

（六）发行人前次发行情况和债务履行情况

根据《审计报告》和发行人说明，并经本所律师核查，发行人自设立以来未曾发行过企业（公司）债券、中期票据或短期融资券，不存在前次发行的企业（公司）债券未足额募集或延迟支付债券本息的情形；同时，截至本法律意见书出具之日止，发行人的现有债务不存在违约或者延迟支付本息的情形。

本所律师经核查后认为，发行人符合《债券管理工作的通知》第3条第1款第(6)(7)项①和《推进、简化有关事项的通知》第2条第（6）项②的规定。

（七）发行人的合法守规情况

根据工商、税务、环保等各主管政府部门出具的证明文件及发行人承诺，并经本所律师核查，发行人近3年没有违法或重大违规行为，符合《债券管理工作的通知》第3条第1款第(5)项③和《推进、简化有关事项的通知》第2条第（7）项④的规定。

（八）本期债券发行总额符合国家有关限额规定

根据《审计报告》，截至2015年12月31日止，发行人的净资产额（不包含少数股东权益）为______元；根据《募集说明书》，发行人本次拟发行总额为20亿元的公司债券。由于发行人此前未曾发行过债券，本期债券如获准发行，则发行人累计发行债券的余额为20亿元，占2015年12月31日发行人净资产（不包含少数股东权益）的比例为______%，其累计债券总额未超过发行人净资产额40%，符合《证券法》第16条第1款第（2）项⑤、《管理条例》第16条⑥、《债券管理工作的通知》第3条第1款第(8)项⑦和《推进、简化有关事项的通知》第2条第(2)项⑧的规定。

---

①前一次发行的企业债券已足额募集；

已经发行的企业债券没有延迟支付本息的情形。

②（六）已发行的企业债券或者其他债务未处于违约或者延迟支付本息的状态。

③近3年没有违法和重大违规行为。

④（七）最近3年没有重大违法违规行为。

⑤（二）累计债券余额不超过公司净资产的40%。

⑥第十六条　企业发行企业债券的总面额不得大于该企业的自有资产净值。

⑦企业发行债券余额不得超过其净资产的40%。

⑧（二）累计债券余额不超过企业净资产（不包括少数股东权益）的40%。

（九）本期债券利率水平的确定符合国家规定

根据《募集说明书》，本期债券为7年期固定利率债券，并设置本金提前偿还条款，即在债券存续期的第3、4、5、6、7个计息年度末分别按发行总额20%的比例等额偿还本金。

根据《募集说明书》，本期债券为固定利率债券，票面年利率根据Shibor基准利率加上基本利差确定。本期债券采用单利按年计息，不计复利。

本所律师经核查后认为，本期债券利率水平的确定符合《证券法》第16条第1款第（5）项①、《管理条例》第18条②和《推进、简化有关事项的通知》第2条第（5）项③的规定。

（十）本期债券的募集资金使用符合国家规定

关于本期债券的募集资金使用详见本法律意见书“十三、发行人募集资金的运用”一节。

本所律师经核查后认为，发行人募集资金相关用途符合国家产业政策和行业发展规划，拟投入募集资金的项目已取得现阶段所需的批准或备案，符合《证券法》第16条第1款第（4）项④及第2款⑤、《管理条例》第12条第1款第（5）项⑥、《债券管理工作的通知》第3条第1款第（1）项⑦和《推进、简化有关事项的通知》第2条第（4）项⑧的规定。

综上，本所律师经核查后认为，发行人申请发行本期债券符合《证券法》《管理条例》《债券管理工作的通知》和《推进、简化有关事项的通知》等法律、法规及规范性文件规定的发行公司债券的实质条件。

四、发行人的设立、股东及实际控制人

（一）发行人的设立

1. 经本所律师核查发行人营业执照、公司章程及工商登记资料等相关文件，发行人的设立情况如下：

---

①（五）债券的利率不超过国务院限定的利率水平。

②第十八条　企业债券的利率不得高于银行相同期限居民储蓄定期存款利率的40%。

③（五）债券的利率由企业根据市场情况确定，但不得超过国务院限定的利率水平。

④（四）筹集的资金投向符合国家产业政策。

⑤公开发行公司债券筹集的资金，必须用于核准的用途，不得用于弥补亏损和非生产性支出。

⑥（五）所筹资金用途符合国家产业政策。

⑦所筹资金用途符合国家产业政策和行业发展规划。

⑧（四）筹集资金的投向符合国家产业政策和行业发展方向，所需相关手续齐全。用于固定资产投资项目的，应符合固定资产投资项目资本金制度的要求，原则上累计发行额不得超过该项目总投资的60%。用于收购产权（股权）的，比照该比例执行。用于调整债务结构的，不受该比例限制，但企业应提供银行同意以债还贷的证明；用于补充营运资金的，不超过发债总额的20%。

D10980

______年______月______日，____________决定组建________有限责任公司，注册资本万元。设立董事会和监事会。

______年______月______日，____________市工商局核发（____________）名称预核内字（______）第______号《企业名称预先核准通知书》。同意投资人出资万元设立“____________有限责任公司”，名称保留期至2003年12月12日止。

______年______月______日，____________会计师事务所出具××验资（______）______号《验资报告》。根据该验资报告载明的内容，截至______年______月______日止，公司已收到____________缴纳的注册资本元，均以现金出资。

______年______月______日，____________市工商局向发行人核发注册号为《企业法人营业执照》，发行人正式设立。

本所律师经核查后认为，发行人设立的程序、资格、条件、方式符合当时《公司法》等法律、法规及规范性文件的相关规定，取得了必要的批准 / 许可，履行了验资程序，并办理了相关工商登记手续，发行人的设立合法、有效。

2. 经本所律师核查发行人工商登记资料等相关文件，发行人设立过程中未签订相关合同，故不存在因发行人设立过程中签订的有关合同不符合法律、法规及规范性文件的相关规定导致发行人设立行为存在潜在纠纷的情形。

3. 经本所律师核查发行人工商登记资料等相关文件，发行人设立过程中履行了必要的验资程序，符合当时法律、法规及规范性文件的相关规定。

（二）发行人的历史沿革

（略）

（三）发行人的现状

发行人现持有____________市市场监督管理局2016年______

______月______日核发的统一社会信用代码为____________的《营业执照》。

根据上述证照，发行人住所为____________，法定代表人为____________，注册资本为______万元，公司类型为有限责任公司（国有独资），经营范围为法律、法规、国务院决定规定禁止的不得经营；法律、法规、国务院决定规定应当许可（审批）的，经审批机关批准后凭许可（审批）文件经营；法律、法规、国务院决定规定无须许可（审批）的，市场主体自主选择经营。

截至本法律意见书出具之日，发行人处于正常开业状态，且不存在可能导致其营业终止的情形。

（四）发行人股东及实际控制人

1. 经本所律师核查发行人工商登记资料等相关文件，截至本法律意见书出具之日止，____________持有发行人100%股权，为发行人唯一股东及实际控制人。

本所律师经核查后认为，发行人现唯一股东及实际控制人____________合法有效存续，具有相关法律、法规和规范性文件规定的担任发行人股东或对发行人进行出资的资格。

2. 经本所律师核查，发行人股东的人数、住所、出资比例均符合《公司法》等相关法律、法规及规范性文件的规定。

3. 经本所律师核查发行人工商登记资料等相关文件，在发行人设立过程中，发行人股东对发行人的出资均已经会计师事务所出具的相关验资报告验证确认，故发行人股东投入发行人的资产产权关系清晰，将该等资产投入发行人不存在法律障碍，亦不存在发行人股东未将投入发行人的资产或权利的权属证书转移给发行人的情形。

综上，本所律师核查后认为发行人设立、变更的程序、资格、条件、方式等符合当时法律、法规和规范性文件的规定，

D10980

履行了批准、验资等必要手续，并获得政府有权部门及工商管理部门的核准，符合《公司法》及其他规范性文件的规定。

五、发行人的独立性

（一）发行人业务独立

经本所律师核查发行人目前有效的公司章程和《企业法人营业执照》，发行人的经营范围为："法律、法规、国务院决定规定禁止的不得经营；法律、法规、国务院决定应当许可（审批）的，经审批机关批准后凭许可（审批）文件经营；法律、法规、国务院决定规定无须许可（审批）的，市场主体自主选择经营。"同时，根据《审计报告》并经本所律师核查，发行人近三年主营业务收入主要来源于__________收入、__________收入、__________收入及其他业务收入等。

根据《审计报告》并经本所律师核查，发行人与其唯一股东及实际控制人__________之间不存在显失公平的关联交易。（详见本法律意见书"七、关联交易及同业竞争"一节）

本所律师经核查后认为，发行人业务独立于股东单位及其他关联方。

（二）发行人的资产独立完整

经本所律师核查，发行人设立出资及历次增资均已经会计师事务所验证，发行人注册资本已足额缴纳。

经本所律师核查发行人目前拥有的土地使用权、房屋所有权、办公设备、运输设备等相关财产的权利证书，并实地查看发行人办公场所，发行人合法拥有的土地使用权、房屋所有权、办公设备、运输设备等各项资产权利不存在产权归属纠纷或潜在的相关纠纷。（详见本法律意见书"八、发行人的主要财产"一节）

本所律师经核查后认为，发行人资产独立完整。

（三）发行人的人员独立

经本所律师核查，发行人的董事、监事、高级管理人员系按照有关法律、法规、规范性文件及公司章程的规定产生。

根据发行人提供的《关于____________有限责任公司委派董事、监事变更的通知》及相关董事会决议、职工代表大会决议等文件，并经本所律师核查，发行人现任董事、监事及高级管理人员共计______人，均系由____________委派、职工代表大会选举或经董事会聘任产生。

根据发行人说明，发行人董事、高级管理人员系由____________委派、职工代表大会选举或经董事会聘任产生，具有较强的履职能力，能够较好地履行其在发行人处承担的职责。

综上，本所律师经核查后认为，发行人的人员应具有独立性，能够较好地对发行人履职尽责。

（四）发行人的机构独立

经发行人确认并经本所律师核查：

1. 发行人按照有关法律、法规及公司章程设立的董事会、监事会均分别对发行人唯一股东____________负责；

2. 发行人总经理、财务总监等高级管理人员系根据法律、法规和公司章程的规定由发行人唯一股东____________指定或董事会聘任；

3. 发行人的组织机构完整，具体情况如下图：

（略）

4. 发行人已建立了内部经营管理机构，独立行使经营管理职权。

本所律师经核查后认为，发行人的机构独立。

（五）发行人的财务独立

1. 根据发行人说明并经本所律师核查，发行人具有独立的

D10980

财务部门和独立的会计人员，并制定了财务管理制度，财务决策独立，不存在发行人股东违规干预发行人资金使用的情况。发行人已建立独立的财务核算体系，执行独立的财务管理制度，并实施严格统一的财务监督管理制度，符合有限责任公司会计制度的要求。

2. 根据发行人说明并经本所律师核查，发行人在____________商业银行股份有限公司______支行开立了独立的账号为____________的基本存款账户，不存在与发行人股东、实际控制人及其控制的其他企业共用银行账户的情况。

3. 根据发行人说明并经本所律师核查，发行人已取得__________市市场监督局核发的统一社会信用代码为________的《企业法人营业执照》，独立进行纳税申报、独立纳税。

4. 根据《审计报告》并经本所律师访谈发行人财务总监，截至本法律意见书出具之日止，不存在发行人唯一股东及实际控制人违规占用发行人资金、资产和其他资源的情况，不存在发行人为其唯一股东及实际控制人违规提供担保的情况。

本所律师经核查后认为，发行人的财务独立。

综上，本所律师经核查后认为，发行人资产完整，在人员、财务、业务、机构等方面均独立于发行人股东、实际控制人及其控制的其他企业，具有直接面向市场独立经营的能力。

六、发行人的业务及资信状况

（一）经营范围和经营方式

经本所律师核查发行人目前持有的《企业法人营业执照》及公司章程，发行人现经营范围为“法律、法规、国务院决定规定禁止的不得经营；法律、法规、国务院决定应当许可（审批）的，经审批机关批准后凭许可（审批）文件经营；法律、法规、国务院决定规定无须许可（审批）的，市场主体自主选择经营。”

根据《审计报告》并经本所律师核查，发行人近三年主营业务收入主要来源于____________收入、____________收入及其他业务收入等，与其《企业法人营业执照》载明的经营范围相符。

（二）根据发行人说明并经本所律师访谈发行人董事长、总经理，发行人未在中国大陆以外经营。

（三）根据发行人说明并经本所律师核查发行人工商登记资料等相关文件，截至本法律意见书出具之日止，发行人的经营范围自设立至今未发生过重大变更。详见本法律意见书第四部分“四、发行人的设立、股东及实际控制人”之“（二）发行人的历史沿革”。

（四）根据《审计报告》，发行人在2013年度、2014年度和2015年度的营业收入分别为______元、______元和______元，主营业务收入分别为______元、______元和______元。据此，本所律师认为，发行人主营业务突出。

（五）根据发行人说明、发行人工商登记资料及《审计报告》等相关文件，并经本所律师核查，发行人自设立之日起合法有效存续，能够依法开展各项经营活动，不存在持续经营的法律障碍。

（六）根据《评级报告》，经____________评估综合评定，发行人的主体信用等级为____________，评级展望为稳定，本期债券信用等级为____________。

根据发行人《企业信用报告》，截至2016年______月______日，发行人不存在关注类及不良类信贷情况，亦不存在关注类及不良类对外担保情况，且历年贷款卡年审均合格。

七、关联交易及同业竞争

（一）发行人的关联方

本法律意见书系以《公司法》《企业会计准则第36号——关联方披露》的相关规定作为界定关联方的标准。根据上述关联方的界定标准，截至2015年12月31日，发行人的主要关联

D10980

方及其关联关系情况如下：

1. 发行人股东及实际控制人

发行人唯一股东及实际控制人____________的具体情况详见本法律意见书第四条“发行人的设立、股东及实际控制人”一节。

2. 发行人的全资及参股子公司

（略）

3. 发行人其他关联方

（略）

（二）关联方担保情况

根据《审计报告》并经本所律师核查，发行人与其关联方之间不存在关联担保情况。

（三）关联方应收应付款项余额

单位：元

关联方名称	账户性质	2016-12-31	2015-12-31	2014-12-31
	其他应收款			

经本所律师与发行人确认，上述关联方其他应收款项均系因正常经营活动产生，具有合理性。

（四）关联交易决策程序

经本所律师核查，发行人制定了专门的《关联交易制度》，对关联人与关联关系、关联交易、关联交易决策机构及决策程序、关联交易的报告与披露等事项作出了详细规定。

本所律师经核查后认为，发行人的上述规定为发行人关联交易的公允性提供了决策程序上的保障，合法有效。

（五）同业竞争

1. 根据《审计报告》，除发行人的子公司及参股公司外，发行人唯一的关联法人为其股东及实际控制人____________。

2. 关于发行人的经营范围及主营业务情况详见本法律意见书“六、发行人的业务及资信状况”一节。

本所律师经核查后认为，发行人与其唯一股东及实际控制人____________之间不存在经营同种或类似业务的同业竞争情况。

八、发行人的主要财产

（一）土地所有权

根据发行人提供的相关国有土地使用权证、____________市国土资源局出具的确认文件等相关资料，并经本所律师核查，截至报告期末，发行人及其子公司取得的土地使用权具体情况如下：

序号	土地使用权人	权证号	坐落	总面积（m^2）	终止日期	取得方式	宗地用途	是否抵押	抵押权人
1	发行人					出让	综合用地	是	
2	发行人					划拨	办公商业	否	
3	发行人					出让	商业用地	是	
4	发行人					出让	商业用地	是	
5	发行人					出让	商业用地	是	
6	发行人					出让	商业用地	是	
7	发行人					出让	商业用地	是	

D10980

（二）长期股权投资

根据发行人提供的相关工商档案资料及发行人说明，并经本所律师核查，截至本法律意见书出具之日，发行人的子公司情况如下：

（略）

本所律师经核查后认为，发行人上述公司均为依法成立并合法有效存续的企业法人。

（三）根据发行人说明并经本所律师访谈发行人总经理，发行人购买了正常经营所必要的办公设备及运输设备，且发行人合法拥有该等办公设备及运输设备。

（四）经本所律查询____________市中级人民法院、____________市____________区人民法院、_____________仲裁委、中国裁判文书网、全国法院被执行人信息查询网站等相关网站并经与发行人确认，截至本法律意见书出具之日止，发行人拥有的上述主要财产不存在产权纠纷或潜在纠纷。

（五）经本所律师核查，发行人的上述主要财产均系通过划拨、购买、自建等方式取得，且均已取得相关权属证书。

（六）经本所律师核查相关权属证书，并访谈发行人董事长、总经理，截至本法律意见书出具之日止，除部分土地使用权予以抵押外，发行人拥有的其他土地使用权、房屋所有权、办公设备、运输设备等财产未设定抵押等权利限制，发行人对上述主要财产的所有权或使用权的行使不存在限制。

（七）根据发行人说明并经本所律师访谈发行人董事长、总经理，截至本法律意见书出具之日止，发行人不存在租赁房屋、土地使用权等情况。

九、发行人的重大债权债务

本节中所称的重大合同，是指发行人正在履行或将要履行的，或者已经履行完毕但可能存在潜在纠纷的，合同标的超过10,000万元或合同标的虽不足10,000万元，但对发行人经营活动、未来发展或财务状况具有重大影响且本所律师认为有必要披露的合同。

（一）经本所律师核查相关合同，发行人正在履行、将要履行的重大合同包括：

（略）

经本所律师核查，上述合同均为发行人正常经营活动所产生，不存在潜在的法律纠纷或风险；上述合同一方主体均为发行人，其履行不存在法律障碍。

（二）发行人的对外担保

根据《审计报告》并经本所律师核查，截至2015年12月31日，发行人的对外担保情况如下：

（略）

（三）经本所律师查询____________市中级人民法院、______市____________区人民法院、____________仲裁委、全国裁判文书网、全国法院被执行人信息查询网站等相关网站并经与发行人确认，截至本法律意见书出具之日，发行人不存在因环境保护、知识产权、产品质量、劳动安全、人身权等原因产生的侵权之债。

（四）经本所律师核查，除本节及本法律意见书“七、关联交易及同业竞争”一节披露的关联交易外，发行人与关联方之间不存在其他重大债权债务关系及相互提供担保的情况。

十、发行人重大资产变化

（一）根据发行人说明及本所律师核查，发行人设立至今，有过三次增资，详见本法律意见书第四部分“发行人的设立、股东及实际控制人”之“（二）发行人的历史沿革”。

D10980

（二）根据发行人声明并经本所律师适当核查，除本法律意见书已披露重大资产变化情况外，发行人自设立至今未发生过其他合并、分立、增资扩股、减少注册资本、重大资产收购或出售等事项。

（三）发行人拟进行的重大资产购买或出售

根据发行人声明并经本所律师核查，截至本法律意见书出具之日，发行人不存在进行资产置换、资产剥离、资产出售或收购等行为的计划。

十一、发行人的税务

根据发行人说明并经本所律师核查，发行人取得了____________市市场监督管理局颁发的统一社会信用代码为____________号的《企业法人营业执照》，独立进行纳税申报、独立纳税。

（一）税种及税率

根据《审计报告》并经本所律师核查，发行人最近三年执行的税种和税率如下表所示：

税种和税率表

单位：%

税种	计税依据	税率
增值税	应税销售收入	3、5、17
城市维护建设税	应缴流转税	5
教育费附加	应缴流转税	3
地方教育费附加	应缴流转税	2
营业税	应税销售收入	5
企业所得税	应纳税所得额	15、25

（二）依法纳税情况

根据发行人的主管税务机关出具的证明文件，发行人自成立至今执行的税种、税率符合国家及地方关于税收方面的法律、法规及规范性文件的相关规定，自 2014 年 1 月 1 日起至今，能够按期申报、依法纳税，不存在拖欠、漏缴或偷逃税款的情形，亦不存在因违反税收监管方面的法律、法规及规范性文件的相关规定而受到行政处罚的情形。

（三）本所律师经核查后认为，发行人近 3 年相应年度执行的税种、税率符合相关法律、法规及规范性文件的相关规定；发行人近 3 年能够依法纳税，不存在其他因违反税收监管方面的法律法规而受到行政处罚的情形。

（四）根据发行人提供的政府补助文件及支付文件等相关资料，并经本所律师核查，发行人在报告期内享受以下政府补贴 / 补助：

（略）

经本所律师核查，发行人近 3 年享受的财政补贴 / 补助均得到了有关政府部门的批准，均合法、合规、真实、有效。

十二、发行人的环境保护

（一）发行人经营活动中的环境保护

根据____________市环境保护局出具的相关书面证明文件，发行人自 2014 年 1 月 1 日以来一直严格遵守国家有关环境保护方面的法律、法规及规范性文件的相关规定，不存在因违反相关规定而受到行政处罚的情形。

（二）募集资金投资项目的环境保护

关于发行人募集资金投资项目涉及的环境保护问题详见本法律意见书“十三、发行人募集资金的运用”一节。

十三、发行人募集资金的运用

（一）本次募集资金用途

根据《募集说明书》，本期债券募集资金总额为 200,000.00 万元，其中 40,000.00 万元用于补充营运资金，剩余 160,000.00 万元拟用于____________项目项目建设，具体情况如下表所示：

D10980

关注法天使

单位：万元，%

项目名称	投资总额	募集资金使用额	占项目总投资额的比例	占全部募集资金的比例
__________ ____项目		160,000.00		80.00
补充营运资金	—	40,000.00		20.00
合计		200,000.00		100.00

1.____________项目

截至本法律意见书出具之日，该项目已经取得下列批准文件：

（1）2015 年______月______日，____________县发展和改革局下发______发改〔2015〕______号《关于对____________项目节能评估报告表的批复》，同意该项目按照相关节能标准和设计规范进行建设。

（2）2015 年______月______日，____________县城乡规划局颁发（选字第______号）《建设项目选址意见书》，核准本建设项目符合城乡规划要求。项目选址位置为____________，拟用地面积为______平方米。

（3）2015 年______月______日，____________县信访联席会议办公室就该项目出具《关于___________项目社会稳定风险评估报告的审核意见》，认定本项目社会稳定风险等级为低风险等级。

（4）2015 年______月______日，____________县环境保护局下发____________环审〔2015〕______号《关于对____________项目环境影响报告书的批复》，同意该项目按照环境影响报告中所列建设项目的性质、规模、地点、环境保护对策措施等进行改造建设。

（5）2015年______月______日，____________县国土资源局下发____________国土资函〔2015〕227号《关于____________项目用地预审的意见》，同意该项目用地预审。

（6）2015年______月______日，____________县城乡规划局颁发（地字第______号）《建设用地规划许可证》，核准该项目符合城乡规划要求。

（7）2015年______月______日，____________县发展和改革局下发____________发改〔2015〕______号《关于____________项目可行性研究报告的批复》，同意发行人实施____________建设工程。

2. 补充营运资金

发行人拟将本期债券募集资金中的4亿元用于补充流动资金，以满足企业自身经营需要。

综上，本所律师经核查后认为，发行人发行本期债券募集资金16亿元拟用于____________项目，且该项目均取得了有权部门的批准或备案。剩余4亿元拟用于补充营运资金。

（二）根据发行人提供的上述募集资金拟投资项目批准或备案等相关文件，并经本所律师对发行人董事长、总经理访谈确认，发行人上述募集资金拟投资项目均不涉及与他人合作的情形。

十四、诉讼、仲裁或行政处罚

本法律意见书中所称“重大诉讼、仲裁及行政处罚案件”，指金额超过500万元的诉讼、仲裁案件，涉及罚款金额较大的行政处罚案件，或虽然未达到上述标准，但从性质及造成的结果而言对于发行人具有或将会有重大不利影响的案件。

（一）经本所律师于____________县人民法院、____________中级人民法院、仲裁委在内及全国法院被执行人信息查询网站、

D10980

中国裁判文书网等相关网站查询，并经发行人承诺，截至本法律意见书出具之日止，发行人不存在尚未了结或可预见的重大诉讼（含劳动争议诉讼）、仲裁或行政处罚案件。

（二）经本所律师于____________县人民法院、____________中级人民法院、仲裁委在内及全国法院被执行人信息查询网站、中国裁判文书网等相关网站查询，并经发行人承诺，截至本法律意见书出具之日止，发行人董事及高级管理人员不存在尚未了结或可预见的重大诉讼（含劳动争议诉讼）、仲裁或行政处罚案件。

十五、本次发行的担保措施

（一）本次发行的担保机构

经本所律师核查，____________有限公司为本次发行提供全额不可撤销连带保证担保，____________有限公司系依法设立并有效存续的企业法人，现持有____________市工商局核发的统一社会信用代码为的《企业法人营业执照》。根据____________会计师事务所（特殊普通合伙）出具的“____________审〔2016〕____________”《审计报告》显示，截至2015年12月31日，____________有限公司净资产为人民币元，财务状况良好。

（二）本次发行的担保措施

____________有限公司向发行人出具编号为______号《担保函》，对发行人此次所发行的面额不超过20亿元人民币（以国家发改委最后批准期限和金额为准）的企业债券的到期兑付提供全额无条件不可撤销连带责任保证担保。

本所律师认为，____________有限公司系依法设立并合法存续的公司，具有为本期债券的债券持有人提供无条件不可撤销连带责任保证担保的资格，其所出具的《担保函》合法有效，符合《担保法》《管理条例》等法律、法规的规定。

十六、监管协议及债券持有人会议规则

（一）监管协议

2017年______月，发行人与____________商业银行股份有限公司签署了《2017年____________有限责任公司公司债券募集资金账户监管协议》；该协议对本期债券募集资金监管账户的设立、风险防范措施、当事人的权利义务等事项作了详细约定。

2017年______月，发行人与____________商业银行股份有限公司签署了《2017年____________有限责任公司公司债券偿债资金专户监管协议》；该协议对偿债资金的性质、偿债资金专户的开立、偿债资金的提取及存入、偿债资金的使用和支取、银行结算费用等事项作了详细约定。

本所律师经核查后认为，上述协议系协议各方当事人真实意思的表示，内容合法有效。

（二）债券持有人会议规则

为保证本期债券持有人的合法权益，2017年______月，发行人与____________商业银行股份有限公司共同制定了《2017年____________有限责任公司公司债券债券持有人会议规则》，对债券持有人会议的职权、召集、通知、出席、召开及表决等事项作出了详细规定。

本所律师经核查后认为，上述债券持有人会议规则符合法律、法规及规范性文件的相关规定。

（三）债权代理协议

2017年______月，发行人与____________商业银行股份有限公司签署了《2017年____________有限责任公司公司债券债权代理协议》；该协议对债券受托管理人的聘任、发行人承诺、违约和救济、债券受托管理人的职权、债券受托管理人报告、债券受托管理人的变更等事项作了详细约定。

D10980

本所律师经核查后认为，上述债权代理协议系协议双方当事人真实意思的表示，内容合法有效。

十七、发行人募集说明书法律风险的评价

本所律师参与了发行人《募集说明书》及其摘要的编制及讨论，并对《募集说明书》及其摘要进行了审阅，尤其是其中引用本法律意见书的相关内容。发行人在《募集说明书》中详细披露了发行人的基本情况、业务情况、财务情况，表明发行人无已发行尚未兑付的债券，披露了募集资金的用途和偿债保障措施，提示了投资者在评价本期债券时应当认真考虑的风险因素，并告知了风险应对对策，记载了本期债券的认购、托管以及发行网点，告知了投资者购买本期债券将被视为作出有关承诺等。

经本所律师审查，《募集说明书》及其摘要相关内容符合《管理条例》《债券管理工作的通知》及《推进、简化有关事项的通知》的有关规定，不存在因虚假记载、误导性陈述或重大遗漏而可能引致的法律风险。

十八、本期债券的各中介机构

经核查：

（一）____________证券担任本期债券发行的主承券商，根据中国证监会颁发的号《中华人民共和国经营证券期货业务许可证》，及____________市工商局颁发的统一社会信用代码为号的《营业执照》，____________证券具备债券承销业务资格。

（二）____________担任本期债券发行的审计机构，根据____________市工商局颁发的统一社会信用代码为的《营业执照》、____________市财政局颁发的号的《会计师事务所执业证书》以及财政部和中国证监会颁发的号《会计师事务所证券、期货相关业务许可证》，____________具备从事证券相关业务的资格。

（三）____________评估担任本期债券发行的评级机构，根据中国证监会颁发的编号为《证券市场资信评级业务许可证》、国家发展和改革委员会《关于同意__________资信评估有限公司开展企业债券评级业务的复函》以及北京市市场监督管理局颁发的统一社会信用代码为的《营业执照》，__________评估具备公司债券的资信评级资格。

（四）__________律师事务所担任本期债券发行的法律服务机构，根据北京市司法局颁发的证号为的《律师事务所执业许可证》，__________律师事务所依法成立、合法存续，具备从事律师业务的资格。

十九、结论意见

综上，本所律师经核查后认为：

发行人系依法设立且有效存续的有限责任公司，具有独立的法人资格，具备发行本期债券的主体资格；发行人已取得发行本期债券现阶段所需合法、有效的批准和授权；发行人符合《公司法》《证券法》《管理条例》《债券管理工作的通知》《推进、简化有关事项的通知》等法律、法规及规范性文件规定的有关公司债券发行的各项实质条件，申请发行本期债券不存在法律障碍；发行人最近3年不存在违法及重大违规行为；发行人编制的《募集说明书》及其摘要对本法律意见书的内容引用适当，不存在虚假记载、误导性陈述或重大遗漏。

发行人发行本期债券尚待取得国家发改委的核准。

本法律意见书于______年______月______日出具，正本1式3份，无副本。

__________律师事务所

负责人、经办律师：______________________________

______年______月______日

D10980

12.发行人《企业法人营业执照》（副本）复印件（略）

13.中介机构从业资格证书复印件

13-1　主承销商企业法人营业执照、经营证券业务许可证（略）

13-2　审计机构企业法人营业执照、经营证券业务许可证（略）

13-3　评级机构企业法人营业执照、资质文件（略）

13-4　律师事务所资格证明文件（略）

13-5　监管银行资格证明文件（略）

13-6　承销团成员资格证明文件（略）

14.本次债券发行有关机构联系方式

使用场景：

申报文件中应当填报本次债券发行有关机构的联系方式。

法律要点：

一、国家发展改革委《关于推进企业债券市场发展、简化发行核准程序有关事项的通知》（发改财金〔2008〕7 号）

附件一：《公开发行企业（公司）债券申请材料目录》

二、发行申请材料目录

……

（十八）本次债券发行有关机构联系方式。

文本正文：http://www.fatianshi.cn/D11054

______年____________有限责任公司

公司债券发行申请联系表

单位名称	联系地址	联系人	手机	办公电话	传真
发行人					
主承销商、簿记管理人					
会计师事务所					
律师事务所					
信用评级机构					
监管银行、账户监管人、债权代理人					

15.银行相关协议

15-1　债券持有人会议规则

（见《公开发行企业债聘请中介机构合同》9—《债券持有人会议规则》）

15-2　募集资金专户监管协议

（见“公开发行企业债聘请中介机构合同”7—《募集资金专户监管协议》）

15-3　偿债资金专户监管协议

（见《公开发行企业债聘请中介机构合同》8—《偿债资金专户监管协议》）

15-4　债权代理协议

（见《公开发行企业债聘请中介机构合同》6—《债权代理协议》）

关注法天使

16.担保人相关文件

使用场景：

企业债券的发行可采用信用债券（无担保债）、抵押债券或第三方担保等形式。采取第三方担保的，应按规定格式出具担保函，而担保协议则是发行人与担保人之间的协议，约定担保费用等。

法律要点：

1.《国家发展改革委关于下达2007年第一批企业债券发行规模及发行核准有关问题的通知》（2007年3月19日 发改财金〔2007〕602号）

五、探索多种债券增信方式，防范债券兑付风险：企业债券的发行可采用信用债券、抵押债券或第三方担保等形式。采取第三方担保的，应按规定格式出具担保函（附件五）。同时，要稳步提高信用债券发行比例，探索发展抵押债券。

附件五：担保函内容与格式

担保人：______________________________

住所：______________________________

邮政编码：______________________________

法定代表人：______________________________

职务：______________________________

电话：______________________________

开户银行：______________________________

账号：______________________________

鉴于：

一、债券发行人____________根据《企业债券管理条例》之规定，经国家发展和改革委员会批准（发改财金〔______〕号），发行面额总计为人民币______万元的企业债券；

二、担保人是根据中华人民共和国法律而合法存在的法人，根据《中华人民共和国担保法》等法律及有关法规的规定，具有提供保证担保的法律资格；

三、担保人在出具本担保函时，已就其财务状况及涉及的仲裁、诉讼等情况进行了充分披露，具有代表债券发行人清偿债务的能力。

本担保人出于真实意思，在此承诺对发行人此次所发行的债券的到期兑付提供无条件的不可撤销的担保。具体担保事宜如下：

第一条　被担保的债券种类、数额

被担保的债券为年期企业债券，发行面额总计为人民币______万元。

第二条　债券的到期日

本担保函项下的债券到期日为______年______月______日。债券发行人应于______年______月______日至______年______月______日清偿全部债券本金和利息。

第三条　保证的方式

担保人承担保证的方式为连带责任保证。

第四条　保证责任的承担

在本担保函项下债券到期时，如发行人不能全部兑付债券本息，担保人应主动承担担保责任，将兑付资金划入债券登记托管机构或主承销人指定的账户。债券持有人可分别或联合要求担保人承担保证责任。承销商有义务代理债券持有人要求担

D11055

保人履行保证责任。

如债券到期后，债券持有人对担保人负有同种类、品质的到期债券的，可依法将该债务与其在本担保函项下对担保人的债券相抵销。

第五条　保证范围

担保人保证的范围包括债券本金及利息，以及违约金、损害赔偿金、实现债权的费用和其他应支付的费用。

第六条　保证的期间

担保人承担保证责任的期间为债券存续期及债券到期之日起二年。债券持有人在此期间内未要求担保人承担保证责任的，担保人免除保证责任。

第七条　财务信息披露

国家发展和改革委员会及有关省级发展改革部门或债券持有人及其代理人有权对担保人的财务状况进行监督，并要求担保人定期提供会计报表等财务信息。

第八条　债券的转让或出质

债券认购人或持有人依法将债权转让或出质给第三人的，担保人在本担保函第五条规定的范围内继续承担保证责任。

第九条　主债权的变更

经国家发展和改革委员会批准，本期债券利率、期限、还本付息方式等发生变更时，不需另行经过担保人同意，担保人继续承担本担保函项下的保证责任。

第十条　加速到期

在该保证合同项下的债券到期之前，保证人发生分立、合并、停产停业等足以影响债券持有人利益的重大事项时，债券发行人应在一定期限内提供新的保证，债券发行人不提供新的保证时，债券持有人有权要求债券发行人、担保人提前兑付债券本息。

第十一条　担保函的生效

本担保函自签订之日生效，在本担保函第六条规定的保证期间内不得变更或撤销。

担保人：________________________________

（公章）

法定代表人：____________________________

（公章）

______年______月______日

2.《国家发展改革委办公厅关于简化企业债券审报程序加强风险防范和改革监管方式的意见》（发改办财金〔2015〕3127 号）

（十二）规范开展债券担保业务。承担债券担保的融资性担保机构应建立符合审慎经营原则的担保评估制度、决策程序、事后追偿和处置制度、风险预警机制和突发事件应急机制，制定严格规范的业务操作规程，加强对提供担保债券的风险评估和管理，做好债券风险分解。

（十三）鼓励开展债券再担保业务。鼓励融资性再担保机构承担企业债券再担保业务，进一步分解债券偿债风险。鼓励地方政府通过资金注入、财政补贴等方式，支持新设立的或已有的融资性再担保机构做大做强。

（十四）探索发展债券信用保险。鼓励保险公司等机构发展债券违约保险，探索发展信用违约互换，转移和分散担保风险。

D11055

文本正文：http://www.fatianshi.cn/D11055

16-1　担保函[①]

担保人：____________有限公司

住所：____

邮政编码：____

法定代表人：____

职务：____

电话：____

开户银行；____

账号：[②]____

鉴于：

一、债券发行人____________有限责任公司根据《企业债券管理条例》之规定，经国家发展和改革委员会批准，拟发行面额总计为不超过人民币200,000万元的企业债券；

二、担保人是根据中华人民共和国法律而合法存在的法人，根据《中华人民共和国担保法》等法律及有关法规的规定，具有提供保证担保的法律资格；

三、担保人在出具本担保函时，已就其财务状况及涉及的仲裁、诉讼等情况进行了充分披露，具有代表债券发行人清偿债务的能力。

本担保人出于真实意思，在此承诺对发行人此次所发行的债券的到期兑付提供无条件的不可撤销的连带责任担保。具体担保事宜如下：

①本担保函依据格式即《国家发展改革委关于下达2007年第一批企业债券发行规模及发行核准有关问题的通知》格式五。

②据实填写。

第一条　被担保的债券种类、数额

被担保的债券为①年期企业债券，发行面额总计不超过人民币②______万元（债券期限及发行额度以国家发展和改革委员会最终确认为准）。

第二条　债券的到期日

本担保函项下的债券到期日为______年______月______日③。债券发行人应于______年______月______日至______年______月______日④清偿全部债券本金和利息。

第三条　保证的方式

担保人承担保证的方式为连带责任保证。

第四条　保证责任的承担

在本担保函项下债券到期时，如发行人不能全部兑付债券本息，担保人应主动承担担保责任，将兑付资金划入债券登记托管机构或主承销人指定的账户。债权代理人、债券持有人可分别或联合要求担保人承担保证责任，担保人应当自收到债权代理人或债券持有人的书面通知之日起5个工作日内在担保责任范围内承担担保责任。承销商有义务代理债券持有人要求担保人履行保证责任。

如债券到期后，债券持有人对担保人负有同种类、品质的到期债券的，可依法将该债务与其在本担保函项下对担保人的债券相抵销。

第五条　保证范围

担保人保证的范围包括债券本金及利息，以及违约金（包括罚息）、损害赔偿金、实现债权的费用（包括诉讼费、律师费等）和其他应支付的费用。

第六条　保证的期间

担保人承担保证责任的期间为债券存续期及债券到期之日

①空白填写，以国家发展和改革委员会最终确认为准。

②空白填写，以国家发展和改革委员会最终确认为准。

③空白填写，以实际发行日为准。

④空白填写，以实际发行日和到期日为准。

D11055

起二年。债券分期发行的，各期债券的保证期间应分别计算，分别为各期债券的存续期及各期债券到期日届满后两年止。债券持有人在此期间内未要求担保人承担保证责任的，担保人免除保证责任。

第七条　财务信息披露

国家发展和改革委员会及有关省级发展改革部门或债券持有人及其代理人有权对担保人的财务状况进行监督，并要求担保人定期提供会计报表等财务信息。

第八条　债券的转让或出质

债券认购人或持有人依法将债权转让或出质给第三人的，担保人在本担保函第五条规定的范围内继续承担保证责任。

第九条　主债权的变更

经国家发展和改革委员会批准，本期债券利率、期限、还本付息方式等发生变更时，未经担保人同意的，如果减轻债务人的债务的，担保人仍应当对变更后的协议承担保证责任；如果加重债务人的债务的，担保人对加重的部分不承担保证责任。

第十条　加速到期

本期债券存续期间，发行人发生违约事件，且在募集说明书规定的期限内未能解除，债券持有人会议有权根据债券募集说明书规定的条件和程序通知发行人，宣布所有本期未偿还债券的本金和相应利息，立即到期应付，并要求发行人、担保人提前兑付本息。

第十一条　担保函的生效

本担保函自担保人签字盖章之日成立，自本担保函项下债券发行首日生效，未经债券持有人会议同意，在本担保函第六条规定的保证期间内不得变更或撤销。

担保人（公章）：________________________

法定代表人：①________________________

______年______月______日②

16-2　担保协议

（见《公开发行企业债债券聘请中介机构合同》5——《担保协议》）

文本正文：http://www.fatianshi.cn/D11057

16-3　担保人股东会决议

__________有限公司③股东决定④

根据《中华人民共和国公司法》及本公司章程的有关规定，__________集团有限公司作为__________有限公司的唯一股东，针对__________有限责任公司拟发行“______年____________有限责任公司公司债券”（以下简称本次债券）事项，于______年______月______日作出如下决定：

__________集团有限公司同意__________有限公司对____________有限责任公司拟发行总额不超过人民币200,000万元公司债券的本息到期兑付提供全额不可撤销连带责任保证担保，承担保证责任的期间为本期债券存续期间及债券到期偿还完毕之日起两年。

__________集团有限公司⑤（盖章）⑥

__________有限公司（盖章）

______年______月______日

①据实填写。

②按照实际出具日填写。

③担保人名称。

④股东决议或者股东决定。如担保人为一人有限责任公司时，则为股东决定。本书中家属担保人为一人有限责任公司。

⑤担保人的一人股东名称。

⑥担保人的一人股东盖章。

D11057

文本正文：http://www.fatianshi.cn/D 11058

关注法天使

16-4 担保人董事会决议

____________有限公司①______年董事会
第______次会议决议

____________有限公司②（以下简称公司）_____年第_____次董事会会议于______年月日在公司会议室召开。本次出席会议的董事应到名，实到董事或其代表名。会议召集和召开程序符合《中华人民共和国公司法》和《____________有限公司③章程》的有关规定。

本次会议由公司董事长主持，与会董事经过充分讨论，审议并通过了如下事项：

《为____________有限责任公司④发行公司债券提供担保的议案》

____________有限责任公司⑤拟发行名为“______年______ ______有限责任公司⑥公司债券”（以下简称本次债券），发行规模总计不超过人民币200，000⑦万元（债券期限及发行额度以国家发展和改革委员会最终确认为准）。并由公司为本次债券提供全额不可撤销连带责任保证担保，承担保证责任的期间为本次债券存续期间及债券到期偿还完毕之日起两年。

表决结果：______票赞成（占有效表决权票数的100%）、0票反对、0票弃权。

____________有限公司董事会

______年______月______日

与会董事⑧：

____

①担保人名称。
②担保人名称。
③担保人名称。
④债券发行人名称。
⑤债券发行人名称。
⑥债券发行人名称。
⑦债券发行人计划申报额度。
⑧有担保人的与会董事签字。

16-5 担保人最近两年审计报告（略）

16-6 担保人最新一期财务报表（略）

16-7 担保人信用评级报告（略）

16-8 担保人企业法人营业执照（副本）（略）

D11058

关注法天使

17.其他文件

17-1　发行人董事会决议

使用场景：

发行公司债券应当经过发行人的股东（大）会决议通过，一人有限责任公司应当经股东决定批准。而股东（大）会需要公司的董事会召集、并拟定议案。

法律要点：

《中华人民共和国公司法》

第四十六条　董事会对股东会负责，行使下列职权：

（一）召集股东会会议，并向股东会报告工作……

第三十七条　股东会行使下列职权：

……（八）对发行公司债券作出决议……

文本正文：http://www.fatianshi.cn/D11059

______有限责任公司[①]

第______届董事会第______次临时会议决议

______有限责任公司第______届董事会第______次临时会议于______年______月______日在公司会议室召开。会议由______主持，应出席会议董事______人，实到______人。[②]

与会董事就公开发行公司债券达成以下决议：

一、同意公司拟向国家发展和改革委员会申请公开发行20

①发行人、下同。

②按照公司董事会的具体召开情况填报。

亿元7年期公司债券，债券发行期限和发行利率将根据市场情况和主承销商的询价结果确定。同意本次发行债券募集资金投向＿＿＿＿＿＿项目和补充流动资金。具体发行方案由公司与本次发行涉及的中介机构根据公司和市场的情况确定，并以国家发展和改革委员会的最终批复为准。①

二、同意＿＿＿＿＿＿有限公司作为本次公司债券的担保人，为本次债券提供全额无条件不可撤销的连带责任保证担保。

三、同意授权公司董事会全权办理本次发行债券事宜，具体内容包括并不限于：

1. 在法律法规允许的范围内，根据公司和市场的具体情况，制定本次发行公司债券的具体发行方案以及修订、调整本次公司债券的发行条款；

2. 聘请＿＿＿＿＿＿证券股份有限公司担任本次发行的主承销商；

3. 签署与本次发行债券有关的合同、协议和文件，并进行适当的信息披露；

4. 办理与本次发行公司债券有关的其他事宜。

四、同意本次公开发行公司债券报公司股东＿＿＿＿＿＿批准后执行实施。

与会董事签署：②

＿＿＿＿＿＿＿＿＿＿　＿＿＿＿＿＿＿＿＿＿

＿＿＿＿＿＿＿＿＿＿　＿＿＿＿＿＿＿＿＿＿

＿＿＿＿＿＿有限责任公司

＿＿＿年＿＿＿月＿＿＿日

①说明批准公司发行公司债券的额度、期限以及募集资金的用途。

②与会董事签名。

D11059

关注法天使

17-2　发行人股东会决议

使用场景：

发行公司债券应当经过发行人的股东（大）会决议通过，一人有限责任公司应当经股东决定批准。

法律要点：

《中华人民共和国公司法》

第三十七条　股东会行使下列职权：

……（八）对发行公司债券作出决议……

第六十一条　一人有限责任公司不设股东会。股东作出本法第三十七条 第一款所列决定时，应当采用书面形式，并由股东签名后置备于公司。

第九十九条　本法第三十七条第一款关于有限责任公司股东会职权的规定，适用于股份有限公司股东大会。

文本正文：http://www.fatianshi.cn/D11060

____________[1]关于同意
____________有限责任公司[2]发行公司债券的
股东决定

____________有限责任公司：

你公司上报的《关于____________有限责任公司发行公司债券的请示》收悉。经研究决定，批复如下：

一、同意你公司拟向国家发展和改革委员会申请公开发行20亿元7年期公司债券。同意本次发行债券募集资金投向______________项目和补充流动资金。[3]

二、同意授权你公司董事会全权办理本次发行债券事宜，具体内容包括并不限于：

①发行人股东，下同。

②发行人，下同。

③说明批准公司发行公司债券的额度、期限以及募集资金的用途。

1. 在法律法规允许的范围内，根据公司和市场的具体情况，制定本次发行公司债券的具体发行方案以及修订、调整本次公司债券的发行条款；

D11060

2. 聘请______________证券股份有限公司担任本次发行的主承销商；

3. 签署与本次发行债券有关的合同、协议和文件，并进行适当的信息披露；

4. 办理与本次发行公司债券有关的其他事宜。

特此决定。

____

______年______月______日

17-3　主承销商关于本期债券偿债能力的专项意见

使用场景：

主承销商应当就公司债券偿债能力出具专项意见。

法律要点：

1.《国家发展改革委办公厅关于进一步强化企业债券风险防范管理有关问题的通知》（2012 年 12 月 11 日发改办财金〔2012〕3451 号）

一、根据发行主体资产负债率情况细化风险防范措施

对于部分企业资产负债率偏高，相应偿债保障措施比较薄弱的情况，在已有措施基础上，根据发行人最近一年年末经审计财务数据计算的资产负债率水平分别采取不同的偿债保障措施。

D11061

（一）资产负债率在65%~80%的发债申请企业，在审核工作中对偿债风险实行“重点关注”。

主承销商在其出具的《发行人偿债能力分析报告》中，增加发行人资产负债率水平对偿债能力的影响分析。有关分析应至少包括：发行人最近三年的资产负债率情况、发行人所在行业的资产负债率情况、发行人有息负债情况、有息负债在未来五年内还本付息的时点及金额分布情况、发行人特殊负债情况等。重点是审核发行人偿债保障措施，根据负债期限时点分布，考察偿债压力水平和有关措施的保障程度。

2. 国家发展改革委办公厅《关于简化企业债券审报程序加强风险防范和改革监管方式的意见》（2015年11月30日发改办财金〔2015〕3127号）

（十七）中介机构应协助发行人做好信息公开工作。主承销商必须诚实守信、勤勉尽责，对发行人进行尽职调查，充分了解发行人的经营情况和偿债风险，对发行人的申请文件和信息披露资料进行全面审慎核查，对申请文件的合规性承担责任，对发行人的偿债能力做出专业判断，并有充分理由确信发行人披露的信息真实、准确、完整、及时，持续督导发行人规范运作……

文本正文：http://www.fatianshi.cn/D11061

____________证券股份有限公司关于2017年
____________有限责任公司
公司债券偿债能力的专项意见

____________证券股份有限公司（以下简称____________证券）作为2017年____________有限责任公司公司债券（以下简称本期债券）的主承销商，接受____________有限责任公司（以下简称发行人、公司）的委托，在截至目前所做的尽职调查的基础上，出具本期债券偿债能力分析报告。

一、本期债券基本情况

（一）发行人：____________有限责任公司。

（二）债券名称：2017 年____________有限责任公司公司债券（以下简称 17____________债）。

（三）发行总额：人民币______亿元。

（四）债券期限与利率：本期债券为______年期固定利率债券，票面年利率为上海银行间同业拆放利率（Shanghai Interbank Offered Rate，Shibor）基准利率加上基本利差确定，Shibor 基准利率为发行公告日前 5 个工作日全国银行间同业拆借中心在上海银行间同业拆放利率网（www.Shibor.org）上公布的一年期 Shibor（1Y）利率的算术平均数，基准利率保留两位小数，第三位小数四舍五入。本期债券的最终基本利差和最终票面年利率将根据簿记建档结果，由发行人与簿记管理人按照国家有关规定协商一致确定，并报国家有关主管部门备案，在本期债券存续期内固定不变。本期债券采用单利按年计息，不计复利。

（五）还本付息方式：本期债券每年付息一次，自债券发行后第 3 年起，分 5 年等额偿还债券本金，即后 5 年每年偿还债券本金的 20%，后 5 年利息随本金的兑付一起支付，每年付息时按债权登记日日终在托管机构托管名册上登记的各债券持有人所持债券面值所应获利息进行支付。年度付息款项自付息日起不另计利息，本金自兑付日起不另计利息。

（六）发行价格：本期债券面值 100 元，平价发行，以 1000 元为一个认购单位，认购金额必须是 1000 元的整数倍且不少于 1000 元。

（七）发行方式：本期债券以簿记建档、集中配售的方式，

D11061

通过承销团成员设置的发行网点向在中央国债登记公司开户的中华人民共和国境内机构投资者（国家法律、法规另有规定除外）公开发行。

（八）发行对象：本期债券通过承销团成员设置的发行网点发行对象为在中央国债登记公司开户的境内机构投资者（国家法律、法规另有规定除外）。

（九）发行期限：本期债券的发行期限为_______个工作日，自发行首日起至______年______月______日[①]止。

（十）认购与托管：通过承销团成员设置的发行网点公开发行的债券在中央国债登记结算有限责任公司登记托管；通过上海证券交易所公开发行的债券由中国证券登记公司上海分公司托管。

（十一）承销方式：承销团余额包销。

（十二）信用等级：经______________资信评估有限公司综合评定，本期债券信用等级为______________，发行人主体长期信用等级为______________。

（十三）增信安排：本期债券由______________有限公司提供全额无条件不可撤销连带责任保证担保。

二、发行人基本情况分析

（一）发行人概况

发行人成立于_______年_______月，是依照《中华人民共和国公司法》设立的有限责任公司，股东为______________，持股比例为_______%。

截至2015年12月31日，公司经审计的合并资产总额为______万元，合并负债总额为______万元，合并所有者权益合计为______万元，资产负债率为______%。截至2016年9月30日，公司未经审计的合并资产总额为______万元，合并负债总额

①发行首日后第5个工作日。

为______万元，合并所有者权益合计为______万元，资产负债率为______%。2015 年度，公司实现合并营业总收入______万元，合并利润总额______万元，合并净利润______万元。2016 年 1~9 月，公司实现合并营业总收入______万元，合并利润总额______万元，合并净利润______万元。

（二）发行人主营业务情况

（略）

（三）发行人财务状况

根据发行人 2013~2015 年的审计报告以及 2016 年 1~9 月的财务报表，发行人主要财务数据和指标如下：

发行人2013~2016年9月末资产负债表主要数据

单位：万元

项目	2016 年 9 月末	2015 年末	2014 年末	2013 年末
资产总计				
其中：流动资产				
负债合计				
其中：流动负债				
所有者权益合计				

发行人2013~2016年9月利润表主要数据

单位：万元

项目	2016 年 1~9 月	2015 年度	2014 年度	2013 年度
营业总收入				
利润总额				
净利润				

D11061

发行人2013~2016年9月现金流量表主要数据

单位：万元

项目	2016年1~9月	2015年度	2014年度	2013年度
经营活动产生的现金流量净额				
投资活动产生的现金流量净额				
筹资活动产生的现金流量净额				
现金及现金等价物净增加额				

发行人2013~2016年9月主要财务指标

项目	2016年1~9月/9月末	2015年度/末	2014年度/末	2013年度/末
流动比率（倍）				
速动比率（倍）				
EBIT利息倍数（倍）				
资产负债率（%）				
存货周转率（次/年）				
总资产周转率（次/年）				
总资产收益率（%）				
净资产收益率（%）				

注释：

1. 流动比率 = 流动资产 ÷ 流动负债；

2. 速动比率 =（流动资产 – 存货）÷ 流动负债；

3.EBIT利息倍数 =EBIT÷ 利息支出，EBIT= 利润总额 + 利息支出；

4. 资产负债率 = 总负债 ÷ 总资产；

5. 存货周转率 = 营业总收入 ÷ 存货平均余额；

6. 总资产周转率 = 营业总收入 ÷ 总资产平均余额；

7. 总资产收益率 = 净利润 ÷ 总资产平均余额；

8. 净资产收益率 = 净利润 ÷ 净资产平均余额；

9.2013 年度存货周转率、总资产周转率、总资产收益率以及净资产收益率以当期期末数据为依据；2014 年度、2015 年度和 2016 年 1~9 月存货周转率、总资产周转率、总资产收益率以及净资产收益率以当年（期初 + 期末）÷2 的数值为依据。

总体看来，发行人流动性良好，盈利能力较强，资本负债结构合理，具备一定的偿债能力。

三、偿债保障措施

（一）发行人自身偿付能力

（略）

（二）募投项目收益

（略）

（三）担保人为本期债券提供担保

本期债券由____________有限公司（以下简称____________担保）提供全额无条件不可撤销的连带责任保证担保。当发行人自身偿债措施不能满足本期债券还本付息要求时，____________有限公司将为本期债券按期还本付息履行不可撤销的连带担保责任。

担保人基本情况如下：

公司名称：____________有限公司

法定代表人：____________________________

注册资金：____________________________

住所：____________________________

经营范围：法律、法规、国务院决定规定禁止的不得经营；

D11061

法律、法规、国务院决定规定应当许可（审批）的，经审批机关批准后凭许可（审批）文件经营；法律、法规、国务院决定规定无须许可（审批）的，市场主体自主选择经营。

股东情况：（略）

截至2015年12月31日，____________担保总资产______亿元，归属于母公司的所有者权益合计______亿元，资产负债率为______%；2015年度，____________公司实现营业收入______亿元，利润总额______亿元，经营活动现金流净流出______亿元。截至2016年6月末，____________担保未经审计的总资产为______亿元，归属于母公司的所有者权益合计______亿元，资产负债率为______%；2016年1~6月，____________公司实现营业收入______亿元，利润总额______亿元，净利润______亿元，经营活动现金流净流出______亿元。____________担保整体财务情况保持稳定。

经____________资信评估有限公司评定____________担保主体长期信用等级为____________，评级展望稳定。综合分析，____________担保对本期债券提供全额无条件不可撤销的连带责任保证担保具有很强的保障能力。

（四）其他偿债保障措施

本期债券发行规模为20亿元，为7年期固定利率债券，每年付息一次，自债券发行后第3年起，分5年等额偿还债券本金，即后5年每年偿还债券本金的20%，后5年利息随本金的兑付一起支付。

为充分、有效地维护债券投资者的利益，发行人为本期债券的按时、足额偿付制订了一系列工作计划，包括确定专门部门与人员、设计工作流程、安排偿债资金、制定管理措施、做好组织协调等，以形成确保债券本息偿付安全的内部机制。

1. 本期债券设置了本金提前偿还条款，有效减轻债券到期偿付压力

本期债券设置了提前偿还条款，即自本期债券存续期的第 3 至第 7 个计息年度末每年按照本期债券发行总额的 20% 偿还债券本金，到期利息随本金一起支付。通过提前偿还条款的设置，将显著降低发行人到期偿还本金时的财务压力，并将有利于促进发行人更好地进行财务管理，提高发行人整体运营效率，有效地保护本期债券投资者的权益，为本期债券的按期还本付息提供进一步支持。同时，针对未来的财务状况、本期债券自身的特征、募集资金使用项目的特点，发行人将进行统一的内部资金规划，有效提高资金使用效率，控制财务风险，以提供充分、可靠的资金来源用于还本付息。

2. 建立债权代理人和债券持有人会议规则制度，并设立偿债资金专项账户归集债券本息

为保证本期债券按时足额还本付息，发行人与____________商业银行股份有限公司签订了《2017年____________有限责任公司公司债券偿债资金专户监管协议》，将在该行开立唯一的偿债资金专项账户专项用于本期债券的本金兑付和支付利息以及银行结算费用，并聘请该行担任本期债券偿债资金专项账户监管人。发行人和偿债资金专项账户监管人将严格按照监管协议的要求，落实对偿债资金专项账户资金存入、使用支取等运作情况的监管安排。同时，发行人还与该行签订了《2017年____________有限责任公司公司债券债权代理协议》，聘请其担任本期债券债权代理人，在本期债券存续期内债权代理人代表全体债券持有人，依照债权代理协议及债券持有人会议规则的约定，维护债券持有人的最大利益。

D11061

3. 设立偿债资金专户

根据发行人与______________商业银行股份有限公司签订的《2017年______________有限责任公司公司债券偿债资金专户监管协议》，发行人在监管银行处开设偿债账户，由监管银行对发行人偿债账户的资金存放及使用进行监管；发行人不可撤销的授权监管银行将偿债账户的资金根据公司债券本息偿付资金划付的要求进行划付，在发行人本期债券募集说明书中规定的偿付本息到期日前第十个工作日，发行人应书面通知监管银行资金划付的金额及时间要求，以保证按期支付本期债券本息；发行人应保证在本期债券本息偿付前十个工作日账户内有足够的资金支付当期债券本息；偿债账户内资金仅能划付至本期债券募集说明书规定的债券托管机构的指定银行账户，不得用于其他用途。

4. 偿债计划的财务及人员安排

发行人将持续改善资产质量，特别是提高流动资产的变现能力，保持良好的财务流动性，为本期债券偿债资金的筹集创造良好的条件。同时，发行人将加强现金流动性管理，在充分分析未来资金流动状况的基础上确定其他债务筹资的规模和期限，控制财务风险，增强偿债能力，保障本期债券本息兑付的可靠性。

本期债券发行完成后，发行人将每年按照约定的还本付息金额提前做好偿债资金的归集工作，并建立专门账户对偿债资金进行管理，以确保按期兑付本期债券的本息，保障投资者的利益。

另外，发行人将安排财务部牵头成立专门工作小组负责管理本期债券的还本付息工作。该小组工作成员将全面负责本期债券的利息支付和本金兑付，并在需要的情况下继续处理付息日或兑付日后的有关事宜。

5. 发行人名下拥有的优质可变现资产为本期债券的偿付提供重要保证

发行人拥有充足的土地资产，在必要时，发行人可以有计划地出让部分土地等资产，以补充偿债资金，保证债券的按期足额还本付息。

四、结论

综上所述，在与发行人、发行人律师、发行人会计师及本期债券资信评估机构充分沟通，并对发行人的主体资格、业务情况、所在地财政情况等进行审慎核查后，____________证券作为本期债券的主承销商认为发行人经营情况和偿债保障措施落实情况良好，对本期债券本息偿付具备较好的偿债能力。

________证券股份有限公司

_____年_____月_____日

17-4　企业基本信用信息报告

（略）

（由人民银行征信中心出具）

17-5　主承销商出具的质量控制审查报告

使用场景：

按照《国家发展改革委办公厅关于进一步强化企业债券风险防范管理有关问题的通知》（发改办财金〔2012〕3451 号）的要求，申请企业债，主承销商应提供质量（风险）控制机构的审查报告。

D11062

法律要点：

《国家发展改革委办公厅关于进一步强化企业债券风险防范管理有关问题的通知》(2012 年 11 月 12 日发改办财金〔2012〕3451 号)

七、加大对主承销商尽职工作的监管力度

为进一步规范主承销商的承销债券行为，将采取以下行为：

……

（三）切实提高发债材料质量，主承销商应建立完整的企业基本情况的尽职调查工作底稿，以备检查。主承销商应提供质量（风险）控制机构的审查报告。

（四）建立主承销商企业债券主办人制度，券商应提供主办人员教育背景及业绩记录，在我委备案。发债材料应由两名主办人员签字，并签署书面诚信尽职承诺。

（五）我委将加强对发债材料审核，审核中发现发债材料存在重大瑕疵、重大遗漏、披露不实不清或出现明显文字错误等情况的，将直接退回发债申请，并对主办人员给予批评，记入档案，要求主承销商进行整改。

（六）建立发债材料披露质量专家评议制度，拟邀请投资者代表定期对披露的发债材料质量进行评价。

（七）完善主承销商的自身信用记录并做好信用审核工作，逐步建立主承销商综合信用承诺制度。

文本正文：http://www.fatianshi.cn/D11062

____________证券股份有限公司
关于____________有限责任公司
企业债券发行项目的质量控制审核报告

国家发展和改革委员会：

____________证券股份有限公司（以下简称__________

_____证券或本公司）作为______________有限责任公司（以下简称______________、公司或发行人）公开发行企业债券（以下简称本次发行）的主承销商，已根据《中华人民共和国公司法》、《中华人民共和国证券法》、《企业债券管理暂行条例》、《国务院关于加强地方政府融资平台公司管理有关问题的通知》（国发〔2010〕19号）和贵委发布的有关规定，诚实守信，勤勉尽责地对发行人进行了质量控制审核，现按照贵委《关于进一步强化企业债券风险防范管理有关问题的通知》（发改办财金〔2012〕3451号）的规定，将审核情况报告如下。

一、本公司投资银行项目审核流程

______________证券对项目的质量控制审核管理依据《______________证券股份有限公司投资银行业务立项工作制度》、《______________证券股份有限公司投资银行业务内核工作制度》等规章制度进行。

本公司建立了投资银行项目立项管理制度，设立了立项审核委员会，负责对重要的投资银行项目的立项申请进行审核，对项目是否符合法律法规和公司制度规定的立项标准以投票方式作出判断。本公司质量控制部门职能之一是协助立项审核委员会开展工作，承担立项审核委员会的日常工作职责。质量控制部门负责对立项申请文件的合规性和完备性进行初审，并发表初审意见。初审完成后，质量控制部门应及时组织召开立项评审会议，并将立项申请文件转发至各参与项目审核的立项审核委员会成员。立项评审会议由五名以上的立项委员出席方能召开，同意票数占出席立项评审会议委员人数的2/3以上（含2/3）的，该项目立项申请获得立项评审会通过，否则为未通过。

本公司还建立了投资银行项目内部核查制度，设立内核委员会，负责对重大的投资银行项目的内核申请进行审核、监督和管理。

D11062

质量控制部门应对公司债券、企业债券承销保荐项目在立项并开展尽职调查之后至内核会召开之前，根据项目情况组织必要的现场核查，通过实地考察、查阅资料、访谈等方式对项目的执行情况进行检查，现场核查的结果将作为内核委员会审核的参考依据。

内核会议由7名以上的内核委员出席方能召开，表决采取记名投票方式，每一内核成员享有一票表决权。同意票数占出席内核会议委员人数的2/3以上（含2/3）的，该项目内核申请获得通过，否则为未通过。

二、立项审核过程

______年______月______日前，____________证券项目人员进入发行人现场，就公司拟本次公开发行公司债券的相关事宜与公司相关人员进行了充分的沟通和论证，项目人员对公司是否符合发行公司债券的基本条件进行了核查，并根据与发行人沟通情况初步拟定本次公开发行公司债券的具体方案。______年______月______日，在前期尽职调查工作的基础上，项目组正式向____________证券质量控制部提交了发行人本次公开发行企业债券的立项申请材料。本公司质量控制部在对该项目进行初审后提交给立项审核委员会审核，立项审核委员会立项小组成员于______年______月______日举行了______年第______次立项评审会议，对该项目的立项申请进行了审核。

参加会议委员为：______________________________。

立项评审会议以投票方式对发行人企业债券项目的立项申请进行了表决，同意票数达到出席立项评审会议委员人数的2/3以上（含2/3）。根据《____________证券股份有限公司投资银行业务立项工作制度》等有关规定，本公司同意该项目立项。

三、内部核查的审核过程与核查结论

______年______月______日，经项目组提交发行人企业债券承销项目内核申请，根据《____________证券股份有限公司投资银行业务内核工作制度》的规定，内核委员会内核小组成员召开了该项目的内核会议，参与审核人员为______。审核主要内容为：（1）是否符合发行条件；（2）申请文件是否真实、准确、完整；（3）申请文件质量（包括文字、数据、表述等）是否良好。

本次内核会议分为五个阶段：第一阶段，项目组成员介绍了发行人本次发行公司债券的基本条款和公司基本情况；第二阶段，质量控制部负责人介绍项目核查情况和质量控制部核查意见以及需要重点关注的问题；第三阶段，与会委员逐一陈述意见或提出问询，项目组就与会委员提出的问题一一进行解释和说明；第四阶段，项目组人员退场，内核委员发表内核意见并讨论；第五阶段，内核委员投票表决。经表决，____________本次公开发行公司债券项目的表决结果为：同意票数占出席内核会议委员人数的2/3以上（含2/3），该项目内核申请获得通过。

参加本次内核小组会议的委员经审核后认为：发行人本次发行符合《中华人民共和国公司法》《中华人民共和国证券法》及国务院颁布施行的《企业债券管理暂行条例》、《国务院关于加强地方政府融资平台公司管理有关问题的通知》（国发〔2010〕19号）和国家发改委等部委发布的关于企业债的法规、规定，同意本公司担任发行人本次公开发行企业债券的主承销商，推荐其向国家发改委申请公开发行企业债券。

四、项目审核中主要关注的问题

1. 请项目组做好尽职调查工作底稿收集和整理工作。

2. 请项目组按照国家发改委规定，结合近期披露的已发行

D11062

企业债券文件，规范申报材料内容和描述，保证文件质量。

______________证券股份有限公司

______年______月______日

17-6　主承销商关于不收取财务顾问费承诺函

使用场景：

主承销商一般不得有偿聘请中介类公司或个人作为债券发行的顾问或咨询方。确需聘请的，需在募集说明书中说明聘请的必要性、提供咨询服务的内容以及付费标准等。

法律要点：

1.《国家发展改革委办公厅关于进一步改进企业债券发行工作的通知》（2013年8月2日发改办财金〔2013〕1890号）

附件2 《关于进一步规范企业债券发行行为及贯彻廉政建设各项要求的意见》

三、严格监管，规范发行人发债工作

企业债券发行人应根据企业生产经营状况和投融资实 际需求，合理制定企业债券发行计划，公开、公正选聘各类中介机构，真实、准确、完整披露信息，切实防范偿债风险。

（一）发行人选聘企业债券中介机构应坚持公开、公正原则，做到条件公开、过程公开、结果公开，其中主承销商应采取招标方式选定。

（二）不得接受中介机构各种名义的回扣、手续费以及宴请等。

（三）发行人及其利益相关方或主承销商一般不得有偿聘请中介类公司或个人作为债券发行的顾问或咨询方。确需聘请的，需在募集说明书中说明聘请的必要性、提供咨询服务的内容以及付费标准等。

D11063

（四）发行人不得与主承销商等中介机构签署根据发行审核批复时长确定中介服务费率的协议。

文本正文： http://www.fatianshi.cn/D11063

承　诺　函

国家发展和改革委员会：

根据国家发改委的要求，____________证券股份有限公司（以下简称本公司）特此承诺，截至本承诺函出具之日，本公司在承销______年____________有限责任公司公司债券（以下简称本期债券）中不存在事前或事后的顾问费等协议支出。如本公司在承销本期债券时存在以上协议支出行为应报未报，则按有关规定依法接受惩处。

承诺人：____________证券股份有限公司（公章）

法定代表人（或授权代表）签章：______________________

______年______月______日

17-7　发行人最近三年无违法和重大违规行为的说明

使用场景：

发行人应说明近三年来是否存在重大违法和违规行为。

D11064

关注法天使

法律要点：

国家发展改革委《关于推进企业债券市场发展、简化发行核准程序有关事项的通知》（2008 年 1 月 2 日发改财金〔2008〕7 号）

二、企业公开发行企业债券应符合下列条件：

……

（七）最近三年没有重大违法违规行为。

文本正文：http://www.fatianshi.cn/D11064

无重大违法和违规行为的说明

截至本说明书签发日，近三年来，本公司不存在重大违法和违规行为。

特此说明。

____________有限责任公司（公章）

法定代表人（或授权代表）签章：______________________

______年______月______日

17-8　发行人最近三年无重大诉讼情况的说明

使用场景：

发行人应说明存在尚未了结的实质性影响公司财务、经营及资产状况的重大诉讼、仲裁或行政处罚案件。

D11065

文本正文：http://www.fatianshi.cn/D11065

无重大诉讼事项的说明

截至本说明出具之日，近三年来，本公司不存在尚未了结的实质性影响公司财务、经营及资产状况的重大诉讼、仲裁或行政处罚案件。

特此说明。

__________有限责任公司

_____年_____月_____日

17-9　发行人不进行高利融资的承诺书

使用场景：

发行人应当承诺在不进行短期高利融资。

法律要点：

《国家发展改革委办公厅关于对企业债券发行申请部分企业进行专项核查工作的通知》（2013 年 5 月 16 日发改办财金〔2013〕1177 号）

二、核查内容

……

（八）申请发债企业发行中期票据、短期融资券、信托计划、资产证券化产品、保险债权计划，以及各类私募债权品种的情况。是否存在违规集资情况，以 BT 方式对外合作、拖欠情况。企业应说明在 2 年内拟进行上述方式融资的计划，在企业债券存续期内发生信托、理财、资产证券化等私募产品融资的，及

D11066

关注法天使

时向我委报备。

文本正文：http://www.fatianshi.cn/D11066

____________有限责任公司
关于不进行短期高利融资的承诺书

国家发展与改革委员会：

____________有限责任公司（以下简称本公司）申请发行不超过20亿元公司债券，经审慎研究后承诺：本公司不进行与项目投资收回期限不匹配的短期高利融资。若出现违反本承诺的情况，将依据《中华人民共和国证券法》《企业债券管理条例》《国家发展改革委办公厅关于进一步改进和加强企业债券管理工作的通知》等相关法律、法规和规定承担相应法律责任，并自愿接受惩戒。

特此承诺。

____________有限责任公司（公章）

法定代表人（或授权代表）签章：____________________

_____年_____月_____日

17-10　发行人关于债券存续期间不进行私募融资的承诺书

使用场景：

发行人应当承诺在债券存续期间不进行私募融资。

法律要点：

《国家发展改革委办公厅关于对企业债券发行申请部分企业进行专项核查工作的通知》（2013 年 5 月 16 日发改办财金〔2013〕1177 号）

二、核查内容

……

（八）申请发债企业发行中期票据、短期融资券、信托计划、资产证券化产品、保险债权计划，以及各类私募债权品种的情况。是否存在违规集资情况，以 BT 方式对外合作、拖欠情况。企业应说明在 2 年内拟进行上述方式融资的计划，在企业债券存续期内发生信托、理财、资产证券化等私募产品融资的，及时向我委报备。

文本正文： http://www.fatianshi.cn/D11067

________有限责任公司关于债券存续期间不进行私募融资的承诺书

国家发展和改革委员会：

____________有限责任公司（以下简称本公司）申请发行不超过 20 亿元公司债券，经审慎研究后承诺：在债券存续期内，本公司不会采取私募融资方式进行融资。若出现违反本承诺的情况，将依据《中华人民共和国证券法》《企业债券管理条例》《国家发展改革委办公厅关于进一步改进和加强企业债券管理工作的通知》等相关法律、法规和规定承担相应法律责任，并自愿接受惩戒。

特此承诺。

____________有限责任公司（公章）

法定代表人（或授权代表）签章：____________________

_____年_____月_____日

D11067

17-11　资产构成情况说明（略）

17-12　会计师关于发行人资产情况的专项说明（略）

17-13　会计师关于本期债券的专项说明（略）

17-14　律师关于本期债券的专项法律意见（略）

17-15　律师关于发行人账内土地资产核查专项说明意见（略）

17-16　发行人账内土地资产地块位置示意图（略）

17-17　土地使用权证复印件（附土地出让金缴纳相关文件）（略）

17-18　可比地块信息：中国土地市场网周边土地成交记录（略）

17-19　发行人关于发行公司债券专项核查报告

使用场景：

申请企业债发行人属于自查、核查范围的企业发债申请均须做出发行企业债的专项核查报告。

法律要点：

《国家发展改革委办公厅关于对企业债券发行申请部分企业进行专项核查工作的通知》（2013年5月16日发改办财金〔2013〕1177号）

一、核查范围

已上报企业债券发行申请，我委对发行申请正在审核，属于《国家发展改革委办公厅关于进一步改进企业债券发行审核工作的通知》（发改办财金〔2013〕957号）划分的“从严审核类”

和“适当控制规模和节奏类”发债申请企业和相关的主承销商、会计师事务所和信用评级公司。

二、核查内容

（一）申请发债企业贯彻国家有关政策情况。

重点是自2010年以来，国务院、我委和有关部门发布的关于债券融资、地方政府投融资平台公司规范发展的有关政策文件的贯彻实施情况。

（二）申请发债企业规范运作情况。

1. 企业独立运作、政府公务员兼职、治理结构、决策机制情况。

2. 母公司对合并报表企业的实际控制情况，包括人员、财务、管理制度等。

3. 企业财务管理制度健全状况。

4. 政府对企业的监督管理情况，是否设立风险防火墙。

（三）申请发债企业资产、利润等财务指标的真实性、合规性。

1. 申请发债企业资产构成合规性，是否存在虚增资产的情况，是否存在非经营性资产，是否存在为发债突击注入资产的情况。企业最近一个财年以来的资产重组情况。是否有资产重组计划。

2. 申请发债企业主营业务收入、利润的真实性和可持续性，是否存在虚增收入、虚增利润的情况。

（四）债券担保的有效性，抵押担保是否存在一物多押，抵质押资产是否是易变现有效资产，第三方担保的是否存在互保或连环保。

（五）申请发债企业以前各期发债募集资金的使用情况，项目进展情况，需提供资金往来单据等证明材料。

D11068

（六）申请发债企业2013年、2014年到期债券的偿还计划及资金来源安排。

（七）申请发债企业偿债保障措施落实情况。

（八）申请发债企业发行中期票据、短期融资券、信托计划、资产证券化产品、保险债权计划，以及各类私募债权品种的情况。是否存在违规集资情况，以BT方式对外合作、拖欠情况。企业应说明在2年内拟进行上述方式融资的计划，在企业债券存续期内发生信托、理财、资产证券化等私募产品融资的，及时向我委报备。

（九）对申请发债企业主体和债项评级情况，有无虚增级别、以价定级的情况。申请发债企业应提供评级交费情况。

（十）申请发债企业、相关中介机构以及相关地方各级政府部门综合信用承诺制度落实情况。

（十一）地方发展改革部门有无限制券商、评级公司等中介机构在本地区正常开展业务的行为，有无直接或间接干预发行人遴选承销商、评级公司等中介机构的行为。

三、核查方式

核查工作以发行人和有关中介机构自查，省级发展改革部门核查，我委抽查的方式进行。

（一）发行人和有关中介机构各司其职，相互配合，认真完成自查，形成自查报告，并承诺对自查结果的真实性负责。

发行人、主承销商会同会计师事务所、评级机构，结合申请发债企业的具体情况，逐项说明对前述问题的自查程序、自查过程和自查结论，自查过程应明示具体核查人员、核查时间、核查方式、获取证据等相关内容。

发行人、主承销商、会计师事务所、评级机构应详细编制并保存自查工作底稿，留存自查过程中获取和编写的各种重要资料和工作记录。工作底稿应当内容完整、格式规范、标示统一、记录清晰。

（二）省级发展改革部门根据发行人和中介机构的自查报告对申请发债企业进行核查，并承诺本省范围内申请发债企业自查情况的真实性、合规性。

（三）我委按比例抽查，如发现自查、核查不实，对存在问题隐瞒不报的，将追究有关责任方的责任。

1. 属于申请发债企业责任的，退回发债申请，并根据问题严重程度暂停其发债申请资格。

2. 属于地方政府及有关部门责任的，暂停受理该区域所属企业发债申请。

3. 属于中介机构责任的，根据问题严重程度暂停乃至取消机构从事企业债券相关业务的资格，并对具体责任人员实行企业债券业务资格禁入。

四、有关安排

发行人及中介机构应将自查工作报告报送省级发展改革部门，省级发展改革部门组织核查后将核查报告一并报送我委。我委将分区域、分券商、分产业领域随机确定抽查对象，对列入我委抽查范围的企业抽查合格后再予核准债券发行。对未列入抽查对象的企业，我们也将在审核其自查报告和省级发改部门核查报告后，决定是否予以核准债券发行。

今后，新报送属于本通知自查、核查范围的企业发债申请均须按照上述要求，对有关情况逐项作出说明，说明文件与其他申报文件一并报送我委。

· D11068

____________有限责任公司
关于2017年____________有限责任公司公司
债券专项核查报告

根据国家发展和改革委员会办公厅《关于进一步改进企业债券发行审核工作的通知》（发改办财金〔2013〕957号），本次____________有限责任公司公司债券发行申请属于“适当控制规模和节奏类”；按照国家发展改革委员会办公厅《关于对企业债券发行申请部分企业进行专项核查工作的通知》（发改办财金〔2013〕1177号），本期债券的公司____________有限责任公司（以下简称发行人或公司）进行了专项自查，并出具本专项自查报告。另外，评级机构____________资信评估有限公司（以下简称____________资信）单独出具了自查报告。

现将相关自查工作报告如下：

一、专项自查工作安排

1. 自查工作总体安排

根据国家发改委的要求，公司组织项目相关人员成立了专项自查工作组，在______年______月______日至______年______月______日，实施了全面的自查工作。

2. 自查的主要内容

根据文件要求，本次自查工作主要针对如下事项进行自查说明：

自查事项	具体自查内容	责任方	是否适用
（一）申请发债企业贯彻国家有关政策情况	2010年以来，国务院、发改委和有关部门发布的关于债券融资、地方政府投融资平台公司规范发展的有关政策文件的贯彻实施情况	公司	适用
（二）申请发债企业规范运作情况	1. 企业独立运作、政府公务员兼职、治理结构、决策机制情况	公司	适用
	2. 母公司对合并报表企业的实际控制情况，包括人员、财务、管理制度等 3. 企业财务管理制度健全状况	公司	
	4. 政府对企业的监督管理情况，是否设立风险防火墙	公司	

D11068

续表

自查事项	具体自查内容	责任方	是否适用
（三）申请发债企业资产、利润等财务指标的真实性、合规性	1. 申请发债企业资产构成合规性，是否存在虚增资产的情况，是否存在非经营性资产，是否存在为发债突击注入资产的情况，企业最近一个财年以来的资产重组情况，是否有资产重组计划 2. 申请发债企业主营业务收入、利润的真实性和可持续性，是否存在虚增收入、虚增利润的情况	公司	适用
（四）债券担保情况	债券担保的有效性，抵押担保是否存在一物多押，抵质押资产是否是易变现有效资产，第三方担保的是否存在互保或连环保	公司	适用
（五）募集资金使用情况	申请发债企业以前各期发债募集资金的使用情况，项目进展情况，需提供资金往来单据等证明材料	不适用	不适用
（六）今明两年偿债计划	申请发债企业 2016 年、2017 年到期债券的偿还计划及资金来源安排	不适用	不适用
（七）申请发债企业偿债保障措施落实情况	公司及当地政府部门是否建立并落实偿债保障措施	公司	适用

续表

自查事项	具体自查内容	责任方	是否适用
（八）申请发债企业其他融资情况	申请发债企业发行中期票据、短期融资券、信托计划、资产证券化产品、保险债权计划，以及各类私募债权品种的情况。是否存在违规集资情况，以 BT 方式对外合作、拖欠情况。企业应说明在 2 年内拟进行上述方式融资的计划，在企业债券存续期内发生信托、理财、资产证券化等私募产品融资的，及时向我委报备	公司	适用
（九）评级情况	对申请发债企业主体和债项评级情况，有无虚增级别、以价定级的情况。申请发债企业应提供评级交费情况	公司	适用
（十）公司、中介机构及地方政府部门综合信用承诺制度落实情况	申请发债企业、相关中介机构以及相关地方各级政府部门综合信用承诺制度落实情况	公司	适用
（十一）地方发展改革部门有无限制和干预公司遴选承销商等中介机构的行为	地方发展改革部门有无限制券商等中介机构在本地区正常开展业务的行为，有无直接或间接干预公司遴选承销商等中介机构的行为	公司	适用

二、专项自查工作情况及结果

针对文件要求的 11 项重点自查事项，公司负责提供真实、完整、有效的直接证据，承担信息披露第一责任。具体自查情

D11068

况报告如下：

（一）申请发债企业贯彻国家有关政策情况

主要包括：2010年以来，国务院、发改委和有关部门发布的关于债券融资、地方政府投融资平台公司规范发展的有关政策文件的贯彻实施情况。

自查程序：

针对公司领导学习相关政策文件进行了自我核查，并按规定进行了实施；

确定公司按照政策文件的规定进行了实施，在过程中不存在未按照政策文件规定实施情况及相关整改情况。

自查过程：

核查人员：____________________

核查时间：____________________

核查方式：____________________

根据自查内容，自查小组整理了2010年以来，国务院、发改委和有关部门发布的关于债券融资的有关政策文件，结合公司自身的实际情况，对其贯彻和执行上述规范性政策文件的情况进行逐一核对。对于没有贯彻和执行上述规范政策性文件的情况进行说明，并及时进行整改。

获取证据：________银行（以下简称________银行）出具的《关于________有限责任公司政府融资平台公司情况的说明》、________会计师事务所（特殊普通合伙）（以下简称________会计）出具的发行人2013~2015年《审计报告》、《关于________有限责任公司资产构成情况的说明》、《关于________有限责任公司公司债券的专项说明》、《2017年________有限责任公司公司债券募集资金使用专户监管协议》、《2017年________有限责任公司公司债券偿债资金专户监管协议》、《2017年____________有限责任公司公司债券持有人会议规则》、《2017年____________有限责任公司公司债券债权代理协议》、公司及各中介机构签署的综合信用承诺书、____________资信出具的《信用评级报告》、募投项目政府审批文件以及人民银行征信中心出具的《企业信用报告》等。

自查结论：

1. 公司近年来承担有稳定经营性收入的公益性项目的融资任务并主要依靠自身收益偿还债务，因此按照文件的要求，公司将不断充实资本，完善治理结构，促进商业化运作。根据____________银行出具的《关于____________有限责任公司政府融资平台公司情况的说明》，公司被认定为现金流全覆盖监管类平台，符合《国务院关于加强地方政府融资平台公司管理有关问题的通知》（国发〔2010〕19号）、《财政部、发展改革委、人民银行、银监会关于贯彻国务院关于加强地方政府融资平台公司管理有关问题的通知相关事项的通知》（财预〔2010〕412号）对融资平台公司及其债务进行清理和规范的要求。

2. 根据____________会计出具的《关于____________有限责任公司资产构成情况的说明》和《关于____________有限责任公司公司债券的专项说明》，本公司无任何公益性资产。符合《国务院关于加强地方政府融资平台公司管理有关问题的通知》（国发〔2010〕19号）、《财政部、发展改革委、人民银行、银监会关于贯彻国务院关于加强地方政府融资平台公司管理有关问题的通知相关事项的通知》（财预〔2010〕412号）对学校、医院、公园等公益性资产不得作为资本注入融资平台公司的要求。

3. 通过对本公司长短期债务的自查，没有发现地方各级政府及其所属部门和机构以财政性收入、行政事业等单位的国有资产，或其他任何直接、间接形式为融资平台公司融资行为提

D11068

供担保的情况。符合《国务院关于加强地方政府融资平台公司管理有关问题的通知》（国发〔2010〕19号）、《财政部、发展改革委、人民银行、银监会关于贯彻国务院关于加强地方政府融资平台公司管理有关问题的通知相关事项的通知》（财预〔2010〕412号）对地方各级政府及其所属部门和机构不得以财政性收入、行政事业等单位的国有资产，或其他任何直接、间接形式为融资平台公司融资行为提供担保的要求。

4. 根据公司经审计的2013~2015年财务报表，以及____________会计出具的《关于____________有限责任公司资产构成情况的说明》和《关于____________有限责任公司公司债券的专项说明》，公司2013~2015年三年平均主营业务收入与平均补贴收入之比大于7∶3，符合《国家发展改革委办公厅关于进一步规范地方政府投融资平台公司发行债券行为有关问题的通知》（发改办财金〔2010〕2881号）对申请发债企业的偿债资金来源70%以上需来自公司自身收益的要求。

5. 本期债券募集资金的80%用于____________项目，20%用于补充公司营运资金，符合《国家发展改革委办公厅关于进一步规范地方政府投融资平台公司发行债券行为有关问题的通知》（发改办财金〔2010〕2881号）对募投资金应当主要用于对经济社会发展有重要意义的基础设施建设和市政公用设施领域的要求。

6. 公司与____________商业银行股份有限公司签订了《______年____________有限责任公司公司债券偿债资金专户监管协议》专门用于偿债资金的接收、划转及存放，符合国家发改委对公司应当加强内部管理，制定偿债计划，在银行建立偿债资金专户的要求。

7. 公司学习了在债券存续期内规范企业资产重组程序、完善信息披露、加强债券资金用途监管、实施企业偿债能力动态监控等相关政策，符合《国家发展改革委办公厅关于进一步加强企业债券存续期监管工作有关问题的通知》（发改办财金〔2011〕1765号）要求。

8. 本期债券的申报材料中已经包含人民银行企业征信报告，符合《国家发展改革委办公厅关于加强企业发债过程中信用建设的通知》（发改办财金〔2012〕2804号）对公司需提供征信报告的要求。

9. 公司均已按照文件要求，分别签署了综合信用承诺书，符合《国家发展改革委办公厅关于加强企业发债过程中信用建设的通知》（发改办财金〔2012〕2804号）对新申请发债时，公司和各中介机构等需分别签署并提交综合信用承诺书，承诺遵守法律法规、规范性要求和发债约定，规范与债权人利益有关的各项行为，承诺如有违规或违约将自愿接受惩戒的要求。

10. 根据公司经审计的财务报表，公司2013~2015年末的资产负债率分别为______%、______%和______%，资产负债率较低，符合《国家发展改革委办公厅关于进一步强化企业债券风险防范管理有关问题的通知》（发改办财金〔2012〕3451号）对资产负债率较高的企业，分别采取不同的偿债保障措施的要求。

11. 经____________资信综合评定，公司的主体长期信用等级为____________，本期债券的信用等级为____________，符合发行信用债券的条件，符合《国家发展改革委办公厅关于进一步强化企业债券风险防范管理有关问题的通知》（发改办财金〔2012〕3451号）对根据发债主体的信用等级，完善相应偿债保障措施的要求。

12. 本期债券募投项目是____________项目，符合《国家发展改革委办公厅关于进一步强化企业债券风险防范管理有关问题的通知》（发改办财金〔2012〕3451号）对根据募集资金投向

D11068

细化分类管理的要求。

13. 公司不存在互相担保或连环担保、为其他企业发债提供担保的情况，符合《国家发展改革委办公厅关于进一步强化企业债券风险防范管理有关问题的通知》（发改办财金〔2012〕3451号）对进一步规范企业债券担保行为的要求。

14. 根据____________人民政府出具的资产处理文件，公司相关资产注入及重组已执行完毕，并已取得专业评估报告和验资报告，符合《国家发展改革委办公厅关于进一步强化企业债券风险防范管理有关问题的通知》（发改办财金〔2012〕3451号）对加强对城投公司注入资产及重组的管理的要求。

（二）申请发债企业规范运作情况

主要包括：企业独立运作、政府公务员兼职、治理结构、决策机制情况；母公司对合并报表企业的实际控制情况，包括人员、财务、管理制度等；企业财务管理制度健全状况；政府对企业的监督管理情况，是否设立风险防火墙。

自查程序：

检查公司是否按《中华人民共和国公司法》规定建立了规范的法人治理结构，检查股东、董事会、监事会的运作情况；获取公司高管的名册及简历情况，检查公司高管是否为政府公务员兼职。

获取合并报表范围子公司清单，检查对合并范围子公司合并依据是否充分，合并依据是否符合按照企业会计准则或《企业会计制度》的规定；检查合并范围内子公司重大问题决策、高管任免、重大项目决策、大额资金使用等是否经由母公司决策，是否存在形式上控制实质上不控制的现象；检查母公司对子公司财务事项的控制情况；检查子公司内部控制制度的落实执行情况。

获取公司各项财务管理制度，检查财务管理制度是否完整，是否有效执行。

检查政府对公司的监管内容与措施。

自查过程：

1. 核查人员：______________________________

2. 核查时间：______________________________

3. 核查方式：______________________________

（1）企业独立运作、治理结构、决策机制情况

根据自查内容，自查小组查阅了公司章程、组织结构图及岗位职责、董事会、监事会议事规则和相关决议。经自查，公司运作情况如下：

公司按照《中华人民共和国公司法》规定建立了规范的法人治理结构，公司股东、董事会、监事会制度完备，并按照已建立的制度规范运行。

公司依法设立董事会，董事会是公司的执行机构。公司董事会由______名董事组成，其中职工董事______名。职工代表董事通过职工代表大会、职工大会或者其他形式民主选举产生。董事任期为3年，董事会成员（除职工代表董事外）由公司控股股东委派产生。董事长为公司法定代表人，由公司控股股东从董事会成员中指定。董事会对股东负责。

公司设监事会，监事会成员______名，其中职工代表监事______名。监事会中的职工代表由公司职工通过职工代表大会民主选举产生。董事、总经理及财务负责人不得兼任监事。监事会负责对董事会成员及其他高级管理人员进行监督，防止滥用职权，侵犯出资人、公司及公司员工的合法利益。

公司设总经理。由董事会聘任或者解聘。总经理可由董事会成员兼任。

（2）政府公务员兼职的情况

根据自查内容，自查小组检查了公司董事、监事和高级管

D11068

理人员的人员简历，经自查，公司董事、监事和高级管理人员任职资料如下：

序号	姓名	职务	是否兼职领薪	是否为公务员	兼职情况
1					
2					
3					
4					
5					

（3）母公司对合并报表企业的实际控制情况，包括人员、财务、管理制度等。

根据自查内容，自查小组获取了公司子公司的清单，检查了公司工商档案材料，查阅了全资子公司以及控股子公司的公司章程、营业执照、组织机构代码证等资料，子公司具体情况如下：

序号	企业名称	成立日期	注册资本（万元）	持股比例（%）
1				100
2				100
3				100
4				100
5				51
6				51

自查小组检查了公司对______个全资子公司及______个控股子公司的合并依据，分析合并依据中公司是否严格落实企业会计准则的规定。自查小组检查了合并财务报表的合并基础，检查了子公司发债期间财务报表已经过审计，子公司的会计期

间与会计政策和母公司一致；检查了子公司的管理制度。

自查小组查阅了股东会、董事会、监事会等会议记录，以及重要决策文件，与公司高管人员进行访谈，了解母公司对子公司的重大问题决策、重要干部任免等的情况，检查了母公司对子公司的实际控制情况。

自查小组检查了子公司企业高管的任职文件以及各个子公司内部控制制度的落实情况。

（4）企业财务管理制度健全状况

根据自查内容，自查小组获取并审阅公司财务报告内部控制制度相关资料。通过执行审阅程序，我们了解到公司已经建立了相关的财务报告内部控制制度。

自查小组通过审阅公司财务管理制度中的关于财务会计机构设置和岗位职责制度，并现场查看财务部财务岗位与职责，了解关键财务人员的背景、从业年限、劳动合同等情况。经核查，公司在岗的财务人员均具有会计从业资格证书，公司在岗的财务人员岗位安排及职责明确，能够执行不相容职务分离的原则。

自查小组通过与财务人员进行访谈沟通以证实公司的财务管理制度是否得到有效的执行。通过对财务人员的访谈，我们了解到公司财务部门设置了财务部负责人、会计、出纳，子公司主管会计、出纳等岗位。各会计人员在处理日常经济业务时，根据所发生的经济业务，在审核原始凭证的完整性、合法性及审批手续的合规性后，依据经济业务实质按公司财务管理制度的规定录入核算系统，财务总监对会计处理的合理性进行审核，最后由会计过账，财务总监编制财务报表。

自查小组抽取部分经济业务凭证，通过执行检查程序，将后附的原始凭证反映的经济业务与记账凭证记录的经济事项核

D11068

对，可以确认，被抽取的凭证均已按照公司会计核算制度的要求核算，真实、及时地反映了公司发生的经济业务，并按照财务管理制度有效执行。

（5）政府对企业的监督管理情况，是否设立风险防火墙

根据自查内容，自查小组查阅了政府对公司监督管理的制度文件。经自查，公司股东为____________，持股比例为______%，____________为公司实际控制人。依据《企业国有资产监督管理暂行条例》、《地方国有资产监管工作指导监督办法》等法律法规对企业进行监督管理。每个会计年度后，公司需要向____________递交审计报告，审计机构需经____________认可。此外，____________作为公司的实际控制人，对企业的重大经营行为作出决策，并由企业负责实施。

目前，公司经营活动均通过市场化方式运作，政府不对企业的负债和经营行为进行担保或兜底。政府和企业之间设立了风险防火墙，从制度上防止了政企不分、行政干预企业经营行为的发生。

4. 获取证据：公司章程、组织结构图及各岗位职责、董事会、监事会议事规则和相关决议、人事关系证明、兼职人员是否在企业领取薪酬、薪酬发放记录、关于公司公务员兼职领薪情况整改的说明、合并报表范围子公司清单、章程、营业执照、税务登记证、企业代码证、子公司董、监、高的任免通知、对子公司及合并财务报表管控规范、财务管理办法、档案管理办法、行政管理制度（暂行）、合同管理办法（暂行）、对子公司及合并财务报表管控规范、《企业国有资产监督管理暂行条例》（中华人民共和国国务院令第 378 号）、《地方国有资产监管工作指导监督办法》（国务院国资委令第 25 号）。

自查结论：

公司按照《中华人民共和国公司法》及其他相关法律法规要求，建立了由董事会、监事会、管理层组成的法人治理结构体系，形成集中控制、分级管理、责权分明的管理机制。

公司董事会、监事和高级管理人员兼职的情况，符合《中华人民共和国公务员法》的相关要求。

公司对子公司拥有人员、管理和财务方面具有控制权，符合纳入合并报表范围的规定。

公司已建立规范的财务会计核算体系，单独设立财务部门，保证财务部门岗位齐备，所聘用人员具备相应的专业知识及工作经验，能够胜任该岗位工作，各关键岗位能够严格执行不相容职务分离的原则。公司能够通过记账、核对、岗位职责落实、职责分离、档案管理等会计控制方法，确保公司会计基础工作规范，财务报告编制有良好基础。

____________履行了对企业的监督管理工作，同时建立了风险防火墙，企业采取市场化的运作方式，不存在政企不分的情形。

（三）申请发债企业资产、利润等财务指标的真实性、合规性

主要包括：对申请发债企业资产构成合规性，是否存在虚增资产的情况，是否存在非经营性资产，是否存在为发债突击注入资产的情况。企业最近一个财年以来的资产重组情况。是否有资产重组计划。申请发债企业主营业务收入、利润的真实性和可持续性，是否存在虚增收入、虚增利润的情况。企业基本情况如下：

近 3 年，公司主要经营基础____________业务、____________业务以及____________业务等。详细情况如下表所示：

（略）

D11068

发行人 2015 年营业收入、成本及利润情况如下表：

（略）

2013~2015 年，公司各项业务收入及利润总体保持平稳，公司业务运作较为成熟。

自查程序：

1. 检查是否存在将非经营性资产（包括政府办公场所、公园、医院、学校、事业单位资产以及不产生收益的市政道路、桥梁、博物馆等纯公益性资产）注入平台公司；

2. 检查______年以来注入经营性资产是否存在评估价值明显虚高的现象；

3. 检查作为企业注册资本注入的土地资产是否取得土地使用权证；属于划拨、变更土地使用权人的，是否取得原土地使用证已经注销的证明；

4. 检查地方政府将土地注入融资平台公司是否经过法定的出让或划拨程序。以出让方式注入土地的，融资平台公司是否及时足额缴纳土地出让收入并取得国有土地使用证；以划拨方式注入土地的，是否经过有关部门依法批准并严格用于指定用途；

5. 检查为发行债券注入的资产程序是否合规，手续是否完善；

6. 检查其他应收款和应收账款中应收政府部门和关联平台公司等款项的真实性；应收款项的余额是否得到政府部门和关联平台公司的确认；

7. 检查合并报表中合并范围的真实性；是否存在为增加净资产和净利润，虚增合并范围的情况；是否存在将巨额亏损的公司未纳入合并范围的情况；

8. 检查主营业务收入明细表及主要客户明细清单；检查主营业务收入的确认条件、方法是否符合《企业会计准则》和《企业会计制度》的规定并保持前后期一致；

9. 关注周期性、偶然性的收入是否符合既定的收入确认原则、方法；

10. 对大额收入事项，自查合同协议、收付款记录等；

11. 检查补贴收入的真实性，是否取得政府的补贴文件，款项是否实际收到；

12. 结合长期股权投资等投资协议文件，验证确定投资收益是否真实、准确；

13. 检查计提税金的依据是否充分、会计处理是否正确。

自查过程：

1. 核查人员：________________________________

2. 核查时间：________________________________

3. 核查方式：________________________________

（1）自查小组获取了公司的资产构成清单，包括固定资产、无形资产等，取得的相关资产的所有权证证明材料，核实了权属证书原件，不存在政府办公场所、公园、医院、学校、事业单位资产以及不产生收益的市政道路、桥梁、博物馆等公益性资产。

（2）自查小组核查了注入资产的原始凭证，重点核查了注入资产的评估报告，我们对评估报告书的以下内容进行了复核：

A. 出具评估报告书的评估机构和签字人员是否具备相应评估资质；

B. 评估报告书的格式是否符合规定；

C. 评估报告书的基准日的选择是否恰当，且由双方约定；

D. 评估报告书中评估范围与委托评估范围是否一致；

E. 评估报告书所依据的法律、法规和政策是否正确；

F. 评估报告书所引用的资料、数据是否有依据；

D11068

G. 评估报告书的过程、步骤是否全面、正确、符合规范要求；

H. 评估报告书披露事项对评估结果是否已经产生重大影响；

I. 评估报告书中运用的评估方法是否恰当、评估结果有无重大差错。

我们对公司的土地估价机构出具的土地估价报告进行了审查，对土地估价基准时点时各影响因素的分析及所采用的计算方法进行复核工作。我们认为土地估价报告中，对于基准时点土地价格的把握基本符合土地市场的价格趋势，所采用的估价方法亦无缺项漏项，估价方法中对各项的取值和分析基本正确。

（3）自查小组获取了土地使用权构成清单，查看了股东历年注入的资产状况，并审阅了历年的财务账簿记录和记账凭证，对应检查了土地资产注入的相关文件和产权登记证书。可以确认注入资产均已办理了产权变更手续，手续齐全，符合法律法规规定，并由公司控制和支配，期后无转移、抽逃情况。

（4）自查小组获取了应收客户款项的清单，对审计过程中的函证进行核查，首先，对账面金额与函证金额进行核对，核对无误；其次，运用询证函金额与客户的账面金额进行核对，经过核对无误。取得了相关部门和单位的函证，对函证金额进行了访谈确认，上述部门和单位已确认。

（5）自查小组获取了子公司清单，核查人员检查了母公司合并账簿，账簿中记载的合并子公司数量、金额与审计报告相符。获取了子公司高管任职文件，股东会议决定，营业执照、验资报告、章程等资料，并进行了检查，可以确定合并报表中合并范围的真实，不存在为增加净资产和净利润，虚增合并范围的情况；不存在将巨额亏损的公司未纳入合并范围的情况。

（6）自查小组已获取了收入确认依据、土地成交确认书、土地文件以及成本核算单等。公司主要收入为基础设施建设业务收入，经核查，以上收入均是公司经营取得的收入，未见公司将实际为补贴收入的项目列入主营业务收入的情况。公司已按照协议及时收到款项，未见公司虚构收入的情况，收入确认依据充分、收入确认依据前后各期一致，公司主营业务成本发生额、结转额正确，未见少结转成本，虚增利润的情况，公司主营业务收入以及主营业务成本确认依据充分、计量准确、列报公允。

（7）自查小组对各期营业收入波动情况进行了分析，公司2013年度至2015年度营业收入分别为______万元、______万元和______万元，业务收入较为稳定。

（8）自查小组获取了补贴收入清单，按照补贴清单中项目、金额与账簿中项目、金额进行核对，核对金额一致；根据补贴清单一对一地进行检查补贴文件，公司均按照补贴文件取得了补贴收入，账目记载收入金额与补贴文件中相符。

（9）自查小组已获取各子公司验资报告、公司章程、股权划转等文件。经核查，未见公司对外投资取得的股权发生减值，公司长期股权投资确认依据充分、计量准确、列报公允。

4. 获取证据：资产构成清单，包括存货、固定资产、无形资产、在建工程；资产产权证复印件，包括土地使用权；注入资产文件；往来款函证等；主营业务收入明细表、与收入确认相关的土地成交确认书、土地文件以及成本核算单、政府补贴批文、公司关于“主营业务收入、利润的真实性和可持续性，是否存在虚增收入、虚增利润的情况”的说明。

自查结论：

公司资产构成合规，不存在虚增资产的情况。不存在政府办公场所、公园、医院、学校、事业单位资产以及不产生收益

D11068

的市政道路、桥梁、博物馆等公益性资产。企业最近一个财年以来没有资产重组计划。公司主营业务的收入和利润真实，具有可持续性，不存在虚增收入、虚增利润的情况。

（四）债券担保的有效性，抵押担保是否存在一物多押，抵质押资产是否是易变现有效资产，第三方担保的是否存在互保或连环保

主要包括：申请发债企业与第三方担保人之间是否存在互保或连环保。

本期债券由____________有限责任公司（以下简称____________担保）提供全额无条件不可撤销的连带责任保证担保。当公司自身偿债措施不能满足本期债券还本付息要求时，____________有限责任公司将为本期债券按期还本付息履行不可撤销的连带担保责任。

自查程序：

检查担保人出具的担保函、担保协议；

检查担保人对本期债券提供担保的内部批准程序，包括股东会决议、董事会决议；

了解公司与担保人之间的业务往来、是否存在关联关系。

自查过程：

1. 核查人员：____

2. 核查时间：____

3. 核查方式：____

自查小组检查了____________担保签署的《2017年____________有限责任公司公司债券保证担保协议》、《担保函》、____________担保股东出具的《股东决定》以及____________担保董事会出具的《董事会决议》，担保人的对外担保程序履行了合法的批准程序，出具的担保函及担保协议符合相关法律的规定。

自查小组还检查了发行人与担保人之间的关联关系及业务往来，检查了发行人以及担保人的股权结构以及发行人与担保人的董事、监事、高级管理人员的关联企业情况；查阅了公司董事会会议记录，访谈了公司的高级管理人员、财务人员，查阅了与公司有业务往来的企业清单。发行人与担保人之间不存在业务往来及关联关系，不存在互保或连环保。

4. 获取证据：截至自查报告日公司取得的《2017 年____________有限责任公司公司债券保证担保协议》，《担保函》，____________担保股东出具的《股东决定》，____________担保董事会出具的《董事会决议》，主营业务收入明细表，公司章程，股权结构图，____________担保营业执照，____________担保股权结构图，____________担保2014年度、2015年度审计报告，________担保最新信用评级报告。

自查结论：

本期债券的担保有效，第三方担保不否存在互保或连环保。

（五）申请发债企业以前各期发债募集资金的使用情况，项目进展情况

公司未发行过债券，因此本项自查不适用。

（六）申请发债企业 2015 年、2016 年到期债券的偿还计划及资金来源安排

企业未发行过债券，因此本项自查不适用。

（七）申请发债企业偿债保障措施落实情况

主要包括：申请发债企业及当地政府部门是否就本期债券的偿还建立相应的保障措施。

自查程序：

1. 检查公司具体的偿债保障措施；

2. 了解公司最新经营情况，是否具有持续经营能力，保障

D11068

债务偿还。

自查过程：

1. 核查人员：____________________________

2. 核查时间：____________________________

3. 核查方式：____________________________

自查小组检查了本公司与________商业银行股份有限公司签署的《2017年________有限责任公司公司债券持有人会议规则》《2017年________有限责任公司公司债券债权代理协议》《2017年________有限责任公司公司债券募集资金使用专户监管协议》《2017年________有限责任公司公司债券偿债资金专户监管协议》，认为以上制度安排合理保障了本期债券本息能及时足额偿付。

自查小组还查阅了本公司的经审计财务报告，询问了公司高管经营情况。2013~2015年末，公司营业总收入分别为____万元、____万元、和____万元；从短期偿债能力来看，公司2013~2015年末的流动比率分别为____、____和____；速动比率分别为____、____和____；公司流动性水平较高，加上政府的支持以及公司多年来在经营中与银行建立的良好合作关系，可以有效保障公司短期债务的按期支付，无法偿还到期负债的财务风险较小，短期偿债能力较强。从长期偿债能力来看，公司2013~2015年末资产负债率分别为____%、____%和____%，整体资产负债率处于行业合理水平，财务结构稳健。

自查小组审查了本期募投项目的经济效益情况：

本期债券募集资金总额为____万元，其中____万元用于________项目，____万元用于补充公司营运资金。

________项目

（__________项目简要情况）

本期债券的募投项目建成后预计可为公司带来收入共计______万元，具有较好的经济效益，可覆盖项目总投资。公司承诺上述募投项目的收入将优先用于偿还本期债券。

4. 获取证据：截至自查报告日公司取得的《2017 年____________有限责任公司公司债券持有人会议规则》、《2017年____________有限责任公司公司债券债权代理协议》、《2017年______________有限责任公司公司债券募集资金使用专户监管协议》、《2017年__________有限责任公司公司债券偿债资金专户监管协议》。

自查结论：

公司已就本期债券的偿还建立相应的保障措施。

（八）发债企业的其他融资情况

主要包括：申请发债企业是否存在发行中期票据、短期融资券、信托计划、资产证券化产品、保险债权计划，以及各类私募债权品种的情况；是否存在违规集资情况，以 BT 方式对外合作、拖欠情况；在 2 年内拟进行上述方式融资的计划，在企业债券存续期内发生信托、理财、资产证券化等私募产品融资的，及时向发改委报备的承诺。

自查程序：

1. 获取公司融资计划，了解公司的融资构成；

2. 检查融资情况在公司年度报表审计报告中的披露情况；

3. 从市场公开信息了解融资情况的真实性；

4. 取得未来 2 年企业投融资计划，检查其是否向国家发改委报备。

自查过程：

1. 核查人员：________________________________

D11068

2. 核查时间：____________________

3. 核查方式：____________________

根据自查内容，自查小组检查了各类负债情况，截至2016年9月30日，自查小组未发现其他信托产品、中期票据、短期融资券、资产证券化产品、保险债权计划，以及各类私募债权品种的情况。未发现违规集资情况，以BT方式对外合作、拖欠情况。

截至2016年9月30日，公司待偿还融资租赁借款余额5000万元，情况如下：

出租人	金额	利率	租赁期限

自查小组询问了公司未来2年内的融资计划，无通过短期融资券、信托计划、资产证券化产品、保险债权计划以及各类私募债权品种融资的计划。如在企业债券存续期内发生信托、理财、资产证券化等私募产品融资的，公司承诺将及时向国家发改委报备。

自查小组通过公开互联网络搜寻了公司融资、集资情况，未发现违规信息。

4. 获取证据：公司融资情况说明。

自查结论：

本期债券是发行人首次发行公司债券。

截至2016年9月30日，公司存在一笔融资租赁借款。上述融资工具不涉及地方政府违规采用集资、回购（BT）等方式举债建设公益性项目，违规提供担保。公司按照市场化原则规范运行，合法进行融资行为，上述融资工具均完全符合《关于制止地方政府违法违规融资行为的通知》（财预〔2012〕463号）

文件的相关规定。

除此之外，公司及子公司无已发行尚未兑付或逾期未兑付的企业（公司）债券、中期票据、短期融资券、资产证券化产品、信托计划、保险债权计划、理财产品及其他私募类债权产品，不存在售后回租及代建融资情况。公司及其子公司不存在违规集资情况和以 BT 方式对外合作、拖欠的情况。如果在未来两年内发生信托、理财、资产证券化等私募产品融资，公司将及时向____________省发改委以及国家发改委报备。

（九）对申请发债企业主体和债项评级情况，有无虚增级别、以价定级的情况

主要包括：检查申请发债企业主体和债项评级情况，有无虚增级别、以价定级的情况；评级机构提供申请发债企业评级交费情况相关资料。

自查程序：

1. 成立项目自查工作小组；

2. 拟定自查资料清单；

3. 收集自查资料、获取自查相关证据；

4. 完成自查报告。

自查过程：

1. 核查人员：____

2. 核查时间：____

3. 核查方式：____

（1）针对项目情况，____________资信成立了由作业部门、业务发展部门以及合规部门共同组成的自查工作小组。

（2）项目自查工作小组根据要求和发行人情况确定了自查内容及相关自查资料清单。

（3）对所收集的核查资料进行整理，并形成自查工作底稿。

D11068

4. 获取证据：收费、现场访谈及尽职调查、评级报告撰写及审核、评审及结果和评级报告意见征求及反馈。

自查结论：

____________资信与发行人签订了《信用评级委托协议书》，收取发行人主体信用评级费用人民币______万元，本期债券信用评级费用人民币______万元，在本期债券存续的______年内，每年收取跟踪评级费用人民币______万元，不存在“以价定级”或“以级定价”的情况。此外，____________资信已单独出具《关于____________有限责任公司2017年20亿元企业债券信用评级项目之自查报告》，详细情况参见该文内容。

（十）申请发债企业以及相关地方各级政府部门综合信用承诺制度落实情况

主要包括：申请发债企业以及相关地方各级政府部门综合信用承诺制度落实情况。

自查程序：

1. 检查申报材料中公司征信记录文件及相关地方政府信用承诺文件内容是否完整，信用记录是否良好；

2. 获取最新公司征信记录，检查信用记录是否发生重大变化，是否符合发行要求。

自查过程：

1. 核查人员：____

2. 核查时间：____

3. 核查方式：____

根据自查内容，自查小组复核了公司按照《国家发展改革委办公厅关于加强企业发债过程中信用建设的通知》（发改办财金〔2012〕2804号）的要求，在本期债券申报时提交的综合承诺信用书。

公司按照《国家发展改革委办公厅关于对企业债券发行申请部分企业进行专项核查工作的通知》（发改办财金〔2013〕1177号）要求，针对本次自查工作的结果，形成本次自查报告，对自查结果进行了承诺。

自查小组还获取了最新公司征信记录，根据记录显示，公司信用记录良好，无还款违约情况。

4. 获取证据：公司综合信用承诺书、主承销商综合信用承诺、会计师事务所综合信用承诺书、评级机构综合信用承诺书、律师事务所综合信用承诺书。

自查结论：

公司已经按照发改办财金〔2012〕2804号文和发改办财金〔2013〕1177号文的要求，严格落实了相关债券综合信用承诺制度。

（十一）地方发展改革部门有无限制券商等中介机构在本地区正常开展业务的行为，有无直接或间接干预发行人遴选承销商等中介机构的行为

主要包括：地方发展改革部门有无限制券商等中介机构在本地区正常开展业务的行为，有无直接或间接干预发行人遴选承销商等中介机构的行为。

自查程序：

1. 公司确定中介部门的过程和依据，是否存在地方发展改革部门限制券商等中介机构在本地区正常开展业务的行为，直接或间接干预发行人遴选承销商等中介机构的行为；

2. 公司发行债券和各中介机构签订的合同，检查合同价格是否按市场公允价格确定。

自查过程：

1. 核查人员：______________________________

D11068

2. 核查时间：____________________________

3. 核查方式：____________________________

根据自查内容，自查小组检查了公司对各中介机构的选定过程记录和公司与各中间机构签订的合同，询问了各中介机构在__________县开展业务和参与本期债券发行的情况，未发现地方发展改革部门限制券商等中介机构在本地区正常开展业务的行为，未发现地方发展改革部门直接或间接干预发行人遴选承销商等中介机构的行为，并且公司对此做出了声明（见承诺签章页）。

自查小组检查了公司与各中介机构签订的合同，未发现合同价格与市场公允价格发生较大偏离。

获取证据：公司对各中介机构选定过程记录、公司与各中介机构签订的合同。

自查结论：

地方发展改革部门无限制券商等中介机构在本地区正常开展业务的行为，无直接或间接干预发行人遴选承销商等中介机构的行为。

三、其他说明事项

本专项自查工作报告仅供公司本次向国家发改委申请发行企业债券时使用，不得用作其他任何用途。由于使用不当所造成的后果，与执行本业务各中介机构无关。我们同意将本报告作为公司申请发行企业债券所必备的文件，随其他申报材料一起向相关监管部门上报。

本公司承诺严格按照《国家发展改革委办公厅关于对企业债券发行申请部分企业进行专项核查工作的通知》（发改办财金〔2013〕1177 号）要求，全力配合本次专项自查，保证提供的文件真实、准确、完整，并承担信息披露第一责任。本公司承诺按照职责分工各司其职，相互配合，认真完成自查，形成自查报告。本公司承诺对自查结果的真实性负责，并自愿接受上述承诺违约后相应的处罚措施。

本公司未发现地方发展改革部门直接或间接干预本公司遴选承销商、评级公司等中介机构的行为。

法定代表人：________________________

____________有限责任公司

______年______月______日

17-20 主承销商关于首次发债的辅导报告

使用场景：

按照《国家发展改革委办公厅关于进一步强化企业债券风险防范管理有关问题的通知》（发改办财金〔2012〕3451号）的要求，对于发行人首次发行债券的，主承销商应提供发行人辅导报告；对于再次申请发债的，主承销商应提供发行人在存续期信息披露、募集资金使用和兑付本息情况的报告。

法律要点：

《国家发展改革委办公厅关于进一步强化企业债券风险防范管理有关问题的通知》（2012年12月11日发改办财金〔2012〕3451号）

七、加大对主承销商尽职工作的监管力度

为进一步规范主承销商的承销债券行为，将采取以下行为：

（一）对于发行人首次发行债券的，主承销商应提供发行人辅导报告。

（二）对于再次申请发债的，主承销商应提供发行人在存续

D11071

期信息披露、募集资金使用和兑付本息情况的报告。

……

文本正文：http://www.fatianshi.cn/D11071

____________证券股份有限公司
关于____________有限责任公司首次发债的
辅导报告

国家发展和改革委员会：

为了保证____________有限责任公司（以下简称发行人、公司或辅导对象）严格按照《中华人民共和国公司法》、《中华人民共和国证券法》、《企业债券管理条例》、《国家发展改革委关于推进企业债券市场发展、简化发行核准程序有关事项的通知》等法律、法规的要求，建立规范的法人治理结构和完善的运行机制，提高管理水平，根据贵委《关于进一步强化企业债券风险防范管理有关问题的通知》（以下简称《通知》），____________证券股份有限公司（以下简称____________证券、辅导机构或我公司）对发行人实施了首次发行企业债券辅导工作。

目前，我公司对发行人首次发行企业债券的辅导工作已完成，现将辅导工作总结报告呈报贵委，敬请审阅。

一、辅导过程

（一）辅导经过描述

在本次辅导期内，辅导机构主要采取了协调会、自学、解答问题、发放辅导资料等方式进行辅导，辅导工作具体如下：

1. 开展尽职调查工作以及实施辅导

辅导机构项目组（以下简称项目组）及各中介机构正式进场后，对公司开展尽职调查，通过查阅有关资料、与公司高级管理人员和有关部门负责人及专业人员进行访谈、收集信息资料等方式，了解公司的历史沿革、组织结构、经营管理情况、财务状况等。在上述尽职调查的基础上，项目组开始实施辅导工作。

2. 有针对性地开展辅导培训

辅导期内，项目组针对当前债券市场的热点问题，结合《中华人民共和国公司法》、《中华人民共和国证券法》、《企业债券管理条例》、《国家发展改革委员会关于推进企业债券市场发展，简化发行核准程序有关事项的通知》（发改财金〔2008〕7号）、《国家发展改革委办公厅关于进一步强化企业债券风险防范管理有关问题的通知》（发改财金办〔2012〕3451号）、《国家发展改革委办公厅关于简化企业债券审报程序加强风险防范和改革监管方式的意见》（发改办财金〔2015〕3127号）等企业债券发行有关法律法规、规范运作、公司治理结构、信用风险管控、偿债保障机制、信息披露的要求以及国家发改委的审核要求，就企业债券发行上市的程序和要求，募集资金投向等方面问题，组织辅导对象的董事、监事及高级管理人员进行自我学习，同时项目组向辅导对象发放了相关的辅导资料。项目组针对辅导对象的董事、监事及高级管理人员需要重点掌握的内容分别给予重点辅导，指导其掌握相关的专业知识。

3. 定期例会和不定期专题讨论

在定期召开的债券发行工作例会和不定期的专题讨论会上，辅导机构牵头各中介机构与公司一起针对公司的发展情况、业务模式及发展战略、募集资金投向等问题进行深入讨论。

4. 其他方式

除上述形式外，辅导机构及发行人律师、发行人会计师还通过电子邮件和电话咨询等多种方式对辅导对象接受辅导的人

D11071

员进行辅导工作，对辅导对象的问题和疑问随时给予解答。

（二）主承销商辅导工作人员情况

我公司指定了和为本项目主办人，具有担任企业债券承销项目的工作经验，并负责具体实施辅导工作。

（三）接受辅导的人员

辅导机构主要对发行人的全体董事、监事及高级管理人员进行辅导。

二、辅导的主要内容

1. 企业债券发行流程及关键事项介绍

主要介绍了企业债券市场监管及审核流程、企业债券发行涉及的法律法规及关键事项、公司的规范运作、偿债保障措施制定以及债券发行有关信息披露等证券市场的基础知识，并对企业债券发行相关的法律法规及规范性要求等内容进行了详细的介绍。

2. 公司规范运作及偿付保障机制

主要介绍了保护债券投资者利益、公司规范运作，以及建立完善偿付保障机制的有关问题进行了辅导。

3. 其他内容

辅导机构及公司律师和公司会计师辅导的其他内容包括境内债券市场情况、公司规范运作、信息披露和法律法规等方面问题，以及对公司董事、监事、高级管理人员的职责要求，并对公司信用风险管理、建立完善偿债保障机制等进行了深入的探讨。此外，公司还通过开展多次自学辅导，着重学习《中华人民共和国公司法》《中华人民共和国证券法》《企业债券管理条例》《国家发展改革委关于推进企业债券市场发展，简化发行核准程序有关事项的通知》以及相关法律、行政法规、规范性文件的规定中对发行企业债券的发行人财务制度、内控制度、投资者保护及偿债保障措施的具体要求等内容。

三、辅导对象是否适合企业债券发行的评价意见

经过辅导，公司已按照《中华人民共和国公司法》《中华人民共和国证券法》《企业债券管理条例》《国家发展改革委关于推进企业债券市场发展，简化发行核准程序有关事项的通知》以及相关法律、行政法规、规范性文件的规定等有关法律、法规的规定和国家发改委的有关要求，建立了比较完善的法人治理结构，公司相关接受辅导人员已理解企业债券发行有关法律法规、规范运作和信息披露的要求，公司已形成明确的业务发展目标和未来发展计划，并制定了可行的募集资金投向。

在辅导过程中，辅导机构亦感受到发行人主要领导具有丰富的行业经验，并在优化公司治理、规范公司运作、加强内部控制、完善偿债保障机制和保护投资者权益具有较强意识。辅导机构认为，发行人主要领导的经验将有助于实现优良的公司治理和规范的公司运作，有助于保障本期债券发行后还本付息按时、足额进行。

综上，截至辅导工作结束时，辅导工作的预期效果已经达到，发行人具备了向贵委申请发行企业债券的条件。

____________证券股份有限公司

______年______月______日

D11071

图书在版编目（CIP）数据

中国合同库．企业债券／李建立编著．--北京：法律出版社，2017

ISBN 978-7-5197-1744-5

Ⅰ．①中… Ⅱ．①李… Ⅲ．①合同法-中国②企业-债券融资-合同法-中国 Ⅳ．①D923.6

中国版本图书馆 CIP 数据核字（2017）第 297786 号

中国合同库：企业债券
ZHONGGUO HETONGKU：QIYE ZHAIQUAN

李建立 编著

策划编辑 朱海波 蒋 橙
责任编辑 朱海波 蒋 橙
营销编辑 徐 印
装帧设计 宇宙尘埃工作室 鲍龙卉

出版 法律出版社
总发行 中国法律图书有限公司
经销 新华书店
印刷 天津嘉恒印务有限公司
责任印制 吕亚莉

编辑统筹 法律应用·大众出版第二分社
开本 787 毫米×1092 毫米 1/16
印张 26 **字数** 398 千
版本 2018 年 1 月第 1 版
印次 2018 年 1 月第 1 次印刷

法律出版社／北京市丰台区莲花池西里 7 号（100073）
网址／www.lawpress.com.cn
投稿邮箱／info@lawpress.com.cn
举报维权邮箱／jbwq@lawpress.com.cn
销售热线／010-63939792
咨询电话／010-63939796

中国法律图书有限公司／北京市丰台区莲花池西里 7 号（100073）
全国各地中法图分、子公司销售电话：
统一销售客服／400-660-6393
第一法律书店／010-63939781/9782
西安分公司／029-85330678
重庆分公司／023-67453036
上海分公司／021-62071639/1636
深圳分公司／0755-83072995

书号：ISBN 978-7-5197-1744-5
定价：85.00 元

中国合同库出版计划第二期
征稿启事

中国合同库出版计划，是法天使与法律出版社共同发起的出版计划，共分为四期。旨在出版系列线上线下一体书，聚合和共享法律智慧，建设一个“全面可信赖”的中国合同库，让法律行业乃至全社会受益，同时为作者塑造影响力。

第一期已于 2017 年正式出版发行，包括：A 轮融资协议、股权激励、私募基金、劳动人事、影视娱乐、房屋买卖租赁、建设工程施工合同、企业债券、商业保理、证券期货、政府和社会资本合作 (PPP)，共 11 个专题，本书为第一期 11 个专题之一。

现在，我们面向优秀律师、法务及相关法律人，郑重征稿，具体要求如下：

1. 提交基础信息

姓名，年龄，个人微信和电话，工作单位，专业领域，有无出书经历，拟选定的写作方向。

2. 选定写作方向

(1) 提交该方向的：合同模板目录，以及 1 份代表性合同模板，对该模板进行使用说明和要点批注。

(2) 个人简介，包含在该领域处理过的有影响力的案例或发表、出版过的文章、图书或获得过的荣誉以及其他一切可以体现您在这一领域专业实力的材料。

3. 选题评审

根据上述信息，由法律出版社和法天使组织专家进行评审，一经纳入出版计划我们将与您联系，商定交稿时间和出版细节。

4. 出版政策

作者无须任何出版补贴，并依照出版合同获得稿酬。稿酬等事项见届时签署的出版合同。

5. 写作体例

参照本书体例。

6. 征稿联系人

常金光联系电话 / 微信：13810853236cjg@fatianshi.cn

7. 特别提示

登陆法天使官方网站：www.fatianshi.cn，可随时分享单份或成套合同模板，获得收益。

关注以下二维码，在底部菜单查看“参与出版计划”，即可了解更多详情。